IRRESISTÍVEL

Adam Alter

Irresistível
Por que você é viciado em tecnologia e como lidar com ela

TRADUÇÃO
Cássio de Arantes Leite

1ª reimpressão

Copyright © 2014 by Adam Alter

Grafia atualizada segundo o Acordo Ortográfico da Língua Portuguesa de 1990, que entrou em vigor no Brasil em 2009.

Título original
Irresistible: The Rise of Addictive Technology and the Business of Keeping Us Hooked

Capa
Cleber Rafael de Campos

Preparação
Pedro Staite

Índice remissivo
Probo Poletti

Revisão
Angela das Neves
Ana Maria Barbosa

Dados Internacionais de Catalogação na Publicação (CIP)
(Câmara Brasileira do Livro, SP, Brasil)

Alter, Adam
    Irresistível : por que você é viciado em tecnologia e como lidar com ela / Adam Alter ; tradução Cássio de Arantes Leite. – 1ª ed. – Rio de Janeiro : Objetiva, 2018.

    Título original: Irresistible: the Rise of Addictive Technology and the Business of Keeping Us Hooked.
    ISBN 978-85-470-0058-5

    1. Comunidade virtual 2. Internet (Rede de computadores) – Aspectos sociais 3. Mídia digital – Aspectos psicológicos 4. Mídia digital – Aspectos sociais 5. Redes sociais 6. Tecnologia – Aspectos sociais I. Título.

18-13111	CDD-302.23

Índice para catálogo sistemático:
1. Internet : Meios de comunicação : Aspectos
    sociais   302.23

Todos os direitos desta edição reservados à
EDITORA SCHWARCZ S.A.
Praça Floriano, 19, sala 3001 — Cinelândia
20031-050 — Rio de Janeiro — RJ
Telefone: (21) 3993-7510
www.companhiadasletras.com.br
www.blogdacompanhia.com.br
facebook.com/editoraobjetiva
instagram.com/editora_objetiva
twitter.com/edobjetiva

Para Sara e Sam

Sumário

Prólogo: Nunca fique chapado com a própria mercadoria 9

PARTE 1 — O QUE É VÍCIO COMPORTAMENTAL E DE ONDE VEM?
1. A ascensão do vício comportamental 19
2. O viciado em cada um de nós 43
3. A biologia do vício comportamental 60

PARTE 2 — OS INGREDIENTES DO VÍCIO COMPORTAMENTAL
(OU COMO ELABORAR UMA EXPERIÊNCIA VICIANTE)
4. Metas 79
5. Feedback 100
6. Progresso 120
7. Escalada 135
8. *Cliffhangers* 153
9. Interação social 170

PARTE 3 — O FUTURO DO VÍCIO COMPORTAMENTAL
(E ALGUMAS SOLUÇÕES)
10. Cortando vícios no berço 187
11. Hábitos e arquitetura 206
12. Gamificação 229

Epílogo... 249
Agradecimentos 253
Notas 255
Índice remissivo.. 281

Prólogo
Nunca fique chapado com
a própria mercadoria

Em um evento da Apple em janeiro de 2010, Steve Jobs revelou o iPad:[1]

O que este dispositivo faz é extraordinário [...]. Ele oferece a melhor maneira de navegar na internet; muito melhor do que um laptop e do que um smartphone [...]. É uma experiência incrível [...]. É fenomenal para enviar e-mails; é maravilhoso de digitar.

Por noventa minutos, Jobs explicou por que o iPad era a melhor maneira de ver fotos, escutar música, aprender a usar o iTunes U, dar uma olhada no Facebook, jogar e navegar por milhares de aplicativos. Ele acreditava que todo mundo deveria ter um iPad.

Mas proibia os próprios filhos de usarem um.

No fim de 2010, Jobs contou ao jornalista do *New York Times* Nick Bilton que seus filhos nunca haviam usado o iPad.[2] "Limitamos a tecnologia usada por nossos filhos em casa." Bilton descobriu que outros gigantes da tecnologia impunham restrições similares. Chris Anderson, o antigo editor da *Wired*, determinava limites de tempo rígidos para o uso de qualquer dispositivo em casa, "porque já vimos os perigos da tecnologia em primeira mão". Seus cinco filhos nunca tiveram permissão de usar aparelhos com tela em seus quartos. Evan

Williams, um dos fundadores do Blogger, do Twitter e do Medium, comprava centenas de livros para seus dois filhos pequenos, mas se recusava a lhes dar um iPad. E Lesley Gold, fundadora de uma empresa de análises estatísticas, proibia estritamente que seus filhos usassem qualquer dispositivo com tela durante a semana. Ela só fazia concessões quando as crianças precisavam do computador para fazer alguma lição de casa. Walter Isaacson, que jantava com a família de Steve Jobs quando realizava pesquisas para sua biografia, contou a Bilton: "Nunca vi ninguém com um iPad ou computador [na casa de Steve Jobs]. As crianças não pareciam nem um pouco viciadas em aparelhos". Pelo visto, os criadores de produtos tecnológicos estavam seguindo o primeiro mandamento do tráfico de drogas: nunca fique chapado com a sua mercadoria.

Isso é inquietante. Por que os maiores tecnocratas públicos são ao mesmo tempo os maiores tecnófobos na vida privada? Dá para imaginar a gritaria que seria se líderes religiosos se recusassem a permitir que seus filhos praticassem religião? Muitos especialistas, dentro e fora do mundo da tecnologia, revelaram para mim uma visão de mundo semelhante.[3] Vários designers de games me disseram que evitavam o World of Warcraft, um jogo notoriamente viciante; uma psicóloga que trata do vício em exercícios físicos chamou os relógios fitness de perigosos — "a coisa mais idiota do mundo" — e jurou que nunca compraria um; e a fundadora de uma clínica para vício em internet me contou que evita gadgets lançados há menos de três anos. Ela nunca usou o toque de seu celular e "se esquece de onde deixou" de propósito o aparelho, para não ficar tentada a checar o e-mail. (Passei dois meses tentando contatá-la por e-mail e só consegui encontrá-la quando por acaso atendeu o telefone em seu escritório.) Seu jogo de computador favorito é o Myst, lançado em 1993, quando os computadores ainda eram precários demais para comportar gráficos realistas. Segundo ela, o único motivo para resolver jogar Myst era porque seu computador travava de meia em meia hora e levava uma eternidade para reiniciar.

Greg Hochmuth, um dos engenheiros fundadores do Instagram, percebeu que estava construindo uma máquina de viciar.[4] "Sempre tem outra hashtag para clicar", disse Hochmuth. "Então a rede adquire vida própria, como um organismo, e as pessoas podem ficar obcecadas." O Instagram, como tantas outras plataformas de mídia social, é um poço sem fundo. O feed do Facebook é infinito; a Netflix passa automaticamente ao episódio seguinte; o Tinder encoraja os usuários a continuar passando o dedo de foto em foto em busca de uma opção melhor. Os usuários se beneficiam desses aplicativos e sites, mas também têm dificuldade em usá-los com moderação. Segundo Tristan Harris, especialista em "ética de design", o problema não é a falta de força de vontade das pessoas; a questão é que "existem mil profissionais do outro lado da tela cujo trabalho é derrubar suas barreiras de autocontrole".

Esses especialistas em tecnologia têm bons motivos para se preocupar. Operando na fronteira mais extrema das possibilidades, descobriram duas coisas. Primeiro, que nosso entendimento sobre o vício é limitado demais. Tendemos a pensar nele como algo inerente a determinadas pessoas — a quem rotulamos de *viciados*. Os *viciados* em heroína ocupando casas abandonadas. Os *viciados* em nicotina acendendo um cigarro atrás do outro. Os *viciados* em remédios tarja preta. O rótulo sugere que são pessoas diferentes do restante da humanidade. Talvez um dia superem sua dependência, mas por enquanto pertencem a uma categoria própria. Na verdade, o vício é impulsionado em grande medida pelo ambiente e pelas circunstâncias. Steve Jobs tinha consciência disso. Ele mantinha os filhos longe do iPad porque, com todas as vantagens que faziam deles candidatos improváveis à dependência de substâncias, sabia que eram suscetíveis aos encantos do dispositivo. Esses empreendedores admitem que as ferramentas que promovem — projetadas para ser irresistíveis — vão capturar usuários de maneira indiscriminada. Não existe uma linha nítida separando viciados do restante de nós. Estamos todos a um passo — seja um produto ou uma experiência — de desenvolver nossos próprios vícios.

Os especialistas em tecnologia da matéria de Bilton descobriram também que o ambiente e as circunstâncias da era digital são muito mais propensos ao vício do que qualquer coisa que os seres humanos tenham experimentado no passado. Na década de 1960, seguíamos um caminho com muito menos armadilhas: cigarro, álcool e drogas, que eram caros e geralmente inacessíveis. Na década de 2010, esse mesmo caminho está infestado: Facebook, Instagram, pornografia, e-mail, compras on-line e assim por diante. A lista é longa — muito maior do que já foi na história humana, e estamos apenas começando a compreender o poder dessas "fissuras".

Os especialistas de Bilton se mantinham alertas porque sabiam que projetavam tecnologias irresistíveis. Em comparação com os dispositivos desajeitados que usávamos na década de 1990 e no começo dos anos 2000, a tecnologia moderna é eficiente e viciante. Centenas de milhões de pessoas compartilham suas vidas em tempo real em posts no Instagram, que são avaliadas, quase tão rapidamente, na forma de comentários e curtidas. Músicas que antes levavam uma hora para ser baixadas hoje chegam em segundos, e a espera que antes dissuadia as pessoas de fazer downloads agora já não existe mais. A tecnologia oferece conveniência, velocidade e automação, mas também acarreta grandes custos.[5] O comportamento humano é orientado em parte por uma sucessão de cálculos de custo e benefício reflexivos que determinam se uma ação será realizada uma, duas, cem vezes ou nunca. Quando os benefícios suplantam os custos, é difícil não realizar a ação repetidas vezes, sobretudo quando ela faz soar as notas certas em nosso cérebro.

Uma curtida no Facebook ou no Instagram aciona uma dessas notas, bem como a recompensa por completar uma missão no World of Warcraft ou ver um de seus tuítes compartilhado por centenas de usuários no Twitter. As pessoas que criam e refinam a tecnologia, os jogos e as experiências interativas são muito boas no que fazem. Elas realizam milhares de testes com milhões de usuários para aprender que ajustes funcionam — quais cores de fundo de tela, fontes tipográficas, efeitos sonoros maximizam o envolvimento e minimizam a frustração. À medida que se desenvolve, a experiência se torna uma versão irresistível, com um potencial destruidor, da experiência que foi outrora. Em 2004, o Facebook era divertido; em 2017, é viciante.

Comportamentos viciantes existem há muito tempo, mas nas últimas décadas tornaram-se mais comuns, mais difíceis de resistir, além de mais difundidos. Esses novos vícios não requerem a ingestão de nenhuma substância.[6] Não introduzem nenhuma química em seu organismo, mas produzem os mesmos efeitos porque são atraentes e bem projetados. Alguns, como jogos de azar e exercícios, são antigos; outros, como *binge-watching* (assistir a filmes sem parar em serviços de streaming) e o uso do smartphone, são relativamente novos. Mas todos passaram a ser cada vez mais difíceis de resistir.

Nesse ínterim, agravamos o problema focando nos benefícios de estabelecer metas sem considerar as desvantagens. Fixar metas foi uma ferramenta motivacional útil no passado, porque na maior parte do tempo os seres humanos preferem gastar o mínimo possível de tempo e energia. Vai contra a nossa intuição o trabalho duro, a virtude e o cultivo de uma vida saudável. Mas a maré virou. Hoje estamos tão focados em fazer mais coisas em menos tempo que esquecemos de introduzir um freio de emergência.

Conversei com diversos psicólogos clínicos que descreveram a magnitude do problema.[7] "Toda pessoa com quem trabalho tem pelo menos um vício comportamental", contou uma psicóloga. "Tenho pacientes que se enquadram em qualquer área: jogo, consumo, redes sociais, e-mail, e assim por diante." Ela descreveu diversos pacientes, todos com carreiras profissionais extremamente bem-sucedidas, com remuneração na casa dos seis dígitos anuais, mas profundamente tolhidos por seus vícios. "Uma mulher é muito bonita, inteligente e talentosa. Tem dois mestrados e é professora. Mas é viciada em compras on-line e já chegou a contrair uma dívida de 80 mil dólares. Ela deu um jeito de esconder seu vício de praticamente todos que conhece." Essa compartimentação foi um tema comum. "É muito fácil ocultar vícios comportamentais — bem mais do que esconder o abuso de substâncias. Isso os torna perigosos, pois passam despercebidos por anos." Uma outra paciente, igualmente bem-sucedida no trabalho, conseguiu esconder dos amigos seu vício no Facebook. "Ela passou por um término horrível e passou anos stalkeando o ex-namorado na internet. Com o Facebook é bem mais difícil romper de vez com uma pessoa, quando o relacionamento termina." Um paciente seu verificava os e-mails centenas de vezes por dia. "Ele é incapaz de relaxar e curtir a vida quando está de férias. Mas ninguém pode saber. É profundamente ansioso, porém sua presença causa ótima impressão; tem uma carreira de sucesso no setor da saúde e ninguém faz ideia de quanto sofre."

Um segundo psicólogo me contou:

O impacto da mídia social tem sido imenso. A mídia social moldou completamente o cérebro dos jovens com quem trabalho. Uma coisa que sempre procuro ter em mente durante a sessão é a seguinte: posso estar conversando há cinco ou dez minutos com uma pessoa jovem sobre a discussão que teve com um(a) amigo(a) ou namorado(a), daí me lembro de perguntar se isso aconteceu por mensagens de WhatsApp, falando ao celular, em alguma rede social ou pessoalmente. As respostas mais frequentes são "mensagens ou rede social". Só que durante o relato, quando ela está me contando, isso não fica óbvio para mim. Soa como o que eu consideraria uma conversa "real", cara a cara. Sempre faço uma pausa e reflito. Essa pessoa não diferencia os diversos modos de comunicação do mesmo jeito que eu ... o resultado é um cenário repleto de alienação e vício.

Irresistível investiga esse crescimento dos comportamentos viciantes, examinando onde começam, quem os projeta, as armadilhas psicológicas que os tornam tão atraentes e como minimizar o vício comportamental perigoso, ao mesmo tempo aproveitando essa tecnologia para fins benéficos. Se designers de aplicativos podem convencer as pessoas a gastar mais tempo e dinheiro em um jogo de smartphone, talvez os especialistas em políticas públicas também possam encorajar as pessoas a poupar mais para a aposentadoria ou doar mais para a caridade.

A tecnologia em si não é má. Quando meu irmão e eu nos mudamos com nossos pais para a Austrália, em 1988, deixamos nossos avós na África do Sul. Conversávamos com eles uma vez por semana em ligações interurbanas caríssimas e mandávamos cartas que levavam uma semana para chegar. Quando fui morar nos Estados Unidos, em 2004, enviava um e-mail para meus pais e meu irmão quase todo dia. Conversávamos com frequência ao telefone e nos víamos pela webcam sempre que podíamos. A tecnologia encolheu a distância entre nós. Escrevendo para a *Time* em 2016, John Patrick Pullen descreveu como o choque emocional da realidade virtual o levou às lágrimas.[8]

Minha colega na brincadeira, Erin, disparou um raio encolhedor contra mim. De repente, não só todos os brinquedos ficaram enormes, mas também o avatar de Erin assomava à minha frente como um imenso gigante. Até sua voz mudou ao chegar pelos meus fones de ouvido, penetrando na minha cabeça com um tom grave, vagaroso. Após um momento, eu era criança outra vez, com aquela pessoa gigante brincando afavelmente comigo. Isso me deu uma perspectiva tão profunda de como deviam ser as coisas para o meu filho que comecei a chorar, com headset e tudo. Foi uma experiência pura e bela que moldará minha relação com ele daqui por diante. Eu estava vulnerável a meu colega gigante, embora me sentisse completamente seguro.

A tecnologia não é moralmente boa ou ruim até ser controlada pelas corporações que a produzem para o consumo de massa. Aplicativos e plataformas podem ser projetados para promover ligações sociais frutíferas; ou, como cigarros, podem ser concebidos para viciar. Hoje em dia, infelizmente, muitos desenvolvimentos tecnológicos promovem na verdade o vício. Mesmo Pullen, narrando com eloquência sua experiência de realidade virtual, disse que ficou fissurado. Uma tecnologia imersiva como a realidade virtual inspira emoções tão ricas que enseja abusos. Ela, no entanto, ainda está na infância, de modo que é cedo demais para saber se será usada com responsabilidade.

Em muitos aspectos, vícios em substâncias e vícios comportamentais são bem parecidos. Ativam as mesmas regiões cerebrais e são alimentados por algumas das mesmas necessidades humanas básicas: envolvimento e apoio sociais, estímulo mental e sensação de efetividade. Prive as pessoas dessas necessidades e elas estarão mais propensas a desenvolver dependência tanto de substâncias como de comportamentos.

O vício comportamental consiste de seis ingredientes: metas atrativas que estejam só um pouco além do alcance; feedback positivo irresistível e imprevisível; uma sensação de progresso e melhoria que aumenta lentamente; tarefas que se tornam pouco a pouco mais difíceis com o tempo; tensões não resolvidas que exigem solução; e ligações sociais fortes. Apesar de sua diversidade, os vícios comportamentais de hoje incorporam ao menos um desses seis ingredientes. O Instagram vicia, por exemplo, porque algumas fotos atraem muitas curtidas, ao passo que outras deixam a desejar. Os usuários perseguem o próximo grande sucesso postando uma foto atrás da outra e voltam ao site com frequência para apoiar os amigos. Os gamers se dedicam a jogar por dias a fio porque se sentem compelidos a completar missões e porque formaram laços sociais fortes que os ligam a outros jogadores.

Então quais são as soluções? Como coexistir com experiências viciantes que desempenham um papel tão central em nossas vidas? Milhões de alcoólatras em recuperação conseguem evitar os bares, mas viciados em internet fazendo tratamento são obrigados a usar o e-mail. Não se pode solicitar um visto, candidatar-se a um emprego ou começar a trabalhar sem um endereço de e-mail. Cada vez menos empregos modernos permitem que a pessoa evite o uso de computadores e smartphones. A tecnologia viciante é parte do comportamento aceito de um modo que substâncias viciantes nunca serão. Abstinência está fora de questão, mas há alternativas. Podemos restringir experiências viciantes a uma pequena parte de nossas vidas, ao mesmo tempo cultivando bons hábitos que fomentem comportamentos salutares. Nesse meio-tempo, ao compreender como funcionam os vícios comportamentais, você pode minimizar o mal que causam, ou até mesmo controlá-los para sempre. Os mesmos princípios que impelem as crianças a jogar video game podem levá-las a aprender na escola, e as metas que motivam as pessoas a se exercitar de forma descontrolada também podem motivá-las a poupar dinheiro para a aposentadoria.

A era do vício comportamental ainda está no início, mas os primeiros sinais indicam uma crise em curso. Vícios são tóxicos porque tomam o lugar de outras atividades essenciais, desde o trabalho e o lazer aos cuidados básicos com a higiene e a interação social. A boa notícia é que nossa relação com o vício comportamental não é fixa. Há muito que podemos fazer para restaurar o equilíbrio que existia antes da era de smartphones, e-mails, tecnologia em acessórios e vestimentas, redes sociais e plataformas on-demand. O segredo é compreender por que os vícios comportamentais são tão desenfreados, como capitalizam com a psicologia humana e como derrotar os vícios que nos fazem mal, tirando proveito dos que podem nos ajudar.

Parte 1

O que é vício comportamental e de onde vem?

1. A ascensão do vício comportamental

Há alguns anos o desenvolvedor de aplicativos Kevin Holesh percebeu que não estava passando tempo suficiente com a família. A culpada era a tecnologia, e seu smartphone, o maior vilão. Holesh queria saber quanto tempo estava gastando no celular diariamente, então projetou um aplicativo chamado Moment. O Moment monitorava quanto tempo a tela do aparelho de Holesh passava desbloqueada, registrando seu uso diário do celular. Passei meses tentando entrar em contato com Holesh, porque ele é fiel ao que prega. No site do Moment, o desenvolvedor escreveu que pode demorar para responder a e-mails porque está tentando passar menos tempo on-line.[1] Finalmente, após minha terceira tentativa, Holesh respondeu com um educado pedido de desculpas e concordou em conversar. "O aplicativo para de monitorar quando você está só escutando música ou fazendo alguma ligação", contou Holesh. "Ele recomeça quando você olha para a tela — enviando e-mails ou navegando na internet, por exemplo." Holesh estava passando uma hora e quinze minutos por dia colado em sua tela, o que pareceu muita coisa. Alguns amigos seus tinham as mesmas preocupações, mas também não faziam ideia de quanto tempo perdiam com seus celulares. Então Holesh compartilhou o aplicativo. "Pedi às pessoas que fizessem uma estimativa sobre seu uso diário, e a resposta foi quase sempre 50% abaixo da quantidade real de tempo."

Baixei o Moment há vários meses. Imaginei que usava meu celular por uma hora diária no máximo e que pegava o aparelho umas dez vezes por dia. Eu não me orgulhava desses números, mas pareciam mais ou menos dentro da expectativa. Após um mês, o Moment informou que eu gastava, em média, três horas com o meu celular por dia e o pegava cerca de quarenta vezes. Fiquei chocado. Não estava ocupado com jogos nem navegava demais na internet, mas de algum modo conseguia passar vinte horas por semana olhando para o meu celular.

Perguntei a Holesh se meus números eram comuns. "Sem dúvida", disse ele. "Temos milhares de usuários, e o tempo médio de uso está um pouco abaixo de três horas. Eles pegam o celular em média 39 vezes por dia." Holesh fez questão de lembrar que, antes de mais nada, essas pessoas eram as que estavam preocupadas o suficiente a ponto de baixar um aplicativo de rastreamento. Há milhões de usuários de smartphone que ignoram o fato ou simplesmente não se importam o bastante para monitorar o uso — e há uma chance razoável de que estejam passando mais de três horas em seus celulares diariamente.

Talvez houvesse apenas um pequeno grupo de usuários que passavam o dia inteiro, todos os dias, no celular, puxando o uso médio para cima. Mas Holesh compartilhou os dados de 8 mil usuários do Moment para ilustrar que não era de modo algum o caso:

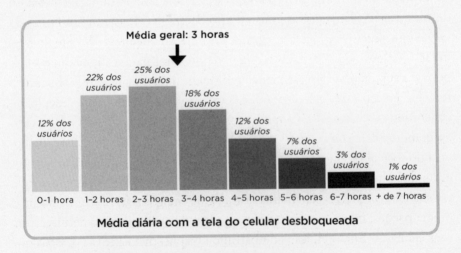

A maioria passa de uma a quatro horas diárias em seus celulares — e muitos gastam bem mais que isso. Não é problema de uma minoria. Se, como sugerem as normas de procedimento, deveríamos passar menos de uma hora ao celular diariamente, 88% dos usuários de Holesh estavam abusando do dispositivo. Eles passavam no celular em média um quarto de sua vida desperta — mais tempo do que qualquer outra atividade diária, exceto dormir. Todo mês, quase cem horas eram perdidas verificando e-mails, trocando mensagens, jogando, navegando na internet, lendo matérias, olhando o extrato bancário etc. Considerando um tempo de vida médio, isso contabiliza *onze anos*, uma cifra alarmante. Além disso, estão pegando seus celulares cerca de três vezes por hora em média. Esse tipo de uso excessivo é tão predominante que os pesquisadores cunharam o termo *nomophobia* (uma abreviatura de *no-mobile--phobia*) para descrever a fobia de ficar sem celular.[2]

Os smartphones roubam nosso tempo, mas até mesmo sua mera presença é prejudicial. Em 2013, dois psicólogos convidaram duplas de pessoas que não se conheciam para ficar numa pequena sala e lhes pediram que iniciassem uma conversa.[3] Para facilitar o processo, os psicólogos sugeriam um tema: por que não falar sobre um acontecimento interessante ocorrido no último mês? Algumas duplas conversavam com um smartphone desligado por perto, enquanto para outras o aparelho era substituído por um caderninho de anotações. Todas as duplas interagiram de alguma forma, mas as que conversaram na presença de um celular tiveram mais dificuldade em estabelecer uma conexão. Eles alegaram que a relação formada tinha menos qualidade e que seus parceiros eram menos simpáticos e confiáveis. Celulares são problemáticos por sua mera existência, mesmo quando não estão em uso. Constituem uma distração porque nos lembram do mundo que está além da conversa presencial, e a única solução, escreveram os pesquisadores, é removê-los completamente.

Os smartphones não são os únicos culpados. Bennett Foddy já jogou milhares de video games, mas se recusa a jogar World of Warcraft. Foddy é um pensador brilhante que cultiva dezenas de interesses. Trabalha como desenvolvedor de jogos e é professor no Game Center da Universidade de Nova York. Foddy nasceu e morou na Austrália, onde foi baixista de uma banda chamada Cut Copy — que lançou diversos singles de sucesso e ganhou uma série de prêmios de música em seu país —, até entrar primeiro na Universidade de Princeton e depois em Oxford, para estudar filosofia. Foddy tem um imenso respeito pelo WoW, como o game é conhecido, mas ele mesmo não joga. "Considero parte do meu trabalho conhecer todos os jogos culturalmente significativos. Mas não joguei esse porque não posso me dar ao luxo de gastar tanto tempo. Eu me conheço razoavelmente bem e desconfio que, para mim, provavelmente seria difícil largá-lo."

O WoW deve ser uma das experiências comportamentais mais viciantes do planeta.[4] É um RPG on-line para ser jogado em modo multiplayer, com milhões de jogadores do mundo todo criando avatares que perambulam por cenários, lutam contra monstros, completam objetivos e interagem entre si. Quase metade de todos os jogadores se considera "viciada". Um artigo na *Popular Science* descreveu o WoW como "a escolha óbvia" quando se trata de eleger o jogo mais viciante do mundo. Há grupos de apoio com milhares de membros e mais de 250 mil pessoas já fizeram o World of Warcraft Addiction Test [teste de vício]. Em dez anos, o game faturou mais de 10 bilhões de dólares e atraiu mais de 100 milhões de participantes.[5] Se eles formassem uma nação, seria a 12ª maior do planeta. Os jogadores de WoW escolhem um avatar, que os representa conforme completam missões em um mundo virtual chamado Azeroth. Muitos jogadores se juntam para formar guildas — equipes de avatares aliados —, um dos motivos para o jogo ser tão viciante. É difícil dormir à noite quando o jogador sabe que três parceiros de guilda seus que moram em Copenhagen, Tóquio e Mumbai estão numa missão épica sem você. Quando conversamos, fiquei admirado com a paixão de Foddy pelos games. Ele acredita piamente que os jogos são uma força positiva no mundo — mas ainda assim se recusa a ceder aos encantos de Azeroth, por medo de perder meses ou anos de sua vida.

Jogos como WoW atraem milhões de adolescentes e jovens adultos, e uma minoria considerável — mais de 40% — acaba se viciando.[6] Há vários anos um programador e um psicólogo clínico uniram forças para abrir um centro de tratamento contra o vício em jogos e internet em um bosque nos arredores de Seattle. O centro, batizado de reSTART, abriga cerca de uma dúzia de jovens do sexo masculino viciados em algum jogo de uma lista seleta, mas sobretudo em WoW.[7] (O reSTART tentou admitir um pequeno grupo de mulheres, mas muitos viciados em internet também desenvolvem vícios sexuais, de modo que a coabitação se tornou uma distração grave.) Os computadores de antes não tinham memória para rodar jogos como WoW, que são bem mais rápidos, mais imersivos e menos toscos do que os games do século XX. Eles permitem interagir com outras pessoas em tempo real, uma parte imensa do que os torna tão viciantes.

A tecnologia também mudou o modo como nos exercitamos. Quinze anos atrás, comprei um modelo antigo do relógio para exercícios Garmin, um tijolão que estava a meio caminho entre um relógio de pulso e um haltere para exercitar o antebraço. Era tão pesado que eu tinha que carregar uma garrafa de água na outra mão, para contrabalançar. A cada dois minutos, ele perdia o sinal do GPS e a vida da bateria era tão limitada que o dispositivo era inútil em corridas longas. Hoje em dia, há modelos mais baratos e menores que contam seu total de passos. São milagrosos, mas também uma receita para a obsessão. O vício em exercícios tornou-se um caso para a psicologia porque os praticantes são constantemente lembrados de sua atividade e, pior ainda, de sua inatividade. Pessoas que usam relógios de treino ficam aprisionadas numa escalada cíclica. Dez mil passos podem ter sido a meta cobiçada da semana anterior, mas agora são 11 mil. Na semana seguinte, 12 mil, e depois 14 mil. Essa tendência de alta não pode continuar para sempre, mas muita gente acaba forçando fraturas por estresse e outras lesões graves ao buscar o mesmo barato de endorfina que adveio de uma carga de exercício bem mais leve apenas alguns meses antes.

A tecnologia intrusiva também fez com que o consumo, o trabalho e a pornografia ficassem mais difíceis de evitar. Antes era quase impossível fazer compras e trabalhar entre o meio da noite e o amanhecer, mas hoje podemos fazer compras on-line e nos conectar com o local de trabalho a qualquer hora. Lá se foram os dias de roubar um exemplar da *Playboy* na banca de jornal; tudo que o sujeito precisa é de um wi-fi e um navegador. A vida ficou mais conveniente do que nunca, mas a conveniência também transformou a tentação numa bomba-relógio.

Como chegamos a esse ponto?

Os primeiros "viciados comportamentais" foram bebês com apenas dois meses.[8] No início de dezembro de 1968, 41 psicólogos que estudavam a visão humana se encontraram em Nova York, na reunião anual da Associação para Pesquisa em Doença Nervosa e Mental, a fim de debater por que nossa capacidade de enxergar às vezes falha. Foi um encontro marcante de luminares acadêmicos. Roger Sperry ganharia o prêmio Nobel de Medicina treze anos depois. O neurocientista Wilder Penfield já foi descrito um dia como "o maior canadense vivo", e William Dement, de Stanford, foi coroado "o pai da medicina do sono".

Um dos presentes foi o psicólogo Jerome Kagan, que uma década antes ingressara na Universidade Harvard para criar o primeiro programa de desenvolvimento humano. Quando se aposentou, meio século mais tarde, ele era considerado o 22º psicólogo mais eminente de todos os tempos — à frente de gigantes como Carl Jung, Ivan Pavlov e Noam Chomsky.

No encontro, Kagan discutiu a atenção visual em crianças pequenas. Como, perguntava ele, bebês de dois meses sabem o que olhar e o que ignorar? O cérebro em crescimento dos bebês são bombardeados por um caleidoscópio de informação visual e, no entanto, eles aprendem de algum modo a focar em determinadas imagens e passar direto por outras. Kagan notou que bebês muito pequenos eram atraídos para objetos pontudos em movimento. De fato, não conseguiam desviar o olhar quando um pesquisador pendurava um bloco de madeira diante deles. Segundo Kagan, essas crianças estavam apresentando "um vício comportamental por formas e movimentos".

Para os padrões modernos, porém, chamar os bebês de viciados comportamentais seria forçar a barra. Kagan tinha razão ao constatar que os bebês não conseguiam desviar os olhos, mas o modo como pensamos no vício comportamental hoje em dia é bem diferente. É mais que um instinto que não podemos ignorar, porque isso incluiria piscar e respirar. (Tente prender a respiração até desmaiar e seu cérebro acabará forçando você a puxar o ar outra vez. O fato de que não podemos evitar inalar e exalar significa que é pouco provável morrermos por esquecer de respirar.) As definições modernas admitem que o vício é, em última instância, uma coisa ruim. Um comportamento só é viciante se as recompensas que ele traz de imediato são no fim das contas superadas por consequências prejudiciais. Respirar e olhar para blocos de madeira não são atividades viciantes porque, ainda que difíceis de resistir, não são nocivas. O vício é o apego profundo a uma experiência prejudicial e sem a qual é difícil viver. Vícios comportamentais não envolvem comer e beber, injetar ou fumar substâncias. Eles surgem quando uma pessoa não pode resistir a um comportamento que, a despeito de atender a uma profunda necessidade psicológica no curto prazo, causa um mal significativo a longo prazo.

Obsessão e *compulsão* são parentes próximos do vício comportamental. As obsessões são pensamentos que o indivíduo não consegue parar de ter e as compulsões são comportamentos que a pessoa não consegue parar de adotar. Há uma diferença crucial que separa os vícios das obsessões e das compulsões. Os vícios trazem a promessa de recompensa imediata, ou de reforço positivo. Por outro lado, obsessões e compulsões são intensamente desagradáveis quando *não* as perseguimos. Elas prometem alívio — também conhecido como reforço negativo —, mas não as recompensas atraentes de um vício consumado. (Como são tão intimamente relacionados, vou usar todos os três termos neste livro.)

O vício comportamental também tem um terceiro parente, a paixão obsessiva.[9] Em 2003, sete psicólogos canadenses, liderados pelo pesquisador Robert Vallerand, escreveram um artigo dividindo o conceito de paixão em duas partes. "Paixão", disseram, "é definida como uma forte inclinação por uma atividade que as pessoas apreciam, acham importante e na qual investem tempo e energia." Paixões harmoniosas são atividades muito salutares que as pessoas escolhem fazer sem nenhum compromisso — o trem em miniatura no qual um idoso trabalha desde jovem ou as pinturas abstratas que uma mulher de meia-idade faz em seu tempo livre. "Os indivíduos não são compelidos a realizar a atividade", dizem os pesquisadores, "mas optam fazê-la por livre e espontânea vontade. Com esse tipo de paixão, a atividade ocupa um espaço significativo, mas não esmagador, na identidade da pessoa e se harmoniza com outros aspectos de sua vida."

Paixões obsessivas, porém, são insalubres e às vezes perigosas. Motivadas por uma necessidade que vai além do simples divertimento, tendem a produzir vícios comportamentais. Como definiram os pesquisadores, o indivíduo "não consegue deixar de se envolver na atividade passional. A paixão deve se exaurir por si só conforme controla a pessoa. Como o envolvimento na atividade está além do controle, acaba por tomar um espaço desproporcional em sua identidade e entra em conflito com outras atividades em sua vida". Isso acontece quando um adolescente joga video game a noite inteira, em vez de dormir e fazer o dever de casa. Ou quando o corredor, que costumava correr por diversão, passa a se sentir compelido a completar pelo menos dez quilômetros por dia a determinado ritmo, mesmo que ocorram fraturas debilitantes por estresse. Enquanto a pessoa não ficar acamada, incapacitada de andar, continuará a correr todos os dias, pois sua identidade e seu bem-estar estão intimamente ligados a isso, como um traço inquebrantável. Paixões harmoniosas "fazem a vida valer a pena", mas uma paixão obsessiva contamina a mente.

* * *

Há pessoas, é claro, que discordam da ideia de que vícios podem ser puramente comportamentais. "Onde estão as substâncias?", perguntam. "Se a pessoa pode se viciar em video games e smartphones, por que não pode se viciar em cheirar flores ou andar de costas?" Teoricamente, *podemos* ficar viciados nessas coisas. Se elas vierem a preencher uma necessidade profunda, não conseguiremos ficar sem fazer essas atividades, e começaremos a buscá-las enquanto negligenciamos outros aspectos de nossa vida. Dessa forma, teremos desenvolvido o vício comportamental de cheirar flores ou andar de costas. É pouco provável que haja alguém com esses vícios em específico, mas eles não são inconcebíveis. Enquanto isso, há muita, *muita* gente que demonstra sintomas similares quando você as apresenta a um smartphone, um video game ou serviços de e-mail.

Há pessoas também que afirmam que o termo "vício" não deveria se aplicar a uma maioria da população. "Isso não desvaloriza o termo 'vício'? Não o torna sem sentido e vazio?", perguntam. Quando, em 1918, uma pandemia de gripe matou 75 milhões de pessoas, ninguém sugeriu que diagnosticar a gripe fosse uma coisa despropositada. O problema demandava atenção justamente porque afetava tantas pessoas, e o mesmo se encaixa no caso do vício comportamental. É difícil resistir aos smartphones e ao e-mail — porque são ambos parte da estrutura da sociedade e promovem experiências psicologicamente atraentes —, e haverá outras experiências viciantes nas décadas por vir. Não deveríamos usar um termo diluído para descrevê-las; deveríamos reconhecer como são sérias, o mal que estão causando a nosso bem-estar coletivo e quanta atenção merecem. A evidência até o momento é preocupante, e as tendências apontam que estamos entrando cada vez mais fundo em águas perigosas.

Mesmo assim, é importante usar o termo "vício comportamental" com cuidado.[10] Um rótulo pode encorajar as pessoas a ver distúrbios por todo lado. Crianças tímidas de repente passaram a ser rotuladas como "Asperger" quando o termo se popularizou; de modo similar, pessoas com emoções inconstantes foram rotuladas como "bipolares". Allen Frances, psiquiatra e especialista em vício, se preocupa com o termo "vício comportamental". "Se 35% das pessoas sofrem de uma enfermidade, então isso é apenas parte da natureza humana", declara. "Considerar o vício comportamental do ponto de vista médico é um erro. Deveríamos fazer o que é feito em Taiwan ou na Coreia do Sul. Eles encaram o vício comportamental como uma questão social, mais do que médica." Concordo. Nem todo mundo que usa um smartphone mais de noventa minutos por dia deveria estar em tratamento. Mas o que torna os smartphones tão atrativos? Deveríamos introduzir mecanismos de controle estruturais no papel cada vez maior que eles desempenham em nossa vida coletiva? Um sintoma que afeta tanta gente não é menos verdadeiro ou mais aceitável simplesmente porque se torna uma nova norma; precisamos compreender esse sintoma para decidir se e como vamos lidar com ele.

Até que ponto os vícios de comportamento são comuns?[11] A maioria dos vícios debilitantes, que levam as pessoas a serem hospitalizadas e as deixam incapazes de viver vidas minimamente normais, é muito rara e afeta apenas uma pequena porcentagem da população. Mas vícios comportamentais moderados são bem mais comuns. Esses vícios tornam nossas vidas menos proveitosas, nos tornam menos eficazes para o trabalho, diminuem nossa propensão à diversão e enfraquecem nossas interações com as outras pessoas. Eles infligem traumas psicológicos mais brandos do que vícios graves, mas até traumas mais brandos se acumulam com o tempo e degradam o bem-estar do indivíduo.

Determinar quantas pessoas sofrem de vícios comportamentais é difícil, porque a maioria desses vícios segue sem registro. Dezenas de estudos se voltaram a essa questão, mas o mais abrangente veio de um professor inglês de psicologia chamado Mark Griffiths, que estuda esses vícios há mais de vinte anos. Sua fala é tão acelerada e apaixonada quanto seria de esperar de alguém que publicou mais de quinhentos artigos até a metade de sua carreira. Aluno precoce, Griffiths terminou o doutorado aos 23 anos — alguns anos antes do boom da internet. "Isso foi em 1994", diz Griffiths. "Eu estava apresentando um artigo em um encontro da British Psychological Society sobre tecnologia e vício, e houve uma coletiva de imprensa após a palestra. Àquela altura, as pessoas estavam conversando sobre caça-níqueis, video games e vício em TV, e alguém perguntou se eu já ouvira falar nesse negócio novo chamado internet e se ela poderia levar a novos tipos de dependência." De início, Griffiths não soube muito bem o que pensar da internet, mas ficou fascinado com a ideia de que pudesse ser um caminho para o vício. Ele se candidatou a uma bolsa do governo e começou a estudar o assunto.

Os repórteres costumavam perguntar a Griffiths até que ponto os vícios de comportamento eram comuns, mas ele tinha dificuldade para dar uma resposta definitiva. Os dados simplesmente não estavam disponíveis. Assim, juntou forças com dois pesquisadores da Universidade do Sul da Califórnia para descobrir. Eles publicaram em 2011 um longo e meticuloso artigo resenhando dezenas de estudos, cada um avaliado cuidadosamente antes de sua inclusão. Os estudos só eram incluídos se tivessem ao menos quinhentos entrevistados, de ambos os sexos, com idade entre dezesseis e 65 anos, e seus métodos de aferição tinham que ser confiáveis e apoiados por pesquisa minuciosa. O resultado foi uma reunião impressionante de 83 estudos com um total de 1,5 milhão de entrevistados de quatro continentes. Os estudos se concentraram no vício em jogo, amor, sexo, consumo, internet, exercícios e trabalho, bem como álcool, nicotina, narcóticos e outras substâncias.

Resumo: uma parcela surpreendente de 41% da população sofria de pelo menos um vício comportamental ao longo dos últimos doze meses. Não estamos falando de distúrbios triviais; Griffiths e seus colegas afirmavam que quase metade da população experimentara os seguintes sintomas:

Perda da capacidade de escolher livremente entre interromper ou continuar o comportamento (perda de controle) e a experiência de consequências adversas ligadas ao comportamento. Em outras palavras, a pessoa se torna incapaz de predizer com segurança quando o comportamento vai ocorrer, quanto tempo vai durar, quando cessará ou que outros hábitos podem ficar associados ao comportamento viciante. Como consequência, abrimos mão de outras atividades ou, se prosseguimos com elas, perdem o caráter prazeroso que costumavam ter. Outras consequências negativas do comportamento viciante podem incluir interferência no desempenho de funções cotidianas (isto é, trabalho, vida social ou hobbies), enfraquecimento das relações sociais, atividade criminosa e problemas legais, envolvimento em situações de risco, ferimentos e incapacitação física, prejuízos financeiros ou trauma emocional.

Alguns desses vícios continuam a crescer com a inovação tecnológica e as mudanças sociais. Um estudo recente sugeriu que mais de 40% da população sofre de alguma forma de vício ligado à internet, seja envolvendo e-mails, jogos ou pornografia.[12] Outro revelou que 48% de sua amostra de universitários americanos eram "viciados em internet" e outro, que 40% tinham transtorno de personalidade borderline ou eram viciados potenciais. Quando convidados a falar sobre sua interação com a internet, a maioria dos alunos girou em torno das consequências negativas, explicando que seu trabalho, seus relacionamentos e sua vida familiar ficaram mais pobres por conta do excesso de tempo on-line.

Nesse ponto, o leitor pode estar se perguntando se ele próprio ou algum ente querido é tecnicamente "viciado em internet". Eis uma amostra de cinco perguntas do Teste de Vício em Internet, uma forma de medição amplamente utilizada para identificar esse problema. Pare um momento e responda às questões usando a escala abaixo, que vai de 0 a 5:[13]

Teste de Vício em Internet

Use a escala abaixo para selecionar a resposta que melhor se aplica à frequência de cada comportamento listado:

0 = Não se aplica
1 = Raramente
2 = De vez em quando
3 = Frequentemente
4 = Muitas vezes
5 = Sempre

Com que frequência você percebe que permaneceu on-line por mais tempo do que pretendia? _____

Com que frequência outras pessoas em sua vida se queixam da quantidade de tempo que você passa on-line? _____

Com que frequência você verifica seus e-mails antes de alguma outra coisa que precise fazer? _____

Com que frequência você perde horas de sono por ficar na internet até tarde? _____

Com que frequência você se pega dizendo "só alguns minutos" quando está na internet? _____

Você não mostra sinais de vício em internet se tiver totalizado 7 ou menos. Uma pontuação de 8-12 sugere vício suave — você pode passar horas demais na internet de vez em quando, mas no geral tem algum controle sobre o uso. Uma pontuação de 13-20 indica vício moderado, podendo significar que sua relação com a internet está lhe causando "problemas ocasionais ou frequentes". Uma pontuação entre 21 e 25 sugere vício grave e indica que a internet está causando "problemas significativos em sua vida". (Voltarei à questão de como lidar com uma pontuação elevada na terceira parte deste livro.)

Além do vício em internet, 46% das pessoas afirmaram que não podiam suportar viver sem seus smartphones (alguns prefeririam se machucar do que estragar seus celulares)[14] e 80% dos adolescentes checam o celular pelo menos uma vez por hora.[15] Em 2008, adultos passavam em média dezoito minutos em seus celulares por dia; em 2015, passavam 2h48.[16] Essa mudança para a telefonia móvel é perigosa, porque um dispositivo que acompanha o indivíduo aonde ele for constitui sempre um veículo melhor para o vício. Em um estudo, 60% dos entrevistados relataram assistir de uma vez a dezenas de episódios de algum seriado, apesar de terem planejado parar bem antes. Até 59% das pessoas afirmam ser dependentes de redes sociais e que essa condição acaba por torná-las infelizes. Desse grupo, metade alega que precisa olhar esses sites pelo menos uma vez por hora. Após uma hora, sentem-se ansiosos, agitados e incapazes de se concentrar. Enquanto isso, em 2015, havia 280 milhões de viciados em smartphone. Se eles se juntassem para formar os "Estados Unidos da *Nomophobia*", seriam o quarto país mais populoso do mundo, atrás de China, Índia e Estados Unidos.

Em 2000, a Microsoft do Canadá divulgou que o ser humano médio tinha um limiar de atenção de doze segundos; em 2013, essa cifra caíra para oito segundos.[17] (De acordo com a Microsoft, um peixe-dourado, por comparação, tem um limiar de atenção médio de nove segundos.) "A atenção humana está encolhendo", declarou o relatório. Entre jovens de dezoito a 24 anos, 77% afirmaram que pegavam o celular, em vez de realizar qualquer outra atividade, quando não tinham nada para fazer. Oitenta e sete por cento disseram que costumavam se desligar do mundo vendo seriados sem interrupção. Mais preocupante ainda: a Microsoft pediu a 2 mil jovens adultos que prestassem atenção a uma série de números e letras que apareciam numa tela de computador. Os que passavam menos tempo em redes sociais se saíram muito melhor na tarefa.

A palavra inglesa *addiction* ("vício") originalmente se referia a um tipo diferente de forte ligação: na Roma antiga, o verbete significava alguém que acabou de ser sentenciado à escravidão.[18] Se a pessoa devesse dinheiro e não pudesse pagar a dívida, um juiz a mantinha temporariamente adjudicada ao credor. Ela seria forçada a trabalhar como escrava até saldar a dívida. Esse foi o significado inicial da palavra, que, no entanto, evoluiu para descrever qualquer vínculo difícil de ser rompido. Se você gostasse de beber vinho, seria um *wine addict* (fissurado em vinho); se gostasse de ler livros, um *book addict* (fissurado em livros). Não havia nada fundamentalmente errado em ser um *addict*; muitos deles nada mais eram do que pessoas que gostavam muito de comer, beber, jogar cartas ou ler. Ser um *addict* significava ser apaixonado por algo, e a palavra *addiction* foi se transformando ao longo dos séculos.

No século XIX, a profissão médica deu nova vida a essa palavra. Em particular, os médicos prestaram atenção especial à questão no fim do século XIX, quando os químicos aprenderam a sintetizar a cocaína, porque ficou cada vez mais difícil fazer com que os usuários largassem a droga. No começo, a cocaína pareceu um verdadeiro milagre, permitindo que pessoas de idade caminhassem longas distâncias e que a mente exausta voltasse a pensar com clareza. No fim, porém, a maioria ficava viciada e muitos acabavam morrendo.

Voltarei à questão do vício comportamental em breve, mas para compreender seu crescimento é necessário me concentrar primeiro no uso de substâncias. A palavra *addiction* corresponde ao abuso de alguma substância há somente dois séculos, mas há milhares de anos a humanidade vem se habituando ao uso de substâncias. Evidências de DNA sugerem que os Neandertais portavam um gene conhecido como DRD4-7R pelo menos há 40 mil anos.[19] O DRD4-7R é responsável por um sem-número de comportamentos que diferenciavam os Neandertais de hominídeos anteriores, incluindo correr riscos e buscar novidades e sensações. Enquanto os hominídeos pré-Neandertais eram tímidos e avessos ao risco, os Neandertais estavam constantemente explorando e quase nunca ficavam satisfeitos. Uma variante do DRD4-7R conhecida como DRD4-4R continua presente em cerca de 10% da população, que apresenta tendência muito maior do que os demais a um comportamento audacioso e a se viciar.

É impossível dizer quem foi o primeiro *addict* da história da humanidade, mas os registros sugerem que viveu há mais de 13 mil anos.[20] O mundo era um lugar bem diferente na época. Os Neandertais já estavam extintos havia muito tempo, mas a Terra continuava coberta por glaciares, o mamute-lanudo ainda existiria por mais 2 mil anos e os seres humanos estavam apenas começando a domesticar ovelhas, porcos, cabras e vacas. A lavoura e a agricultura só estariam plenamente estabelecidas alguns milhares de anos depois, mas na ilha de Timor, no Sudeste Asiático, alguém topou com o bétel.

O bétel, ou noz-de-areca, é um primo antigo, bruto, do cigarro moderno.[21] Essa semente contém um líquido oleoso e inodoro conhecido como arecolina, cuja ação é bem semelhante à da nicotina. Quando a pessoa mastiga um bétel, seus vasos sanguíneos dilatam, a respiração fica mais fácil, o sangue é bombeado mais rápido e a disposição melhora. Os usuários costumam afirmar que conseguem pensar com mais clareza depois de mastigar bétel, e a droga continua sendo extremamente popular em partes do Sul e do Sudeste Asiáticos.

O bétel, porém, tem um terrível efeito colateral. A mastigação frequente enegrece e apodrece os dentes, que podem acabar caindo. Apesar do alto preço cosmético pago por mastigá-lo, muitos usuários continuam com o hábito mesmo depois de perderem os dentes. Quando visitou o Vietnã, 2 mil anos atrás, o imperador chinês Zhou Zhengwang perguntou a seus anfitriões por que os dentes deles eram pretos. Eles explicaram que "mastigar bétel serve para manter a boca asseada; por isso os dentes ficam pretos". A lógica é duvidosa, para dizer o mínimo. Quando alguma parte do seu corpo passa a ficar com cor de piche, é preciso ter a mente muito aberta para concluir que a transformação é saudável.

Vícios antigos não se restringiam aos povos do Sul e do Sudeste Asiáticos. Outras civilizações experimentavam o que nascia em suas terras. Por milhares de anos, habitantes da península Arábica e do Chifre da África mastigaram a folha de *khat*, um estimulante com ação similar à anfetamina e à metanfetamina. Os usuários de *khat* tornam-se falantes, eufóricos e hiperativos, e seu batimento cardíaco se eleva como se houvessem tomado várias xícaras de café. Mais ou menos nessa mesma época, os aborígenes australianos usavam o *pituri*, ao passo que seus contemporâneos na América do Norte descobriam o tabaco. Ambas as plantas podem ser fumadas ou mascadas e contêm altas doses de nicotina. Por sua vez, há 7 mil anos, os sul-americanos nos Andes começaram a mascar as folhas de coca em grandes reuniões comunais. Do outro lado do mundo, os samaritanos aprendiam a fazer ópio, substância tão admirada que eles gravaram instruções de preparo em pequenas tabuletas de argila.

A dependência de substâncias, tal como a conhecemos, é relativamente nova, porque depende de uma química sofisticada e de equipamento caro. No seriado *Breaking Bad*, Walter White, o professor de química transformado em fabricante de metanfetamina, é obcecado com a pureza de seu produto. Ele cria o "Blue Sky", que tem um grau de pureza de 99,1%, e conquista imenso respeito da comunidade (além de milhões de dólares em dinheiro sujo). Mas, na realidade, viciados em metanfetamina compram qualquer coisa que conseguirem encontrar, assim os traficantes misturam o produto bruto com substâncias inócuas que o diluem. Independentemente da ênfase na pureza, o processo de fabricar a droga é complicado e exige técnica. O mesmo se dá para muitas outras drogas, que são quimicamente bem diferentes das plantas de origem que contêm seus ingredientes primários.

Antes de as drogas se tornarem um grande negócio, médicos e químicos descobriam seus efeitos por tentativa e erro, ou por acidente. Em 1875, a British Medical Association elegeu o escocês Sir Robert Christison, de 78 anos, como seu 44º presidente.[22] Christison era alto, severo e excêntrico. Iniciara a prática da medicina cinquenta anos antes, quando ingleses homicidas aprendiam a envenenar pessoas com arsênico, estricnina e cianureto. Christison queria descobrir de que forma essas e outras toxinas afetavam o corpo humano. Como era difícil encontrar voluntários, ele passou décadas engolindo e vomitando venenos perigosos, documentando os efeitos logo em seguida, pouco antes de perder a consciência.

Uma dessas toxinas era uma pequena folha verde, que deixou a boca de Christison dormente, deu-lhe uma prolongada injeção de energia e o fez se sentir décadas mais novo. O octogenário Christison se sentiu tão revigorado que decidiu sair para uma longa caminhada. Nove horas e 24 quilômetros depois, voltou para casa e escreveu que não sentia fome nem sede. Na manhã seguinte, acordou se sentindo bem e pronto para o novo dia. Christison havia mastigado a folha de coca, planta responsável por seu famoso derivado, a cocaína.

Em Viena, mais de 1500 quilômetros a sudeste dali, um jovem neurologista também fazia experimentos com a cocaína. Muita gente se lembra de Sigmund Freud por suas teorias sobre a personalidade e a sexualidade humanas e sobre os sonhos, mas ele também era conhecido em sua época por ser um entusiasta da cocaína. Os químicos haviam sintetizado a droga pela primeira vez três décadas antes, e Freud leu com interesse sobre o passeio milagroso de 24 quilômetros de Christison. Freud descobriu que a cocaína não só lhe dava energia, como também acalmava seus episódios recorrentes de depressão e indigestão. Em uma das mais de novecentas cartas para sua noiva, Martha Bernays, Freud escreveu:

Se tudo der certo, vou escrever um ensaio sobre [a cocaína] e espero que ela conquiste seu lugar na medicina ao lado da morfina, e a supere [...]. Tenho usado doses bem pequenas regularmente contra a depressão e a indigestão, com um magnífico sucesso.

A vida de Freud era cheia de altos e baixos, mas a década seguinte a sua carta para Martha foi especialmente turbulenta. Começou com um ponto alto: a publicação de seu ensaio intitulado "Über Coca", em 1884.[23] Nas palavras de Freud, "Über Coca" era "uma canção de louvor a essa substância mágica". Freud desempenhou todos os papéis no drama de "Über Coca": foi o experimentador e a cobaia, e registrou com empolgação:

Alguns minutos após a ingestão da cocaína, a pessoa experimenta uma alegria súbita e uma sensação de leveza. Os lábios e o palato parecem cobertos de penugem e sobrevém uma espécie de calor nas mesmas áreas [...]. O efeito físico [da cocaína] consiste de alegria e euforia duradouras, que em nada diferem da euforia normal de uma pessoa saudável.

"Über Coca" também alude a um lado mais sombrio da cocaína, embora Freud parecesse mais fascinado do que preocupado:

Durante o primeiro teste, experimentei efeitos tóxicos por um breve período [...]. A respiração ficou mais lenta e pesada e me senti cansado e sonolento; bocejei com frequência e me senti um pouco entorpecido [...]. Se a pessoa trabalha intensamente sob a influência da coca, após um período de três a cinco horas há um declínio na sensação de bem-estar e uma dose extra de coca é necessária para combater a fadiga.

Muitos psicólogos criticam Freud porque suas teorias mais famosas são impossíveis de testar (homens que sonham com cavernas de fato estão preocupados com úteros?), mas ele defendeu uma cuidadosa experimentação com a cocaína. Como suas cartas revelam, Freud descobriu que a droga, como qualquer estímulo viciante, fazia menos efeito com o passar do tempo. A única maneira de recriar o barato original era repetir o consumo, aumentando a dose. Ele usou cocaína pelo menos uma dúzia de vezes e acabou se viciando. Trabalhar e pensar sem a substância passou a ser uma luta, e ele se convenceu de que suas melhores ideias lhe ocorriam sob efeito da droga. Em 1895, teve uma infecção no nariz e se submeteu a cirurgias para reparar as narinas destruídas. Em uma carta para o amigo e otorrinolaringologista Wilhelm Fliess, Freud descreveu em muitos detalhes os efeitos da droga. Ironicamente, a única coisa que abrandava a situação do seu nariz era uma nova dose. Quando a dor era muito forte, ele pincelava as narinas com uma solução de água e cocaína. Um ano depois, desolado, concluiu que a cocaína fazia mais mal do que bem. Em 1896, doze anos após seu primeiro contato com a substância, Freud foi obrigado a parar de usá-la completamente.

Como Freud foi capaz de ver o lado positivo da cocaína, mas não seu chocante lado negativo? No começo de sua paixão pela droga, ele concluiu que ela era a resposta para o vício em morfina. Descreveu o caso de um paciente que largou a morfina de forma radical e entrou em síndrome de abstinência, sendo acometido por calafrios e acessos de depressão. Mas quando começou a usar cocaína, o homem se recuperou por completo, levando uma vida funcional com a ajuda de uma grande dose diária da substância. O maior erro de Freud foi acreditar que esse efeito era permanente: "Após dez dias, ele conseguiu dispensar por completo o tratamento com a coca. O tratamento para o vício em morfina com coca, portanto, não resulta meramente na troca de um tipo de vício por outro [...] o uso de coca é apenas temporário".

Em parte, Freud ficou seduzido pela cocaína porque viveu numa época em que o vício supostamente afetava pessoas fracas mental e fisicamente. A genialidade e o vício eram incompatíveis, e ele (assim como Robert Christison) descobriu a cocaína no auge de suas capacidades intelectuais. Freud se equivocou de tal forma em relação à droga que acreditava que ela poderia substituir e eliminar o vício em morfina. Ele não foi o único a alimentar essa crença. Duas décadas antes de Freud escrever "Über Coca", um coronel do Exército Confederado viciou-se em morfina após se ferir durante a última batalha da

Guerra Civil Americana. Ele também acreditava que seria capaz de superar o vício em morfina lançando mão de um extrato à base de cocaína. Estava enganado, mas seu remédio no fim das contas se tornou uma das substâncias mais consumidas em todo o mundo.

A Guerra Civil terminou com uma batalha breve mas sangrenta na noite de Páscoa de 16 de abril de 1865. Os exércitos da União e da Confederação convergiram para o rio Chattahoochee, próximo de Columbus, Geórgia, e as cavalarias se confrontaram perto de duas pontes que transpunham o rio. John Pemberton, um desafortunado soldado confederado, se deparou com uma parede de cavaleiros da União quando tentava bloquear uma ponte que levava ao coração de Columbus. Pemberton empunhou seu sabre, mas foi baleado antes que pudesse usá-lo. Quando tombava para trás em agonia, um soldado da União desferiu golpes profundos de sabre no peito e na barriga de Pemberton. Ele desabou, quase morto, mas foi salvo por um amigo, que o arrastou para um lugar seguro.

Pemberton sobreviveu, porém os ferimentos continuaram a afligi-lo por meses. Como milhares de outros soldados feridos, tratou sua dor com morfina. No início, os médicos do Exército administravam pequenas doses a intervalos de várias horas, mas Pemberton desenvolveu tolerância pela substância. Ele exigia doses cada vez maiores e com mais frequência e acabou dominado pelo vício. Os médicos fizeram o possível para afastá-lo da droga, mas eram sabotados a cada tentativa — Pemberton fora químico antes da guerra, de modo que seus antigos fornecedores entraram em ação quando o Exército parou de lhe fornecer a droga. Seus amigos ficaram preocupados, e Pemberton acabou sendo forçado a admitir que a morfina estava lhe trazendo mais prejuízos que benefícios.

Como qualquer bom cientista — e como Freud depois dele —, Pemberton fez experimentos.[24] Seu objetivo era encontrar um substituto não viciante para a morfina a fim de aliviar a dor crônica. Na década de 1880, após inúmeras tentativas fracassadas, o soldado chegou a um resultado satisfatório que batizou de Pemberton's French Wine Coca: uma combinação de vinho, folha de coca, noz-de-cola e um arbusto aromático chamado damiana. Não existiam órgãos reguladores como a Food and Drug Administration naquela época, assim Pemberton estava livre para divulgar com entusiasmo (e cheio de erros gramaticais) e enaltecer as propriedades medicinais de seu tônico, ainda que não soubesse muito bem como funcionava. Ele pagou por um anúncio em 1885 que dizia:

A French Wine Coca é endossada por mais de 20 mil dentre os mais versados e científicos homens de medicina do mundo. [...]

[...] Os americanos são o povo mais nervoso do mundo [...]. Para todo aquele que sofre de qualquer queixa nervosa recomendamos o uso desse remédio maravilhoso e delicioso, French Wine Coca, infalível na cura de todo aquele acometido de problemas dos nervos, dispepsia, exaustão mental e física, todas as doenças debilitantes crônicas, irritabilidade gástrica, constipação, cefaleia, neuralgia etc., é rapidamente curado pela Coca Wine [...].

[...] Coca é o mais maravilhoso revigorante dos órgãos sexuais e cura fraqueza do sêmen, impotência etc., enquanto todos os outros remédios falham. [...]

Aos desafortunados que se viciaram no hábito da morfina ou do ópio, ou no uso excessivo de estimulantes alcoólicos, a French Wine Coca se provou uma grande bênção, e milhares a proclamaram como o fortificante mais notável que já sustentou um organismo debilitado e declinante.

Como Sigmund Freud, Pemberton acreditava que uma combinação de cafeína e folhas de coca venceria seu vício em morfina sem introduzir outra dependência no lugar. Quando o governo local endureceu as leis contra o álcool em 1886, Pemberton retirou a palavra *wine* (vinho) de seu medicamento, rebatizando-o de Coca-Cola.

Aqui a história se bifurca. Para o produto Coca-Cola, o céu era o limite. A Coca-Cola trilhou um caminho de sucesso exponencial, vendida primeiro para o magnata dos negócios Asa Candler e depois para os gênios do marketing Ernest Woodruff e W. C. Bradley. Woodruff e Bradley conceberam a brilhante ideia de vender a bebida em pacotes com seis unidades, mais fáceis de carregar da loja para casa, e os dois ficaram inacreditavelmente ricos. Para seu criador, John Pemberton, foi tudo ao contrário. A Coca-Cola acabou não sendo um substituto viável para a morfina e seu vício se aprofundou. Em vez de substituir a morfina, a cocaína agravou o problema, o estado de saúde de Pemberton continuou a declinar e, em 1888, ele morreu sem um centavo.

Hoje em dia é fácil olhar com um senso de superioridade para a falta de compreensão de Freud e Pemberton em relação à cocaína. Ensinamos nossos filhos que cocaína é um perigo e é difícil acreditar que apenas um século atrás especialistas considerassem a droga a cura para diversos males. Mas talvez nosso senso de superioridade seja deslocado. Assim como a cocaína encantou Freud e Pemberton, hoje estamos encantados pela tecnologia. Estamos dispostos a desconsiderar seus custos em nome de seus muitos benefícios sedutores: sites de conteúdo on-demand, Uber e táxis, serviços de limpeza, Facebook, Twitter, Instagram, Snapchat, Reddit, Imgur, BuzzFeed, Mashable, Gawker, Gizmodo, sites de jogos on-line, plataformas de vídeo, streaming de música, jornadas de trabalho semanais de cem horas, power naps, exercícios físicos de quatro minutos e o crescimento de toda uma nova leva de obsessões, compulsões e vícios que mal existiam durante o século XX.

Eis o mundo social do adolescente moderno.

Em 2013, uma psicóloga chamada Catherine Steiner-Adair explicou que muitas crianças nos Estados Unidos entram em contato com o mundo digital pela primeira vez quando notam que seus pais "sumiram".[25] "Minha mãe quase sempre fica mexendo no iPad na hora do jantar", contou Colin, de sete anos, para a psicóloga. "Ela está sempre 'só dando uma olhada'." Penny, também de sete anos, disse: "Vivo pedindo para ela, vamos brincar, vamos brincar, e ela está sempre mandando mensagem no telefone". Aos treze anos, Angela gostaria que seus pais entendessem que o mundo não se limita à tecnologia: "É irritante, porque, tipo, *você também tem uma família! Que tal a gente passar um tempo juntos*, e eles ficam, tipo, 'Espera aí, só preciso ver uma coisa no meu celular. Preciso ligar para o trabalho e ver o que está acontecendo'". Pais com filhos mais novos causam ainda mais prejuízos quando não conseguem sair de seus tablets e celulares. Usando câmeras acopladas à cabeça de crianças pequenas, pesquisadores mostraram que elas instintivamente acompanham o olhar dos pais.[26] Pais distraídos criam crianças distraídas, porque, ao se mostrarem incapazes de se concentrar, acabam ensinando aos filhos esses mesmos padrões de atenção. Segundo o principal pesquisador do artigo, "a capacidade de prestar atenção é conhecida como um indicativo forte para o sucesso posterior das crianças em áreas como aquisição de linguagem, resolução de problemas e outros marcos importantes do desenvolvimento cognitivo. Adultos que passam a impressão de ser distraídos ou cujos olhos vagam demais enquanto os filhos brincam parecem exercer um impacto negativo no incipiente leque de atenção de crianças pequenas durante um estágio crucial do desenvolvimento".[27]

As crianças não nascem ansiando por tecnologia, mas passam a considerá-la indispensável. No momento em que chegam ao ensino médio, suas vidas sociais migram do mundo real para o mundo digital. Diariamente, durante o dia todo, elas compartilham centenas de milhões de fotos no Instagram e bilhões de mensagens. Elas não têm a opção de parar, pois é nisso que buscam validação e amizade.

Interações on-line não são apenas diferentes das interações no mundo real; são comprovadamente piores. Os seres humanos aprendem empatia e compreensão observando como suas ações afetam outras pessoas. A empatia é uma habilidade que se desenvolve muito lentamente e não pode florescer sem que haja um feedback imediato. Uma análise de 72 estudos revelou que, de 1979 a 2009, a empatia tem diminuído entre alunos de faculdade. Eles exibem uma probabilidade menor de assumir a perspectiva alheia e mostram menos preocupação com os outros. O problema é grave entre os meninos, mas é pior entre as meninas. Segundo um estudo, uma em cada três adolescentes diz que pessoas da sua idade são quase sempre cruéis com as outras nas redes sociais. O mesmo se dá para um em cada onze meninos com idade entre doze e treze e um em seis com idade entre catorze e dezessete anos.

Muitos adolescentes se recusam a interagir por telefone ou frente a frente, e suas brigas e discussões acontecem no WhatsApp. "Pessoalmente é muito constrangedor", contou uma garota a Steiner-Adair. "Eu estava brigando com umas pessoas e a gente estava trocando mensagens, aí perguntei, 'Posso ligar para vocês ou dá para a gente se falar numa chamada de vídeo?', e eles foram, tipo, 'Não.'" Outra garota afirmou: "Você pode pensar melhor e planejar o que vai falar, e não precisa lidar com a cara da pessoa ou ver a reação dela". Esse é obviamente um jeito terrível de aprender a se comunicar, porque desencoraja o contato direto. Como disse Steiner-Adair, "a troca de textos é o pior treinamento possível para qualquer pessoa que queira uma relação madura, amorosa e sensível". Enquanto isso, os adolescentes estão presos a esse meio. Eles ficam fechados no mundo on-line ou preferem não "passar um tempo" com os amigos.

Como Steiner-Adair, a jornalista Nancy Jo Sales entrevistou meninas com idade entre treze e dezenove anos para compreender como elas interagem com as redes sociais.[28] Durante dois anos e meio, ela viajou pelos Estados Unidos, visitando dez estados e conversando com centenas de garotas. Também concluiu que suas entrevistadas estavam enredadas no mundo on-line, onde aprendiam e entravam em contato com a crueldade, a hipersexualização e o caos social. Às vezes as redes sociais eram apenas outra maneira de se comunicar — mas para muitas meninas era um caminho direto para a decepção. No que diz respeito a contextos viciantes, correspondia ao pior cenário possível: quase toda adolescente utilizava uma ou mais plataformas de mídia social, de modo que eram forçadas a escolher entre o isolamento e o uso compulsivo. Não é nenhuma surpresa que muitas delas passassem horas postando textos e imagens no Instagram todo dia após as aulas; segundo o consenso, era a coisa mais racional a fazer. Repercutindo o relato de Sales, Jessica Contrera escreveu um artigo chamado "13, Right Now" (13, agora mesmo) para o *Washington Post*.[29] Contrera acompanhou por vários dias a vida de uma menina de treze anos chamada Katherine Pommerening, uma aluna comum de oitavo ano que ficou subjugada sob o peso de tantas "curtidas e comentários". A fala mais triste de Pommerening aparece no fim do artigo: "Não me sinto mais criança. Não faço mais nada de criança. No fim do sexto ano", quando todas as suas amigas tinham celulares e usavam Snapchat, Instagram e Twitter, "simplesmente parei com tudo o que estava habituada a fazer. As brincadeiras no intervalo da aula, os brinquedos, tudo isso acabou".

Meninos passam menos tempo envolvidos em interações on-line tóxicas, mas muitos são viciados em games. O problema é tão incontestável que alguns desenvolvedores estão retirando seus jogos do mercado. Eles começaram a sentir remorso — não porque seus games trazem sexo ou violência, mas porque são diabolicamente viciantes. Com a combinação exata de expectativa e feedback, somos encorajados a jogar por horas, dias, semanas, meses e anos a fio. Em maio de 2013, um recluso desenvolvedor vietnamita chamado Dong Nguyen lançou um jogo chamado Flappy Bird.[30] Esse jogo simples para smartphone pedia que o jogador guiasse um pássaro voando por obstáculos, tocando repetidas vezes na tela do celular. Por um tempo, a maioria dos usuários ignorou o Flappy Bird e os resenhistas condenaram o jogo por ser muito difícil e ter uma estética parecida demais com a do Super Mario Bros., da Nintendo. Flappy Bird passou oito meses esquecido no fim das listas de aplicativos baixados.

Mas a sorte de Nguyen mudou em janeiro de 2014. O Flappy Bird atraiu milhares de downloads do dia para a noite e, no fim do mês, o jogo se tornou o aplicativo gratuito mais baixado na loja on-line da Apple. No auge do sucesso do jogo, o estúdio de Nguyen estava ganhando 50 mil dólares por dia só de receita com anúncios.

Para um designer de games modesto, foi o Santo Graal. Nguyen deveria ter entrado em êxtase, mas ficou arrasado. Dezenas de resenhistas e fãs se queixaram de terem ficado extremamente viciados no Flappy Bird. "Ele acabou com a minha vida [...] seus efeitos colaterais são piores do que os da cocaína e da metanfetamina", publicou Jasoom79, no site da loja da Apple. Walter19230 intitulou sua resenha de "O Apocalipse", e começava: "Minha vida acabou". Mxndlsnsk advertia outros jogadores a não baixar o game: "Flappy Bird vai ser minha ruína. Deixem-me começar dizendo para NÃO BAIXAR esse jogo [...]. As pessoas me avisaram, mas não dei bola [...]. Não durmo mais, não como mais. Estou perdendo amigos".

Mesmo que essas resenhas sejam exageradas, o jogo parecia estar causando mais mal do que bem. Centenas de jogadores fizeram Nguyen parecer um traficante quando compararam seu produto a metanfetamina e cocaína. O que começou como uma obra de amor cheia de idealismo parecia corromper vidas, e a consciência de Nguyen eclipsou seu sucesso. Em 8 de fevereiro de 2014, ele tuitou:

Lamento, usuários do Flappy Bird, daqui a 22 horas, vou tirar Flappy Bird do ar. Não aguento mais.

Alguns usuários do Twitter acreditavam que Nguyen estava se referindo a queixas de propriedade intelectual, mas ele descartou rapidamente essa suposição:

Não tem nada a ver com problemas legais. É só que não consigo mais continuar com isso.

O jogo desapareceu conforme anunciado e Nguyen fugiu dos holofotes. Centenas de imitações de Flappy Bird pipocaram na internet, mas Nguyen já estava focado em seu projeto seguinte — um jogo mais complexo especificamente projetado para *não* ser viciante.

Flappy Bird era viciante em parte porque tudo no jogo envolvia rapidez: o toque de dedos, o tempo entre as partidas, a avalanche de novos obstáculos. O mundo fora do Flappy Bird também se move mais rápido do que costumava ser. A lentidão é inimiga do vício, porque as pessoas respondem mais ativamente a ligações rápidas entre ação e resultado. Pouquíssimas coisas no mundo contemporâneo — da tecnologia ao transporte e ao comércio — acontecem devagar, e desse modo nosso cérebro reage de forma mais febril.

Hoje o vício é mais bem compreendido do que no século XIX, mas ele também se transformou com o tempo. Químicos fabricaram substâncias perigosamente viciantes e os empreendedores que projetam experiências fabricaram comportamentos quase tão viciantes quanto. Essa evolução só fez acelerar durante as duas ou três últimas décadas e não dá sinais de diminuir o ritmo. Há pouquíssimo tempo, um médico identificou o primeiro viciado em Google Glass — um oficial ativo da Marinha que teve sintomas de abstinência quando tentou parar de usá-lo.[31] Ele usara aquilo dezoito horas por dia e começou a vivenciar seus sonhos como se estivesse olhando pelo dispositivo. Esse oficial conseguira superar o alcoolismo no passado, como contou aos médicos, mas isso era bem pior. À noite, quando ficava mais relaxado, levava o indicador direito repetidamente em direção à lateral do rosto. Estava à procura do botão de ligar do Google Glass, que ele nem mais usava.

2. O viciado em cada um de nós

A maioria dos filmes de guerra ignora o tédio vivenciado entre uma operação e outra.[1] No Vietnã, milhares de soldados americanos passavam semanas, meses ou até anos apenas esperando. Alguns aguardavam instruções de seus superiores; outros, o momento da ação. Hugh Penn, um veterano do Vietnã, recordou que os soldados matavam o tempo jogando futebol e bebendo cerveja a 1,85 dólar o engradado. Mas o tédio é um inimigo natural do bom comportamento e nem todo mundo se dedicava a passatempos saudáveis tipicamente americanos.

O Vietnã fica nas imediações de uma área do Sudeste Asiático conhecida como Triângulo Dourado.[2] Essa região abrange Mianmar, Laos e Tailândia e foi responsável pela maior parte do fornecimento de heroína no mundo durante a Guerra do Vietnã. Existem diferentes qualidades da substância, e a maioria dos laboratórios do Triângulo Dourado entregava um produto grosseiro e de qualidade inferior conhecido como heroína número 3. Em 1971, isso tudo mudou. Os laboratórios convidaram um grupo de especialistas químicos de Hong Kong que haviam aperfeiçoado um perigoso processo conhecido como precipitação de éter. Eles começaram a produzir heroína número 4, que tinha um grau de pureza acima de 99%. Quando o preço do quilo da heroína subiu de 1240 para 1780 dólares, ela começou a chegar ao Vietnã do Sul, onde soldados entediados estavam à espera de alguma distração.

De repente, a heroína número 4 estava em toda parte. Meninas adolescentes vendiam frascos em barracas à beira da estrada entre Saigon e a base militar norte-americana em Long Binh. Em Saigon, vendedores de rua enfiavam frascos com amostras no bolso dos soldados que passavam, esperando que voltassem para uma segunda dose. As empregadas que limpavam os quartéis vendiam frascos durante o trabalho. Em entrevistas, 85% dos soldados de volta aos Estados Unidos disseram que tinham sido oferecidos heroína no Vietnã. Para um deles, a droga foi oferecida quando desembarcava do avião que o trazia do Vietnã. O vendedor, um soldado em estado de confusão mental por usar a droga e que também voltara da guerra, pediu como pagamento apenas uma amostra de urina, para poder convencer as autoridades de que estava limpo.

Poucos desses soldados haviam experimentado heroína antes de entrar para o Exército. Eles chegaram saudáveis e determinados a lutar, mas passaram a desenvolver dependência de uma das substâncias mais agressivas do planeta. No fim da guerra, 35% dos soldados afirmavam ter experimentado heroína e 19% se declararam viciados. A heroína era tão pura que 54% dos usuários ficaram viciados — muito mais do que a taxa de 5% a 10% de usuários de anfetamina e barbitúricos que desenvolveram o vício no Vietnã.

A notícia da epidemia chegou a Washington, onde o governo foi forçado a agir. No início de 1971, o presidente Richard Nixon enviou dois congressistas norte-americanos ao Vietnã para avaliar a gravidade da epidemia. O deputado republicano Robert Steele e o democrata Morgan Murphy discordavam em quase tudo, mas concordaram que era uma catástrofe. Eles descobriram que noventa soldados haviam morrido de overdose de heroína em 1970 e esperavam que esse número aumentasse até o fim de 1971. Ambos foram abordados por traficantes durante sua breve estada em Saigon e ficaram convencidos de que a droga acabaria chegando aos Estados Unidos. "A Guerra do Vietnã está chegando ao nosso país para nos assombrar", disseram Steele e Morgan em um relatório. "A primeira onda de heroína já está a caminho de nossos filhos na escola." O *New York Times* publicou uma grande foto de Steele com um frasco de heroína na mão para mostrar como era fácil um soldado americano ter acesso à droga. Em um editorial, o *Times* defendeu a retirada de todas as tropas norte-americanas do Vietnã "para salvar o país de uma debilitante epidemia de droga".

Em uma coletiva de imprensa em 17 de junho de 1971, o presidente Nixon anunciou uma guerra às drogas. Ele olhou para as câmeras com um ar de determinação severa e disse: "O inimigo público número um dos Estados Unidos é o abuso de drogas".

Nixon e seus assistentes ficaram preocupados não só porque os soldados se viciaram em heroína no Vietnã, mas com o que poderia acontecer quando voltassem para casa. Como lidar com um influxo repentino de 100 mil viciados em heroína? O problema era ainda mais grave porque a heroína era a droga mais traiçoeira disponível.

Quando pesquisadores britânicos avaliaram os malefícios de diversas drogas, a heroína foi de longe a pior.[3] Em três escalas medindo a probabilidade de uma droga provocar danos físicos, induzir ao vício e causar prejuízos sociais, a heroína alcançou a pontuação mais elevada — três em três possíveis. Era, sem dúvida, a droga mais perigosa e viciante do mundo.

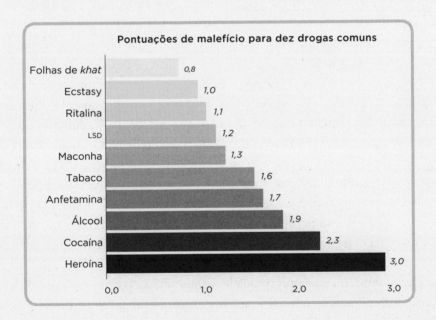

Já era bastante difícil fazer viciados em heroína largarem a droga, mas 95% sofriam pelo menos uma recaída mesmo após a desintoxicação. Poucos deixavam o hábito para sempre. Nixon tinha razão em se preocupar. Ele reuniu uma equipe de especialistas que passava 24 horas por dia planejando como lidar com 100 mil novos pacientes de reabilitação. A equipe de Nixon decidiu que os soldados deveriam continuar no Vietnã até ficarem limpos.

O governo lançou um ataque em duas frentes, investindo no Vietnã e nos Estados Unidos. No Vietnã, o major-general John Cushman ficou encarregado de reprimir o uso de heroína, tão disseminado que ele percebeu a gravidade só de andar pelo acampamento.[4] Os médicos confirmaram que centenas de homens, se não milhares, estavam viciados. Chocado com o tamanho do problema, Cushman tentou medidas severas. Às 5h30 da manhã, surpreendeu as tropas confinando todo mundo à base por 24 horas. Os soldados passaram por uma revista, e ambulatórios de emergência foram montados para ajudar na desintoxicação. A heroína ficou tão difícil de conseguir que usuários desesperados eram forçados a pagar quarenta dólares por um frasco — que custava três dólares apenas um dia antes. No início, Cushman pareceu levar a melhor, quando trezentos homens se prontificaram a passar por tratamento. Mas dias depois, assim que as restrições de circulação ficaram menos rigorosas, o uso voltou a disparar. Em uma semana o frasco de heroína passou a ser vendido por quatro dólares, e mais da metade dos homens que tentaram a desintoxicação voltaram à droga.

Nos Estados Unidos, o governo designou uma pesquisadora chamada Lee Robins para monitorar o progresso dos soldados que regressavam.[5] Robins era professora de psiquiatria e sociologia na Universidade de Washington em St. Louis, onde estudava as causas fundamentais das epidemias psiquiátricas. Ela era conhecida por sua capacidade excepcional de fazer as perguntas certas na hora certa quando entrevistava alguém. Conquistava a confiança das pessoas e parecia obter informações delicadas que os pacientes pesquisados em geral optavam por não compartilhar. O governo concluiu que Robins era a pessoa perfeita para entrevistar e acompanhar a recuperação de milhares de soldados viciados conforme voltavam para casa.

Para Robins, foi uma oportunidade extraordinária. "[Estudar] o uso de heroína numa população normal altamente exposta à droga foi uma experiência única", refletiu ela em 2010, "porque não existe outro lugar no mundo em que a heroína seja tão comumente utilizada."

Nos Estados Unidos, o hábito é tão raro que [uma pesquisa nacional] de 2400 adultos contou com apenas doze pessoas que haviam usado heroína no ano anterior. Como os usuários são escassos tanto no mundo como nos Estados Unidos, a maior parte de nossa informação sobre a droga vem da amostragem entre criminosos em tratamento.

Mas quando começou a acompanhar os veteranos de regresso, Robins ficou confusa. O que ela descobriu não fazia o menor sentido.

Em geral, apenas 5% dos viciados em heroína permanecem limpos depois da desintoxicação, mas Robins descobriu que apenas 5% dos soldados em recuperação apresentaram *recaída*. De algum modo, 95% conseguiram permanecer limpos. A opinião pública, na expectativa de uma calamidade após a tão divulgada coletiva de imprensa de Nixon, ficou convencida de que Robins estava ocultando a verdade, como era de se esperar. Robins passou anos defendendo o estudo. Escreveu artigos com títulos como "Por que o estudo foi um sucesso técnico" e "Os fatores positivos do estudo". Seus detratores lhe perguntaram, repetidas vezes, como podia ter certeza de que os resultados eram precisos e, nesse caso, por que tão poucos soldados tiveram recaída depois de voltar para casa. É fácil compreender esse ceticismo. Ela havia sido nomeada por um presidente acuado que declarou guerra às drogas, e o relatório de Robins sugeria que estava saindo vitorioso. Mesmo que ela estivesse acima da política, seus resultados eram simplesmente bons demais para ser verdade. No mundo da saúde pública, os ganhos se traduzem em reduções incrementais — uma queda de 3% aqui, outra de 5% ali. Uma queda de 90% nas taxas de reincidência era muito estranha. Robins, no entanto, fizera tudo certo. Seu experimento foi sólido e os resultados, verdadeiros. O problema era explicar *por que* apenas 5% dos soldados haviam sofrido uma recaída.

A resposta, como se veria, fora descoberta havia mais de uma década em um laboratório de neurociência americano a cerca de 13 mil quilômetros dali.

Grandes cientistas fazem suas descobertas usando duas abordagens distintas: fazer ajustes e ter ideias revolucionárias. Os ajustes resolvem um problema aos poucos, como água erodindo uma rocha, ao passo que nas ideias revolucionárias o grande pesquisador enxerga algo que ninguém mais consegue. Se, por um lado, o engenheiro Peter Milner tendia aos ajustes, o psicólogo James Olds era um revolucionário.[6] Juntos, constituíam uma equipe formidável. No início da década de 1950, em um pequeno laboratório subterrâneo cheio de ratos em gaiolas e equipamentos elétricos na Universidade McGill, em Montreal, Olds e Milner realizaram um dos experimentos sobre vício mais famosos de todos os tempos. O que tornou o experimento tão marcante foi o fato de, na verdade, não ter sido projetado para remodelar nossa compreensão do vício.

Na realidade, o experimento talvez tivesse passado despercebido se Olds tivesse feito seu trabalho de maneira adequada.

Olds e Milner se conheceram na Universidade McGill no início da década de 1950. Em grande medida, eram o oposto um do outro. O ponto forte de Milner era seu know-how técnico. Ele sabia tudo o que havia para saber sobre cérebros de rato e correntes elétricas. Olds, por outro lado, carecia de experiência, mas transbordava de grandes ideias. Jovens pesquisadores entravam e saíam do laboratório de Olds, atraídos por seu talento para perceber a próxima grande descoberta. Bob Wurtz, primeiro aluno de pós-graduação de Olds no fim da década de 1950, conheceu bem a dupla. Segundo Wurtz, "Olds não sabia diferenciar o focinho e o rabo do rato, e o primeiro trabalho de Milner foi ensinar Olds sobre a fisiologia do animal". Mas o que não tinha em perícia técnica, Olds mais do que compensava com valor e visão. "Jim era um cientista muito agressivo", disse Wurtz. "Ele acreditava na boa sorte — se encontrar algo interessante, você deve largar todo o resto. Sempre que ele e Milner se deparavam com algo digno de nota, Jim lidava com a imprensa, enquanto Milner continuava trabalhando no laboratório."

Gary Aston-Jones, que também estudou com Olds, lembrava dele da mesma maneira. "Olds se concentrava em grandes questões. Era movido mais pelo conceito do que pela técnica. Quando tentávamos compreender como uma mosca-das-frutas aprendia sobre o mundo, Olds ficou de quatro, engatinhou pelo chão e fingiu ser uma mosca." Milner jamais teria abordado o problema dessa forma. Aryeh Routtenberg, um terceiro aluno que trabalhou com Olds, explicou que "Milner era meio que a outra face de Olds. Era calado, humilde e tímido, enquanto Olds proclamava 'fizemos uma grande descoberta!'".

Por décadas, os especialistas presumiram que viciados em alguma substância — láudano, chá de papoula, opiáceos — eram predispostos a tal condição e que sua configuração neural devia ter algum tipo de defeito. Olds e Milner estiveram entre os primeiros pesquisadores a virar essa ideia de cabeça para baixo — a sugerir que, talvez, sob determinadas circunstâncias, qualquer um poderia se viciar.

A maior descoberta dos dois começou de maneira modesta. Olds e Milner tentavam demonstrar que ratos corriam para o extremo oposto de suas gaiolas sempre que uma corrente elétrica passava por seus cérebros minúsculos. Os pesquisadores implantaram uma pequena sonda, que emitia uma descarga cerebral quando o animal pressionava uma barra metálica. Entretanto, para surpresa da dupla, o rato número 34, em vez de recuar, teimava em atravessar a gaiola e pressionar a barra repetidamente. Ao invés de temer os choques como muitos outros haviam feito, esse rato os procurava. Os pesquisadores observaram o rato 34 empurrar a barra mais de 7 mil vezes em doze horas: em certo período, a cobaia o fez de cinco em cinco segundos, sem pausa. Como um corredor de ultramaratonas que em seu delírio se recusa a parar para se alimentar, o rato ignorava uma pequena vasilha com água e uma bandeja de ração. Infelizmente, tinha olhos apenas para a barra. Doze horas após o início do experimento, o rato número 34 morreu de exaustão.

No início, Olds e Milner ficaram confusos. Se todos os outros ratos evitaram os choques, por que o rato número 34 fez o contrário? Talvez houvesse algo errado com seu cérebro. Milner estava prestes a tentar o experimento com um rato diferente quando Olds fez uma sugestão ousada. Se antes ele andara de quatro para imaginar como era a vida de uma mosca-das-frutas, agora tentava ler a mente de um rato. Considerando de maneira cuidadosa o comportamento do rato número 34, ele ficou convencido de que o animal *apreciara* os choques. Não era que estivesse em busca de dor, e sim que os choques o levavam a se sentir bem. "A genialidade de Jim Olds foi ter a mente aberta e ser louco o suficiente para achar que o animal *gostava* de levar choques", afirmou Aston-Jones. "Na época, ninguém imaginava que estímulos elétricos no cérebro podiam ser prazerosos, mas Olds foi louco o bastante para pensar que o animal estava se divertindo."

Então Olds começou a investigar. Removeu a sonda do cérebro do rato e notou que tinha entortado. "O alvo de Olds fora o mesencéfalo, mas a sonda pegara no septo do animal", diz Aston-Jones. Uma fração de centímetro fez toda a diferença entre o prazer e o desconforto. Olds passou a chamar essa área do cérebro de "centro do prazer", um nome simplista que não obstante captura a euforia que ratos — e cães, cabras, macacos e até pessoas — sentem quando a área é estimulada. Alguns anos depois, quando o neurocientista Robert Heath inseriu um eletrodo no centro de prazer de uma mulher deprimida, ela começou a rir. Ele perguntou por que a paciente estava rindo. Embora não conseguisse explicar por que, ela disse que se sentia feliz pela primeira vez em muito tempo, mais do que conseguia se lembrar. Assim que Heath retirou a sonda, o sorriso da mulher desapareceu. Ela se sentiu mal outra vez — e, pior, agora sabendo como era a sensação de felicidade. Ela queria mais do que tudo que a sonda permanecesse implantada, dando-lhe choques regulares como um pequeno marca-passo hedonista. Assim como Olds e Milner haviam feito, Heath mostrara como a euforia podia ser viciante.

Após a morte do rato número 34, Olds e Milner descobriram o mesmo comportamento viciante quando estimularam o centro de prazer de outros ratos. Esses ratos também ignoraram a comida e a água conforme empurravam a pequena barra sem parar. Aryeh Routtenberg trabalhou em alguns desses experimentos posteriores e recorda que os ratos se comportaram como viciados. Os animais que acionavam a barra não eram diferentes dos ratos que tiveram substâncias viciantes injetadas no cérebro. "Usamos nos animais todo tipo de drogas que causa euforia — anfetaminas, clorpromazina, inibidores da monoamina oxidase —, e eles se comportaram exatamente como os ratos que se autoestimulavam." Routtenberg lembra de um experimento que mostrava o poder do centro de prazer:

> Uma das coisas boas de ser professor é que você pode estudar o que bem entender. Eu queria ver o que aconteceria se embriagasse os animais antes de pressionarem a barra. Injetei o equivalente alcoólico de três martínis em vários ratos, que simplesmente desabaram. Nós os levantamos — como você faria com um bêbado no bar — e os levamos até a pequena barra de metal. Depois os pusemos ali de modo que a cabeça encostasse na barra, disparando um choque no cérebro. De imediato, esses ratos começaram a pressionar a barra sem parar. Estavam catatônicos

um minuto antes, mas agora pareciam totalmente normais! Após dez ou quinze minutos, desligamos a eletricidade, e os ratos voltaram ao estupor.

Esse não foi o único motivo que levou os pesquisadores a verem os ratos como minúsculos viciados. Os animais manifestavam a mesma inquietação de viciados humanos entre uma dose e outra. Quando os pesquisadores os impediram de voltar a levar um choque de tantos em tantos minutos, os ratos passaram a beber água sem parar, para matar o tempo. Routtenberg recorda que:

No momento em que a recompensa cessou, começaram a beber feito loucos. Eu voltava entre uma sessão de experimento e a seguinte e eles ficavam ali, completamente inchados! Era como se estivessem fazendo algo — qualquer coisa — para passar o tempo. A recompensa era tão grande que precisavam encontrar uma maneira de matar o tempo até a próxima recompensa ficar disponível.

A notícia do experimento se espalhou e os pesquisadores começaram a escutar certos rumores. "Ouvimos dizer que os militares estavam treinando cabras", lembra Bob Wurtz. "Eles faziam os animais levarem munição para soldados ou até carregarem bombas para o inimigo." Os soldados podiam encorajar as cabras a caminhar numa direção específica dando ou negando choques no centro de prazer. A pesquisa influenciou a maneira que especialistas como Wurtz, Aston-Jones e Routtenberg compreendiam o vício. Olds e Milner originalmente acreditaram que o rato número 34 tinha predisposição ao vício. Presumiram que um problema com seus circuitos neurais o levara a pôr o estímulo elétrico acima de tudo — até mesmo comida, água e, em última instância, a vida. Mas, por insistência de Olds, perceberam que não havia nada errado com o rato número 34. Ele não era um viciado por natureza. Não passava de um rato azarado que calhara de estar no lugar errado na hora errada.

Essa é uma das grandes lições do experimento de Olds e Milner. O rato número 34 se comportou como um viciado incurável, mas isso não significava que houvesse algo errado com seu cérebro. Como os soldados do Vietnã, ele era uma vítima das circunstâncias. Estava simplesmente reagindo como qualquer rato teria feito com uma sonda disparando choques em seu centro de prazer.

Routtenberg se perguntou se isso poderia nos dizer algo sobre o vício em humanos. Mas talvez qualquer um pudesse mergulhar no estupor como o rato número 34. "Começamos a pensar no vício como uma forma de aprendizado. É possível pensar no vício como parte da memória", disse Routtenberg. Viciados simplesmente aprenderam a associar determinado comportamento a um resultado atrativo. Para o rato número 34, tratava-se do estímulo de seu centro de prazer; para um viciado em heroína, é a onda de prazer de um novo pico.

Para mensurar a ligação entre vício e memória, Routtenberg visitou o pet shop local e comprou um macaco-de-cheiro chamado Cleópatra. As normas éticas não eram tão rígidas quanto as de hoje. "Eu tinha um laboratório próprio, então podia fazer o que bem entendesse. Realizei uma cirurgia no animal e pus eletrodos nos sistemas de recompensa de seu cérebro. Isso nunca tinha sido feito com um macaco." Routtenberg deixou Cleópatra numa jaula diante de duas barras de metal. A primeira enviava uma corrente elétrica para seu centro de prazer e a segunda liberava uma nova porção de alimento. No início, Cleópatra acionou as barras aleatoriamente, mas não demorou para começar a se comportar como o rato número 34, ignorando a barra de comida e pressionando a de choque várias e várias vezes. Olds percebeu o que Routtenberg fizera e ficou extasiado. "Ele veio ao laboratório com um amigo, um pesquisador importante da John Hopkins, e lhe mostrou o que Cleópatra estava fazendo", disse Routtenberg. "Foi um dos dias de maior orgulho da minha vida." Mais tarde, Routtenberg mantinha Cleópatra fora da jaula por horas e até dias. Fora da jaula, ela passou pela desintoxicação, tornando-se o mesmo animal saudável que fora ao chegar ao laboratório. Mas, assim que Routtenberg a devolveu à jaula, Cleópatra voltou a pressionar a barra de maneira frenética. Mesmo quando a barra foi retirada, o animal não saía de perto do lugar onde estivera antes. Como Routtenberg imaginou, o vício de Cleópatra deixara uma poderosa impressão gravada em sua memória de longo prazo.

O laboratório de Jim Olds tinha a solução do enigma de Lee Robins. O motivo que levou seus veteranos do Vietnã a abandonarem o vício em heroína foi ter escapado das circunstâncias que os aprisionavam. Foi o mesmo caso de Cleópatra, o macaco-de-cheiro de Aryeh Routtenberg, que seguiu à risca a cartilha do viciado, dentro da jaula. Ela acionava sem parar a barra metálica que dava choques em seu centro de prazer, ignorando sua comida e sua água. A jaula foi para Cleópatra o que o Vietnã fora para os soldados entediados que desenvolveram um vício em heroína. Cleópatra era saudável até chegar ao laboratório. Quando Routtenberg finalmente a tirou do confinamento, tornou-se saudável outra vez. Mas quando ficou dentro de sua jaula, o vício voltou com toda a força.

Cleópatra foi devolvida à jaula, mas poucos soldados norte-americanos voltaram ao Vietnã. Eles desembarcavam em casa para levar uma vida completamente diferente. Não havia mais selva, os verões escaldantes de Saigon, o ruído das metralhadoras e da hélice dos helicópteros. Em vez disso, eram as compras no supermercado, a volta ao trabalho, a monotonia do subúrbio, o prazer das refeições caseiras. Tanto Cleópatra quanto os soldados mostraram que Routtenberg tinha razão: o vício fica incrustado na memória. Para Cleópatra, o gatilho era a jaula. Seu cativeiro a transportava de volta ao tempo em que fora viciada e ela não conseguia evitar as recaídas aos velhos hábitos. Os afortunados soldados do Vietnã jamais confrontaram essas lembranças, porque assim que deixaram o país asiático escaparam das sugestões que acompanhavam a decisão de se drogar.

É por isso que a maioria dos usuários de heroína tem dificuldades para permanecer limpo. Como Cleópatra, eles voltam à cena do crime toda hora. Veem amigos que os lembram do tempo em que eram viciados; moram nas mesmas casas; andam pelos mesmos bairros. Nada muda depois que ficaram limpos, a não ser o fato de que, em vez de se entregar, resistem ao vício diariamente. Por isso a tentação é tão grande. O que mais poderiam fazer quando cada visão, cheiro e som reacende o momento de êxtase que sucede um pico?

Isaac Vaisberg, um ex-viciado em video games, sabe dos perigos de voltar à cena do crime.[7] Nada indica que Isaac seja um candidato natural para a dependência. Ele nasceu na Venezuela em 1992, sua mãe lhe dava todo o apoio do mundo e seu pai, embora trabalhasse demais, era atencioso. Quando Isaac era criança, seus pais se divorciaram e ele se mudou para Miami com a mãe. O pai permaneceu na Venezuela, mas os dois conversavam com frequência, e Isaac o visitava nas férias. Suas notas eram excelentes, raramente abaixo de A. No fim de seu penúltimo ano no ensino médio, obteve 2200 pontos de 2400 possíveis no exame de admissão para o ensino superior, o SAT, que o situou na elite, no grupo que representa 1% dos melhores alunos dos Estados Unidos. Ele foi admitido na Worcester Academy, um dos internatos mais concorridos do país, não muito longe de Boston, e posteriormente na American University, em Washington, DC. Isaac não era apenas estudioso — era atleta também. A Worcester lhe concedeu uma bolsa de estudos para jogar futebol americano, e ele chegou em grande forma física, pronto para atuar como linebacker titular.

Infelizmente, isso corresponde apenas à metade da história. Isaac vivia uma vida solitária. "Meus pais se divorciaram quando eu era muito novo e acabei vivendo num vaivém entre os Estados Unidos e a Venezuela. Por causa disso, eu tinha facilidade para fazer novos amigos, mas não era muito bom em aprofundar essas amizades." Em vez disso, encontrou amigos na internet.

Aos catorze anos, Isaac começou a jogar World of Warcraft. WoW é viciante por uma série de razões, mas o jovem achou a dimensão social do game irresistível. Como muitos jogadores, entrou para uma guilda, um pequeno grupo de participantes que compartilham recursos e conversam regularmente em salas de bate-papo específicas. Seus colegas de guilda tornaram-se seus amigos mais próximos, e a amizade acabou preenchendo a lacuna dos relacionamentos significativos que lhe faltavam no mundo real.

O primeiro abuso perigoso começou durante seu penúltimo ano do ensino médio. "Eu tinha começado e largado World of Warcraft muitas vezes, mas dessa vez o jogo virou meu único meio de socialização e de relaxar. Recebia minha pequena dose de dopamina toda noite, e isso me ajudava a superar as ansiedades." Ele parou de dormir, suas notas despencaram e ficava fisicamente doente quando sua mãe insistia para que fosse para a escola. "Eu me descontrolava e tinha ataques de pânico. Ficava enjoado quando entrava no carro de manhã. No instante em que soubesse que não precisava mais ir à escola, os sintomas sumiam." Isaac acabou se recuperando após o primeiro abuso de WoW e no fim desse ano letivo estava se saindo tão bem que tirou uma ótima nota no SAT.

O segundo episódio de abuso de Isaac começou dois meses após seu ingresso na Worcester Academy. Sozinho em seu dormitório, sem qualquer supervisão, voltou à antiga guilda e retomou as amizades on-line que formara no ano anterior. Logo o jogo se tornou uma obsessão outra vez. "Quando cheguei à Worcester Academy, eu pesava uns 88 quilos. Estava em forma e jogando futebol americano. No fim do primeiro semestre, cheguei a quase

107 quilos. Perdi muito cabelo, larguei o time de futebol e meu boletim se encheu de Cs." Isaac, no entanto, era resiliente. Conseguiu terminar o último ano e foi aceito na American University. A essa altura, ainda acreditava que seus excessos eram esporádicos. Não estava preocupado que seu vício pudesse persegui-lo na faculdade.

Seu primeiro semestre na American foi um sucesso — tirou ótimas notas e permaneceu em forma e saudável. No segundo semestre, porém, ficou estressado. Decidiu "jogar só um pouco" de WoW como forma de relaxar e acabou indo mal nas matérias. O histórico escolar de Isaac passou de As para Fs, e sua mãe ficou tão preocupada que apareceu sem aviso e lhe deu um folheto do centro de recuperação em vício reSTART, localizado nos arredores de Seattle. Ele concordou em se inscrever num programa de internação, mas não sem antes acessar sua conta do WoW para avisar os colegas de guilda que ficaria off-line por um tempo.

O reSTART é o primeiro centro de tratamento do mundo para vício em jogos e internet. Seus fundadores admitem que a dependência de internet é diferente do vício em substâncias, porque é quase impossível uma reintegração à sociedade sem ficar on-line. É possível arrumar um emprego, pagar as contas e se comunicar sem consumir drogas e álcool, mas não sem usar internet. A exemplo dos movimentos de cunho ecológico, o centro visa ensinar seus pacientes a usar a internet de modo "sustentável", em lugar de encorajá-los a evitá-la por completo.

Isaac começou seu programa de seis semanas com entusiasmo, fazendo amigos, pintando, percorrendo as espetaculares trilhas nos arredores do centro e malhando na academia de ginástica. Formou laços estreitos com alguns orientadores, que lhe disseram que o WoW lhe dera uma ilusão de controle sobre sua vida. Fora do jogo, sua vida continuara a desmoronar, mas isso parecia importar cada vez menos à medida que ele completava uma missão após outra no WoW. No entanto, mesmo fazendo bom progresso, às vezes ele se sentia frustrado. Embora o reSTART ajudasse, Isaac via seu tempo ali como um obstáculo que o impedia de terminar a universidade e passar para uma fase mais saudável e autossuficiente de sua vida. Não poderia de fato "melhorar" até se adequar ao mundo real. Ainda que tivesse chegado a ponto de comprar uma passagem aérea para Washington, DC, acabou permanecendo no programa até o fim.

Então Isaac cometeu seu maior equívoco. "Completei o restante do programa, estufei o peito e fiquei um pouco mais confiante no que estava fazendo. Mas, quando chegou a hora de apresentar meu plano de equilíbrio de vida, no fim do programa, todo mundo criticou minha decisão de voltar para casa." Isaac descreve isso usando a linguagem que se esperaria de um gamer veterano: "Simplesmente pensei que não podia deixar de completar essa missão. Não podia largar a American University sem meu diploma — isso não podia acontecer. Contrariei os conselhos médicos e decidi voltar para a Costa Leste".

A experiência de Isaac difere da dos veteranos de Lee Robins. Em vez de fugir para sempre das circunstâncias de seu vício, Isaac voltou para elas. Por dois ou três meses, as coisas correram bem. Ele arrumou um emprego, virou monitor de matemática e ganhou um bom dinheiro, e seu orientador o aceitou de volta na American University. O futuro parecia promissor — por um tempo.

Isaac contou que o momento mais perigoso para um viciado é quando as coisas começam a ir tão bem que a pessoa acredita que deixou o vício para trás de vez. "Você fica convencido de que está tudo certo, que pode voltar a fazer o que estava fazendo antes. Baixei a guarda e um colega me enviou uma mensagem, dizendo: 'Ei, quer jogar um pouquinho?'. E eu: 'Ei, claro!'"

Isso foi numa quinta-feira, 21 de fevereiro de 2013. Isaac tem certeza, porque a data deixou uma marca indelével em sua memória. Dois dias depois, devia dar aula para um aluno que teria uma prova de álgebra, mas faltou ao compromisso. Não foi à aula na segunda, tampouco, e depois passou cinco semanas sozinho em casa. Não saiu uma vez sequer nem tomou banho. Em troca de uma pequena gorjeta, o porteiro do prédio lhe trazia a comida que ele pedia por telefone. O lugar começou a cheirar mal e as embalagens vazias foram se empilhando pela mesa. Ele jogava vinte horas por dia e desabava, entorpecido, para algumas horas de sono, e voltava ao jogo quando acordava. Completando missão atrás de missão, conversava com os parceiros de guilda e perdia o contato com o mundo exterior. Cinco semanas se passaram rapidamente. Havia 142 chamadas perdidas no celular (outro número que ele diz não conseguir esquecer), mas, por algum motivo que lhe escapa até hoje, decidiu atender a 143ª ligação. Era sua mãe, e ela lhe disse que iria visitá-lo dali a dois dias.

Após uma maratona final de WoW, ele decidiu limpar o apartamento e tomar um banho. Foi seu "momento no fundo do poço". Ficou enojado com o que viu no espelho. Ganhara quase trinta quilos de pura gordura, o cabelo estava ensebado e suas roupas, imundas. Descreveu uma visão recorrente que, mesmo dezoito meses mais tarde, quase o levou às lágrimas:

> Quando eu era pequeno, meu pai não tinha muito dinheiro. Ele abriu um negócio, saía para trabalhar às cinco da manhã e chegava lá pelas nove da noite. Ele ficava muito feliz quando chegava em casa. Me abraçava com força, pegava um copo de uísque, sentava na sua poltrona perto e abria a janela, para aproveitar a brisa. E repetia isso todos os dias.
>
> Eu tinha essa imagem dele entrando no meu apartamento, pegando um copinho de uísque, indo sentar na poltrona e chorando. Eu nunca tinha visto meu pai chorar. Ele andava sempre com a cabeça para o alto e sempre foi forte. Imaginei ele chorando na poltrona, pensando onde havia errado comigo. Dói só de falar sobre isso. Era uma pontada como essa no coração que ele sentiria por causa das *minhas* cagadas.

Isaac levou a mãe para jantar, chorou e contou que tivera uma recaída. Afirmou que precisava tentar o reSTART novamente, dessa vez com uma atitude mais positiva. Não voltaria para Washington, DC, e, quando o programa de internação terminasse, se inscreveria no programa pós-tratamento de sete meses, que era feito em liberdade.

Isaac cumpriu sua palavra. Dedicou-se ao programa de internação e se sentiu encorajado por saber que o programa externo lhe daria apoio extra enquanto se acostumasse a viver e a trabalhar fora do centro. O programa fez toda a diferença. Como outros pacientes externos, Isaac passava entre vinte e trinta horas no centro toda semana, enquanto mantinha um emprego em meio período. Ele morava com vários ex-pacientes, que se apoiavam mutuamente e faziam vigilância para assegurar que nenhum colega tivesse uma recaída.

Isaac decidiu ficar na região de Seattle, perto do reSTART. Ele visita o centro com frequência, mas agora passa a maior parte do tempo cuidando de uma academia de CrossFit. Em abril de 2015, comprou a academia dos antigos donos e quatro meses depois já conseguira fazer a clientela triplicar. A academia lhe proporciona uma maneira saudável de atender suas necessidades psicológicas; tem um monte de amigos, permanece ativo e saudável e estabelece metas orientadas para o negócio que o mantêm motivado.

Isaac Vaisberg, assim como Robins, Milner, Olds e seus alunos, ensinou ao mundo uma lição profunda sobre o vício e suas vítimas: o problema vai muito além das *personalidades predispostas à dependência*. Viciados não são simplesmente espécimes mais fracos do que os outros; não são moralmente questionáveis ao passo que os demais são virtuosos. Na verdade, muitos, quando não a maioria, têm falta de sorte. O lugar não é o único fator que influencia as chances de um indivíduo se tornar um viciado, mas desempenha um papel bem maior do que os cientistas achavam. A genética e a biologia também fazem diferença, mas há décadas admitimos seu papel nesse panorama. A novidade, algo que só ficou claro nas décadas de 1960 e 1970, é que o vício também está condicionado ao ambiente. Até mesmo nossos soldados mais vigorosos — os jovens que estavam livres de vícios quando partiram para o Vietnã — mostraram sinais de fraqueza quando se viram no contexto errado. E até os mais determinados viciados em recuperação sofrem recaída quando voltam às pessoas e aos lugares que os recordam de seu vício.

O tempo contradisse os especialistas que outrora acreditavam que o vício era reservado a uma minoria miserável, porque, como Isaac Vaisberg, dezenas de milhões de pessoas no mundo considerado desenvolvido hoje apresentam sintomas de um ou mais vícios comportamentais. O próprio conceito era estranho para Olds e Milner na década de 1950 e por Robins nos anos 1970. As pessoas se viciavam em substâncias — não em comportamentos. O feedback que recebiam apenas dos comportamentos jamais chegaria à intensidade eufórica da heroína. Mas, assim como as drogas no decorrer do tempo, a emoção do feedback comportamental se tornou mais potente. Os designers de produtos estão mais espertos do que nunca. Sabem como ativar nossos sistemas e como nos encorajar a usar seus produtos não uma única vez, mas sem parar. Os locais de trabalho jogam iscas que sempre parecem fora de alcance. A promoção seguinte está logo ali; apenas uma venda o separa do próximo bônus.

A exemplo do rato número 34, acionando incessantemente a barra em sua gaiola, nosso cérebro é tomado por uma verdadeira tempestade elétrica quando estamos envolvidos em um comportamento viciante. Por décadas, os pesquisadores acreditavam que essa atividade estava na raiz do vício: imite os padrões cerebrais corretos e assim se criará um viciado. Mas a biologia do vício é bem mais complicada do que simplesmente estimular um grupo de neurônios. O vício, como sucedeu com Isaac Vaisberg, os veteranos do Vietnã e o rato número 34, é uma questão de aprender que a sugestão viciante — um jogo, um ambiente com heroína ou uma pequena barra de metal — diz respeito a solidão, insatisfação e angústia.

3. A biologia do vício comportamental

Existe uma enfermidade moderna que afeta dois terços dos adultos.[1] Seus sintomas incluem: cardiopatia, doença pulmonar e renal, falta de apetite, dificuldade para controlar o peso, baixa imunidade, pouca resistência a doenças, maior sensibilidade à dor, tempo de reação mais lento, flutuações de humor, funcionamento cerebral debilitado, depressão, obesidade, diabetes e algumas formas de câncer.

Essa enfermidade é a privação de sono crônica, que vem crescendo na esteira dos smartphones, e-readers e outros dispositivos que emitem luz. A privação de sono anda de braços dados com o vício comportamental — uma consequência do envolvimento excessivo e contínuo. É um problema global que recentemente vem atraindo bastante atenção, como no caso da empresária e autora Arianna Huffington. No Fórum Econômico de Davos, em 2016, Huffington discutiu seu livro sobre o sono, intitulado *The Sleep Revolution*:

Recebi há duas horas, de órgãos oficiais de Davos, um e-mail que era um levantamento sobre o sono no mundo. Ele mostra que as pessoas passam mais tempo em seus dispositivos digitais do que dormindo [...]. Acho bem interessante olhar para a relação entre a tecnologia e o cuidado que temos com nós mesmos. Afinal, estamos todos obviamente viciados em tecnologia. Então como podemos colocá-la em seu devido lugar? Não em nossa mesa de cabeceira. Este é o segredo, pessoal: não deixe o celular carregando perto da cama.

Foi uma boa sacada de Huffington mencionar o lugar onde deixamos o celular carregando. Noventa e cinco por cento dos adultos usam, pouco antes de dormir, algum dispositivo eletrônico que emite luz e mais da metade verifica seus e-mails durante a noite. Sessenta por cento dos adultos com idade entre dezoito e 64 anos mantêm seus celulares por perto quando vão para a cama, o que pode explicar por que 50% dos adultos alegam que não conseguem dormir bem por viverem conectados à tecnologia. A qualidade do sono tem declinado de maneira dramática nas duas últimas décadas, e um dos maiores culpados é a luz azulada que emana de muitos aparelhos eletrônicos.

Por milênios, a luz azul existiu apenas durante o dia. Velas e lenha produziam luz amarelo-avermelhada e não havia iluminação artificial à noite. A luz do fogo não é problema, porque o cérebro interpreta a luz vermelha como sinal de que chegou a hora de dormir. Com a luz azul é diferente, pois sinaliza a chegada da manhã. Dessa forma, 95% de nós estamos induzindo um jet lag à noite ao dizer ao nosso corpo que o dia está começando pouco antes de irmos para a cama.

Normalmente, a glândula pineal enterrada nas profundezas de seu cérebro produz à noite um hormônio chamado melatonina. A melatonina nos deixa sonolentos, e é por isso que pessoas com jet lag tomam suplementos desse hormônio antes de dormir. Quando a luz azul atinge o fundo de seus olhos, a glândula pineal para de produzir melatonina e seu corpo se prepara para o dia. Em 2013, um grupo de cientistas mensurou a quantidade de melatonina que treze voluntários produziam após usar um iPad por duas horas, tarde da noite. Quando usavam óculos laranja — para simular a luz do fim do dia —, os voluntários produziam bastante melatonina, que preparava seus corpos para dormir. Quando usavam óculos azuis (e, até certo ponto, quando mexiam no iPad sem óculos), seus corpos produziam muito menos melatonina. Os pesquisadores apelaram aos "fabricantes que projetassem dispositivos eletrônicos favoráveis [ao ciclo do sono]", com luz de fundo que ficasse progressivamente mais alaranjada à noite. Um segundo estudo, dessa vez sem o uso de óculos, revelou o mesmo efeito: as pessoas produzem menos melatonina, dormem pior e se sentem mais cansadas quando usam iPad antes de dormir. A longo prazo, as compulsões com a tecnologia estão prejudicando nossa saúde.

Por mais que a luz azul atrapalhe nossa capacidade de dormir, o verdadeiro dano do vício comportamental acontece quando estamos bem acordados, fazendo um malabarismo obsessivo com laptops e tablets, relógios fitness e smartphones.

O cérebro humano exibe diferentes padrões de atividade para diferentes experiências.[2] Um grupo de neurônios dispara quando você pensa no rosto de sua mãe; um grupo diferente, quando você se lembra da casa onde passou a infância. Esses padrões são difusos, mas olhando para o cérebro do indivíduo, pode-se dizer, *grosso modo*, se ele está pensando na mãe ou no lar onde nasceu.

Há também um padrão que descreve o cérebro de um viciado em drogas quando injeta heroína e um outro que retrata o cérebro de um viciado em video games que se empolga ao iniciar uma nova missão no World of Warcraft.[3] Eles se revelam quase idênticos. A heroína atua de maneira mais assertiva, gerando uma reação mais forte do que o ato de jogar, mas os padrões dos neurônios disparando no cérebro são quase idênticos. "Drogas e comportamentos viciantes ativam o mesmo centro de recompensa do cérebro", afirma Claire Gillan, neurocientista que estuda comportamentos obsessivos e repetitivos. "Contanto que o comportamento traga recompensas — se está correlacionado a resultados compensadores no passado —, o cérebro o tratará da mesma maneira que trata uma droga." O que torna substâncias como heroína e cocaína mais perigosas no curto prazo é o fato de estimularem o centro de recompensa com muito mais força do que os comportamentos. "A cocaína tem mais efeitos diretos sobre os neurotransmissores no cérebro do que, por exemplo, jogar, mas eles operam pelo mesmo mecanismo e sobre os mesmos sistemas. A diferença está na magnitude e na intensidade."

Essa ideia é bem recente. Por décadas, os neurocientistas acreditaram que somente drogas e álcool podiam estimular o vício, ao passo que os comportamentos provocavam uma resposta diferente das pessoas. Eles sugeriam que os comportamentos podiam ser prazerosos, mas esse prazer nunca daria margem à urgência destrutiva associada ao abuso de drogas e álcool. No entanto, uma pesquisa mais recente mostrou que comportamentos viciantes produzem as mesmas reações no cérebro ligadas ao abuso de drogas. Em ambos os casos, várias regiões nas profundezas do cérebro liberam uma substância chamada dopamina, que se conecta a receptores espalhados por todo o cérebro, os quais, por sua vez, produzem uma intensa descarga de prazer. Na maior parte do tempo, o cérebro libera apenas uma pequena dose de dopamina, mas certas substâncias e experiências viciantes fazem a produção de dopamina dar um salto. Aquecer as mãos junto ao fogo da lareira numa noite fria ou tomar um gole de água quando estiver com sede proporciona uma boa sensação, que, por sua vez, é muito mais intensa para um viciado quando ele injeta heroína ou, em menor medida, começa uma nova missão no World of Warcraft.

De início, as vantagens superam em muito as desvantagens conforme o cérebro traduz o fluxo de dopamina em prazer. Mas logo o cérebro interpreta essa inundação como um erro, produzindo cada vez menos dopamina. O único modo de chegar ao barato original é elevar a dose da droga ou da experiência — apostar mais dinheiro, cheirar mais cocaína, passar mais tempo jogando um video game mais atrativo. À medida que o cérebro desenvolve tolerância, suas regiões produtoras de dopamina se retraem, e as depressões entre um momento de euforia e outro são cada vez mais profundas. Em vez de produzir a quantidade saudável de dopamina que outrora inspirou otimismo e contentamento em reação a pequenos prazeres, essas regiões permanecem adormecidas até serem superestimuladas outra vez. Vícios são tão prazerosos que o cérebro faz duas coisas: primeiro, produz menos dopamina para estancar a inundação de euforia, e depois, quando a fonte da euforia desaparece, luta para lidar com o fato de que está produzindo muito menos dopamina do que antes. E assim o ciclo continua conforme o viciado busca a fonte de seu vício, e o cérebro responde produzindo cada vez menos dopamina após cada onda.

Eu morria de medo de drogas quando era criança. Tinha um pesadelo recorrente de que alguém me obrigava a usar heroína e eu ficava viciado. Não sabia quase nada sobre vício, mas me imaginava espumando pela boca em um centro de reabilitação deprimente. Com o passar do tempo, percebi que os traficantes não gastariam suas energias com um menino neurótico de sete anos, mas uma parte do pesadelo permaneceu comigo: a ideia de que uma pessoa podia se viciar contra sua vontade; que se acontecesse de entrar em contato com uma substância viciante, você desenvolvia um vício. Se o vício fosse apenas um transtorno cerebral, meu eu de sete anos teria razão: inunde o cérebro com dopamina e teremos um viciado. Mas não é assim que a dependência funciona. Uma vez que seu cérebro reage fundamentalmente do mesmo modo ante qualquer acontecimento prazeroso, tem que haver outro ingrediente — caso contrário, todos desenvolveríamos um vício debilitante em sorvete desde a infância. (Imagine o choque de dopamina que ocorre na primeira vez que uma criança pequena prova um sorvete.)

O ingrediente faltando é a situação que envolve esse aumento na dopamina. A substância ou o comportamento em si não são viciantes enquanto não aprendemos a usá-los como bálsamo para nossos problemas psicológicos. Se estiver ansiosa ou deprimida, por exemplo, a pessoa pode descobrir que heroína, comida ou apostas diminuem seu sofrimento. Se estiver solitária, talvez se volte para um video game imersivo que incentive a construção de novas redes de socialização.

"Temos sistemas para cuidados com filhos e para o amor, e esses sistemas nos forçam a persistir apesar das consequências negativas", explica Maia Szalavitz, autora que estuda vícios. "O sistema projetado para esse tipo de comportamento é um modelo para o vício. Quando esse sistema se desalinha, os vícios aparecem." Cada um dos sistemas aos quais Szalavitz se refere é uma coleção de comportamentos de sobrevivência instintivos, como o impulso de cuidar dos filhos ou de encontrar um par romântico. Os mesmos instintos que nos levam a seguir adiante em face da dor e da dificuldade também podem induzir ao fanatismo e a um comportamento viciante prejudicial.

Em um artigo, Szalavitz explica que ninguém além da própria pessoa pode fazer de si um viciado.[4] "Pacientes com dor não podem 'se tornar viciados' por seus médicos", diz Szalavitz. "Para desenvolver um vício, é necessário tomar repetidamente a droga a fim de obter alívio emocional, a ponto de sentir que não consegue mais viver sem [...] só pode acontecer quando se começa a tomar doses antes do que deveria ou tomar uma dose extra ao sentir a necessidade de lidar com outras questões que não a dor. Enquanto o cérebro não aprender que a droga é crucial para sua estabilidade emocional, o vício não consegue fincar raízes." O vício não é apenas uma resposta física; é como você reage psicologicamente a essa experiência física. Para enfatizar esse argumento, Szalavitz recorre à heroína como exemplo, a droga ilícita mais viciante e perigosa que existe. "Falando francamente, se eu sequestrar você, amarrá-lo e injetar heroína em seu corpo por dois meses, posso provocar dependência física e síndrome de abstinência — mas você só se tornará um viciado de fato se sair e usar após eu libertá-lo."

"O vício não diz respeito a 'violar', 'sequestrar' ou 'danificar' seu cérebro", afirma Szalavitz. "As pessoas podem se viciar em comportamentos e até na experiência de amar. O vício na verdade diz respeito à relação entre a pessoa e a experiência." Não basta assediar alguém com uma droga ou um comportamento — o indivíduo também precisa aprender que a experiência é um tratamento viável para quaisquer aflições psicológicas que porventura tenha.

O período de maior risco para o vício é o começo da idade adulta. Pouquíssimas pessoas desenvolvem vícios mais tarde na vida se não foram viciadas na adolescência. Um dos principais motivos é que jovens adultos são bombardeados por um sem-número de responsabilidades com as quais não estão preparados para lidar. Eles aprendem a se medicar tomando substâncias ou adotando comportamentos que amenizem as fisgadas causadas por essas dificuldades persistentes. Com vinte e poucos anos, muitas pessoas passam a dispor dos círculos sociais e da capacidade de superação que lhes faltavam na adolescência. "Se você não está usando drogas quando adolescente, é provável que também esteja aprendendo a lidar com seus problemas usando outros métodos", disse Szalavitz. Dessa forma, você desenvolve um grau de resistência no momento em que emerge dos desafios dessa fase da vida.

A afirmação mais surpreendente que ouvi de Szalavitz é que o vício é uma espécie de amor não correspondido. Tem a obsessão do amor, mas não o apoio emocional. Essa ideia pode soar vaga, porém tem o respaldo da ciência.

Em 2005, uma antropóloga chamada Helen Fisher e seus colegas colocaram casais apaixonados em um aparelho de neuroimagem.[5] Ela descreveu seus resultados num artigo intitulado "O amor é como cocaína":

Eu me senti como que dando um pulo no céu. Diante dos meus olhos estavam imagens mostrando bolhas de atividade na área tegmental ventral, ou ATV, uma minúscula fábrica junto à base do cérebro que produz dopamina e envia esse estimulante natural para muitas regiões do cérebro [...]. Essa fábrica é parte do sistema de recompensa cerebral, a rede do cérebro que gera desejo, aspiração, anseio, energia, foco e motivação. Não é de se admirar que dois apaixonados consigam ficar a noite toda acordados, conversando e trocando carícias. Não é de se admirar que fiquem tão distraídos, com tanta vertigem, tão otimistas, tão sociáveis, tão cheios de vida. Estão chapados com anfetamina natural. [...] Além do mais, quando meus colegas reproduziram o experimento da neuroimagem na China, os participantes chineses mostraram o mesmo grau de atividade na ATV e em outros caminhos da dopamina — os caminhos neuroquímicos do desejo. Quase todo mundo no planeta sente essa paixão.

Na década de 1970, um psicólogo chamado Stanton Peele publicou *Love and Addiction* [Amor e vício], explicando que a saudável ligação que temos com as pessoas que amamos também pode ser destrutiva.[6] Essa mesma ligação poderia ser dirigida a uma garrafa de vodca, uma seringa de heroína ou uma noite no cassino. Elas são impostoras porque aliviam o desconforto psicológico da mesma maneira que o apoio social torna mais fácil suportar as adversidades — mas não demoram a substituir o prazer de curto prazo pela dor prolongada. A capacidade de amar é resultado de milênios de evolução. Torna as pessoas mais bem preparadas para criar a prole e transmitir seus genes à geração seguinte — mas também suscetíveis ao vício.

O comportamento destrutivo é uma parte crucial da dependência. Há muitas maneiras de definir vício, mas as definições mais amplas vão longe demais porque incluem atos que são saudáveis ou essenciais para a sobrevivência. Em um editorial de 1990 no *British Journal of Addiction*, um psiquiatra chamado Isaac Marks alegou que "a vida é uma série de vícios, e sem eles morremos".[7] Marks intitulou o editorial de "Vícios (não químicos) comportamentais", e o tom provocante tinha um bom motivo. Os vícios comportamentais eram relativamente novos no campo da psiquiatria:

> A todo momento inalamos ar. Se ficamos privados dele, em segundos lutamos para respirar, e o alívio é imenso quando conseguimos. A privação prolongada causa uma escalada da tensão, uma severa síndrome de abstinência que é a asfixia e a morte em questão de minutos. Numa escala de tempo mais longa, comer, beber, defecar, urinar e fazer sexo também envolvem desejos crescentes de realizar um ato; o ato desliga o desejo, que volta em questão de horas ou dias.

Marks tinha razão: a respiração parecia refletir as propriedades de outros vícios. Mas a ideia de vício não é interessante nem útil se descrever cada atividade isolada que desempenha algum papel em nossa sobrevivência. Não faz sentido chamar de viciado um paciente de câncer porque ele precisa fazer quimioterapia. Vícios devem, no mínimo, deixar inalteradas nossas chances de sobreviver; se refletirem as propriedades vitais de respirar, comer ou fazer quimioterapia, não são mais "vícios".

Stanton Peele ligou amor a dependência na década de 1970, argumentando que o amor conduzia ao vício quando era mal orientado e dirigido a objetivos perigosos. Como Marks quinze anos depois, Peele também estava afirmando que o vício ia além das drogas ilícitas. Essa fora a posição dos cientistas por décadas, de tal forma que poucos estavam dispostos a aceitar que a nicotina viciava. Pela lógica deles, como fumar era legalizado, as partes componentes do cigarro não podiam ser viciantes. O termo "vício" ficara tão estigmatizado que era reservado a um conjunto pequeno, restrito, de substâncias. Mas o termo não era sagrado para Peele. Ele observou que muitos fumantes se apoiavam na nicotina do mesmo modo que viciados em heroína dependiam da droga como muleta psicológica, embora a heroína fosse obviamente mais prejudicial a curto prazo. O ponto de vista de Peele era uma heresia na década de 1970, mas as esferas médicas evoluíram nas décadas de 1980 e 1990. Peele reconhecia também que qualquer muleta destrutiva podia se tornar fonte de vício. Um funcionário entediado de escritório que recorresse a jogos de azar para obter a emoção que lhe faltava na vida real poderia desenvolver um vício em apostas.

Procurei Peele durante as pesquisas para este livro, mas ele protestou quando mencionei o vício comportamental. "Claro", disse, mostrando que ficaria feliz em conversar, "só que nunca usei o termo 'vício comportamental' na minha vida." Para Peele, esse termo era uma blasfêmia, pois insinuava uma diferença significativa entre vício de comportamento e em substâncias, distinção que, segundo ele, não existe, porque vício não diz respeito a substâncias, comportamentos ou reações cerebrais. Vício, para Peele, é "uma ligação extrema e disfuncional a uma experiência profundamente prejudicial para a pessoa, mas que é uma parte essencial de sua interação com o ambiente e da qual ela não pode abrir mão". Assim ele definia o termo décadas atrás e assim ele o vê hoje em dia. A "experiência" diz respeito ao contexto, acima de tudo: o desejo pelo ato e o comportamento de segurar com cuidado a agulha, a colher queimada e o isqueiro. Até a heroína — a substância mais viciante que já existiu — chega ao corpo via uma cadeia de comportamentos que em si se tornam parte do vício.

Se mesmo o vício em heroína é, até certo ponto, "comportamental", podemos perceber por que Peele evitou completamente o termo.

Peele pode não ter utilizado o termo "vício comportamental", mas por décadas separou comportamentos viciantes de substâncias viciantes em seus livros. Por exemplo, o capítulo 6 de seu livro *The Truth About Addiction and Recovery* [A verdade sobre vício e recuperação], escrito com o psicólogo Archie Brodsky em 1991, intitula-se "Vício em jogos de azar, compras e exercícios". Peele e Brodsky perguntaram: "A pessoa pode ficar viciada em jogos de azar, compras, exercício, sexo ou amor no mesmo sentido em que se vicia em álcool ou drogas?". A resposta era *sim* — que "qualquer atividade, envolvimento ou sensação que um indivíduo acha suficientemente intensa pode se tornar um vício [...] o vício pode ser compreendido apenas em termos da experiência total que gera para o indivíduo [...] e em como isso se enquadra em sua situação de vida e suas necessidades". Peele e Brodsky também descartaram de imediato a ideia de que qualquer atividade prazerosa, produtora de endorfina, fosse um vício. "Endorfinas não levam a pessoa a correr até os pés sangrarem ou a comer até vomitar", argumentaram. Eles se recusavam a chamar de "doenças" a compulsão por apostar, comprar e se exercitar, mas admitiam que essas atividades eram capazes de inspirar comportamentos viciantes.

Peele foi marginalizado por décadas. Ele se revoltou contra a abstinência e os Alcoólicos Anônimos e escreveu várias vezes que o vício não era uma doença. Em vez disso, era a associação entre uma necessidade psicológica não atendida e uma série de ações que aliviavam essa necessidade no curto prazo, mas que acabavam sendo prejudiciais no longo prazo. Peele se exaltava frequentemente e era sempre provocador, mas sua mensagem central permanecia a mesma: qualquer experiência podia ser viciante se parecia apaziguar o desconforto psicológico. As ideias de Peele penetraram aos poucos no pensamento corrente. Embora ainda considere o vício uma doença, quatro décadas depois de Peele ter associado amor e vício pela primeira vez, a Associação Psiquiátrica Americana (APA) admitiu que o vício não se limitava ao abuso de substâncias.

A cada quinze anos, mais ou menos, a APA publica uma nova edição de sua bíblia, o *Diagnostic and Statistical Manual of Mental Disorders* (DSM).[8] O *DSM* cataloga sinais e sintomas de dezenas de transtornos psiquiátricos, de depressão e ansiedade a esquizofrenia e ataques de pânico. Quando publicou a quinta edição do *DSM* em 2013, a APA acrescentou *vício comportamental* a sua lista de diagnósticos oficiais e abandonou a expressão *abuso e dependência de substância* em favor de *vícios e transtornos correlatos*. A psiquiatria tem tratado viciados comportamentais há anos e agora a APA estava correndo atrás do tempo perdido.

A APA também deixava claro que a mera dependência de uma substância ou comportamento não era suficiente para garantir um diagnóstico de vício. Muitos pacientes internados dependem de opiáceos, por exemplo, mas isso não transforma em viciados em ópio todos os pacientes de um hospital. As lacunas a preencher são a sensação de ânsia que deriva do vício e o fato de viciados em última instância saberem que estão prejudicando o próprio bem-estar com o passar do tempo. Um paciente que usa morfina enquanto se recupera de uma cirurgia no hospital está fazendo o melhor tanto a curto como a longo prazo; um viciado em morfina sabe que seu vício combina êxtase a curto prazo com prejuízo a longo prazo. Inúmeros viciados comportamentais no presente e no passado me disseram a mesma coisa: que a consumação de seus vícios é sempre agridoce. É impossível esquecer que estão comprometendo sua saúde até no momento em que usufruem de sua dose de gratificação.

Só agora a APA está endossando a ligação entre vício em substância e vício comportamental, mas pesquisadores isolados têm feito alegações similares por décadas. Nos anos 1960, antes mesmo de Peele começar a publicar suas ideias, um psiquiatra sueco chamado Gösta Rylander observou que dezenas de viciados em drogas aflitos estavam se comportando como animais selvagens sob estresse.[9] Quando confinados a espaços reduzidos, os animais buscam alívio por meio de ações repetitivas. Golfinhos e baleias nadam em círculos, aves arrancam as próprias penas, ursos e leões andam em suas jaulas por horas a fio. A pesquisa afirma que 40% dos elefantes em cativeiro marcham em círculos e balançam de um lado para outro, numa busca desesperada por conforto.

Como são sinais universais de angústia, Rylander ficou preocupado ao ver comportamento similar em usuários frequentes de anfetamina. Um paciente juntou e ordenou centenas de pedras de acordo com a forma e o tamanho, depois misturou tudo para começar o processo do zero. Dezenas de motociclistas em uma gangue de usuários de anfetamina circundavam a mesma quadra no subúrbio duzentas vezes. Um homem puxava o próprio cabelo sem cessar e uma mulher lixou as unhas durante três dias até sangrarem. Quando Rylander lhes pediu que explicassem o que estavam fazendo, os pacientes tiveram dificuldade em pensar numa resposta racional. Sabiam que seu comportamento era estranho, mas se sentiam compelidos a continuar. Alguns eram motivados por uma intensa curiosidade patológica, enquanto outros achavam reconfortante o gesto repetitivo. Rylander relatou o que viu em um artigo para um periódico, chamando o comportamento de *punding*, palavra sueca que significa teimosia ou estupidez. O mais interessante para Rylander, porém, era que para esses pacientes não havia uma linha entre o vício em drogas e o vício comportamental. Uma coisa se fundia à outra e eram igualmente prejudiciais, reconfortantes e irresistíveis.

Rylander morreu em 1979, mas deixou um legado significativo. Um círculo crescente de médicos e pesquisadores relatou *punding* em viciados em cocaína e em outros usuários de drogas, e o artigo de Rylander foi citado centenas de vezes. Comportamentos de *punding* são com frequência bizarros, mas afetavam exatamente quem os pesquisadores já previam: usuários de drogas pesadas. Isso foi verdade pelo menos até a primeira década do século XXI, quando um pequeno grupo de neurocientistas começou a ver o *punding* e outros comportamentos repetitivos esquisitos em suspeitos menos prováveis.

No início da década de 2000, Andrew Lawrence, professor de neurociência na Universidade de Cardiff, e alguns colegas notaram uma variedade de comportamentos viciantes estranhos em pessoas sofrendo de mal de Parkinson. Quase não há características comuns entre as personalidades estereotípicas de usuários de drogas pesadas e pacientes com Parkinson. Enquanto usuários de drogas são jovens e impulsivos, pacientes com Parkinson tendem a ser idosos e serenos. Mais do que tudo, esperam usufruir as décadas finais de sua vida sem sofrer os tremores musculares típicos da doença. A única coisa em comum, na verdade, é que esses pacientes com Parkinson estavam usando uma droga muito potente para tratar seus tremores. "O Parkinson resulta de um déficit de dopamina, então tratamos a doença com drogas que a substituam", disse Lawrence. A dopamina é produzida por uma série de regiões cerebrais e gera uma ampla variedade de efeitos. Ela controla o movimento (daí os tremores nos pacientes com Parkinson) e desempenha um papel central em moldar a reação das pessoas às recompensas e ao prazer. A dopamina previne os tremores do Parkinson, mas acaba introduzindo uma forma de prazer ou recompensa. Muitos pacientes, agindo por conta própria, desenvolvem vícios por drogas que substituem a dopamina, então os neurologistas monitoram as dosagens bem de perto. Mas não foi isso que mais fascinou e preocupou Lawrence.

"Os pacientes estavam furtivamente acumulando sua medicação e notamos por acaso que alguns deles também manifestavam vícios comportamentais", disse Lawrence. "Desse modo, relataram problemas com jogos de azar, consumo desenfreado, compulsão alimentar e hipersexualidade." Em 2004, Lawrence catalogou parte desses sintomas em um surpreendente artigo de revisão. Um contador que poupara dinheiro com dedicação e cuidado por meio século desenvolveu o hábito de apostar. Ele nunca havia jogado, mas de repente se sentiu atraído pela emoção do risco. No início, apostava de forma conservadora, mas logo começou a jogar duas vezes por semana, e depois todo dia. Suas economias para a aposentadoria, conquistadas a duras penas, no começo encolheram devagar, e depois mais rapidamente, até ele se ver mergulhado em dívidas. Sua esposa entrou em pânico e pediu dinheiro para o filho, mas a ajuda só serviu para agravar o vício. Um dia, a mulher encontrou o marido vasculhando o lixo, tentando encontrar os bilhetes de loteria que ela rasgara nesse mesmo dia. O pior de tudo era que o homem não sabia explicar a mudança em sua personalidade. Ele não queria jogar, nem esgotar as economias de sua vida, mas não conseguia se controlar. Quando combatia essa propensão, esse dilema dominava completamente seus pensamentos. Só jogar parecia deixá-lo relaxado.

Outros pacientes idosos desenvolviam fetiches sexuais e importunavam seus maridos ou esposas o dia inteiro. Um homem que durante a vida toda se vestira de modo conservador passou a usar roupas ousadas e chamativas. Outros se viciaram em pornografia na internet. Fanáticos por malhação se empanturravam de doces e chocolates e ganhavam muitos quilos em poucos meses. Talvez o mais estranho de todos fosse o homem que não conseguia parar de dar dinheiro para os outros. Quando sua conta no banco ficou zerada, ele começou a distribuir seus pertences. Quando desenvolveu mal de Parkinson no fim dos anos 1960, o célebre comediante escocês Billy Connolly começou a tomar medicações para substituir a dopamina.[10] Também sucumbiu a vícios comportamentais e teve que parar o tratamento. "Os médicos me tiraram da medicação porque os efeitos colaterais eram mais fortes que os efeitos esperados", Connolly disse a Conan O'Brien em um programa. "Perguntei quais eram os efeitos colaterais e eles disseram: 'Interesse irresistível por sexo e jogo'." Connolly fez piada do episódio na TV, mas sem tratamento seus tremores estão cada vez mais graves. As drogas são tão fortes que mais da metade dos pacientes parece desenvolver alguns desses efeitos colaterais.

Lawrence argumentou que esses pacientes estavam simplesmente desempenhando os comportamentos que lhes ocorriam com maior naturalidade. Esses comportamentos, chamados *estereótipos*, dependem da "história de vida individual", escreveu Lawrence. "Por exemplo, funcionários de escritório seguem o estereótipo de misturar papéis e uma costureira junta e organiza botões." Um empresário de 65 anos repetidamente desmontava e remontava canetas e não parava de arrumar um espaço já imaculado em sua mesa. Um arquiteto de 58 anos derrubou e reformou seu escritório em casa várias e várias vezes. Um marceneiro de cinquenta anos colecionava ferramentas e derrubou sem necessidade uma árvore em seu quintal. Essas ações familiares se tornaram fonte de conforto porque lhes vinham de forma fluida e exigiam pouca reflexão.

Lawrence e, antes dele, Rylander estavam presenciando a linha indistinta entre vícios em substâncias e vícios comportamentais. Assim como drogas ou álcool, os estereótipos ofereciam apenas mais um caminho para apaziguar uma psique atormentada. Lawrence assinalou essa característica comum aos dois grupos observando que muitos pacientes presos em um loop comportamental exageravam em sua medicação para produzir dopamina. Os indivíduos com casos mais graves de mal de Parkinson muitas vezes dispunham de uma pequena bomba que ministrava as medicações internamente. Embora fossem instruídos a seguir um cronograma, podiam apertar um botão para ministrar uma nova dose do remédio quando seus sintomas disparavam. Muitos deles começavam cumprindo o cronograma, mas logo descobriam que a medicação também produzia uma sensação de bem-estar. Alguns pacientes que ficaram viciados na medicação também desenvolveram vícios comportamentais e passaram a ir e vir entre as duas coisas. Um dia talvez tomassem algumas doses a mais do medicamento e no dia seguinte podiam passar horas e horas misturando papéis de manhã e juntando pedras para arranjá-las no jardim durante a tarde. Às vezes faziam os dois ao mesmo tempo, automedicando-se tanto com os remédios como com o comportamento reconfortante. Não havia diferença significativa entre essas duas rotas para o vício; eram em essência duas versões do mesmo programa avariado.

Na década de 1990, Kent Berridge, neurocientista da Universidade de Michigan, tentava compreender por que viciados continuavam a usar drogas mesmo degradando a vida deles. Uma resposta óbvia era que obtinham tanto prazer com o vício que estavam dispostos a sacrificar o bem-estar de longo prazo por um choque de felicidade imediata — que se entregam a um amor disfuncional por um parceiro que, por sua vez, os destrói. "Vinte anos atrás, estávamos à procura dos mecanismos de prazer", disse Berridge. "E a dopamina era o melhor mecanismo disponível e todos sabiam de suas implicações para o vício. Então começamos a juntar mais evidências para mostrar que a dopamina era um mecanismo de prazer." Para Berridge e muitos outros pesquisadores, a ligação parecia clara — tão clara que ele esperava encontrá-la rapidamente, de modo que pudesse passar à pesquisa de questões mais novas e interessantes.

Mas o resultado se revelou difuso. Em um experimento, Berridge deu para ratos um líquido doce delicioso e os observou lambendo os lábios de prazer. "Como crianças humanas, os ratos lambem os lábios de maneira ritmada quando provam algo doce", disse Berridge. Pesquisadores que usam ratos aprendem a interpretar diferentes expressões nos roedores, e essa era o principal padrão para o prazer. Baseado em sua compreensão acerca da dopamina, Berridge presumiu que o cérebro dos ratos estivesse inundando seus donos com a substância toda vez que saboreavam o líquido doce, e esse aumento na dopamina os levava a lamber os lábios. Logicamente, se Berridge impedisse o animal de produzir a substância, ele pararia de lamber os lábios. Então Berridge realizou uma espécie de cirurgia cerebral nos ratos para impedi-los de produzir dopamina e voltou a fornecer o líquido doce.

Os ratos fizeram duas coisas após a cirurgia, uma que surpreendeu Berridge e outra previsível. Como ele esperava, as cobaias pararam de procurar o líquido doce. A cirurgia eliminara seu apetite ao impedir o cérebro de produzir dopamina. Mas os ratos continuaram a lamber os lábios quando o pesquisador lhes dava a água com açúcar diretamente. Eles não pareciam querer o líquido — mas, quando provavam, davam a impressão de sentir tanto prazer quanto sentiam antes da cirurgia. Sem a dopamina, perderam o apetite por água açucarada, mas de um modo ou de outro continuavam a apreciá-la.

"Levou cerca de dez anos para a comunidade científica absorver isso", disse Berridge. Os resultados contradiziam o que os neurocientistas acreditavam ser verdade havia muito tempo. "Por vários anos os profissionais de neurociências no mundo todo nos disseram: 'Não, nós sabemos que a dopamina motiva o prazer; você deve estar enganado'. Mas então as evidências de estudos em humanos começaram a chegar e agora pouquíssimos pesquisadores duvidam de nossas descobertas. Nesses estudos, os pesquisadores davam cocaína ou heroína para as pessoas, bem como uma segunda droga bloqueadora de dopamina. O bloqueio da dopamina não reduzia o prazer que sentiam, e sim a quantidade tomada."

Berridge e seus colegas demonstraram que havia uma grande diferença entre gostar de uma droga e querer uma droga. O vício dizia respeito a mais do que apenas gostar. Viciados não eram pessoas que calhavam de gostar das drogas que tomavam — eram pessoas que *queriam* demais esses entorpecentes, mesmo quando começavam a não gostar deles por arruinar suas vidas. O que torna o vício tão difícil de tratar é que o querer é muito mais difícil de derrotar do que o gostar. Berridge considera que:

> Quando tomam decisões, as pessoas privilegiam o querer ao gostar. Querer é algo muito maior e mais potente, é muito mais amplo e poderoso. O gostar é anatomicamente minúsculo e frágil — é interrompido com facilidade e só ocupa uma pequena parte do cérebro. Por outro lado, não é fácil interromper a ativação de um desejo intenso. Assim que uma pessoa quer a droga, isso é quase permanente — dura pelo menos um ano para a maioria e pode durar quase a vida inteira.

As ideias de Berridge explicam por que a recaída é tão comum. Mesmo depois de você odiar uma droga por ter arruinado sua vida, seu cérebro continua a desejá-la, pois lembra que a droga acalmou uma necessidade psicológica no passado. Desse modo, o anseio permanece. O mesmo se dá com os comportamentos: mesmo quando passa a odiar o Facebook ou o Instagram por consumir muito do seu tempo, o indivíduo continua a desejar atualizações tanto quanto na época em que elas ainda o faziam feliz. Um estudo recente sugere que dar uma de difícil causa o mesmo efeito: um parceiro romântico inatingível é menos digno de estima, embora mais desejável, o que explica por que algumas pessoas se sentem atraídas por indivíduos emocionalmente inalcançáveis.[11]

Gostar e querer se sobrepõem na maior parte do tempo, o que turva suas diferenças. Tendemos a querer coisas de que gostamos e vice-versa, porque a maioria das coisas agradáveis é boa e a maioria das coisas desagradáveis é ruim para nós. Os ratos bebês nos estudos de Berridge passaram a apreciar instintivamente o sabor de água com açúcar, porque substâncias doces costumam ser inofensivas e ricas em calorias. Seus ancestrais roedores que tinham acesso a comidas doces tendiam a viver mais e a cruzar com outros ratos, de modo que sua propensão para gostar de coisas doces foi passada de geração em geração. Os ratos que consumiam alimentos amargos tinham maior probabilidade de morrer, fosse de envenenamento, fosse de desnutrição. Pouquíssimos alimentos verdadeiramente amargos são suficientemente nutritivos, e desde cedo evitamos as inúmeras plantas e raízes amargas que por acaso são tóxicas. Embora estejam muitas vezes ligados, gostar e querer assumem caminhos diferentes no caso do vício, como Berridge demonstrou. As profundezas do vício nada têm de divertidas, o que é outro modo de dizer que viciados anseiam por um barato sem *gostar* da experiência. Stanton Peele comparou o vício a um amor equivocado, e a paixão pela pessoa errada é um caso clássico de desejar sem gostar. Amar a pessoa errada é tão comum que temos estereótipos para o "cafajeste" e a *"femme fatale"*. Sabemos que não são bons para nós, mas não conseguimos resistir ao desejo.

Embora passe mais tempo investigando vício em drogas, Berridge, assim como Stanton Peele e Andrew Lawrence, acredita que suas ideias também se aplicam a vícios comportamentais. "Sempre soubemos que as drogas podiam influenciar esses sistemas cerebrais, mas não sabíamos o mesmo sobre comportamentos. Nos últimos quinze anos mais ou menos, descobrimos que o mesmo ocorre com comportamentos — e o processo funciona mediante idênticos mecanismos cerebrais." Assim como as drogas, as sugestões comportamentais disparam a produção de dopamina. Quando um viciado em video games liga seu laptop, seus níveis de dopamina vão lá em cima; quando um viciado em exercícios amarra o cadarço do tênis, seus níveis de dopamina vão lá em cima. Nisso os viciados comportamentais se parecem muito com viciados em drogas. Vícios não são motivados por substâncias ou comportamentos, mas pela ideia, aprendida com o tempo, de que eles protegem os viciados do sofrimento psicológico.

A verdade sobre o vício desafia muitas de nossas intuições. Não se trata do corpo desenvolvendo um amor não correspondido por uma droga perigosa, mas, antes de tudo, da mente aprendendo a associar determinada substância ou comportamento ao alívio do sofrimento psicológico. Na verdade, o vício não tem a ver com se apaixonar; como Kent Berridge mostrou, todos os viciados *querem* o objeto de seu vício, mas muitos não *gostam* dele de modo algum. Quanto a Isaac Vaisberg, os pacientes com Parkinson de Andrew Lawrence e o rato número 34, o vício persiste mesmo depois que seu apelo diminui, deixando intacto o desejo de jogar WoW, arrumar coisas de maneira obsessiva ou se autoministrar um choque muito depois que o prazer acabou.

Parte 2

Os ingredientes do vício comportamental (ou como elaborar uma experiência viciante)

4. Metas

Em 1987, três neurologistas australianos toparam com uma técnica simples que melhorou a vida de milhares de pacientes com mal de Parkinson.[1] A doença deixa muitos pacientes incapazes de caminhar, à medida que os tremores os paralisam. Os neurologistas começaram seu artigo descrevendo uma descoberta acidental. Um homem que sofria de Parkinson havia onze anos continuava capaz de se levantar quando estava sentado, mas não conseguia mais andar. Certa manhã, ele balançou as pernas suspensas na beirada da cama e plantou os pés com firmeza no chão. Levantou e olhou para baixo, notando que seus sapatos estavam bem na frente de seus pés, como se fossem dois pequenos obstáculos. Para sua surpresa, em vez de ter dificuldade para caminhar, ele conseguiu dar um passo hesitante por cima de um sapato, depois um segundo passo sobre o outro. Os sapatos agora estavam às suas costas. Com a ajuda da pequena vitória de passar por cima dos sapatos, conseguira pela primeira vez em anos caminhar, em vez de arrastar os pés.

O homem mostrou iniciativa e experimentou diferentes técnicas. Primeiro levava pequenos objetos aonde fosse, jogando-os alguns palmos adiante sempre que ficava paralisado no lugar. Logo era capaz de mapear seu caminho pela casa seguindo a trilha de objetos domésticos. Então, agoniado com a quantidade de tralha jogada pelo chão, descobriu que podia usar a bengala como se fosse um obstáculo reutilizável. Virou a bengala ao contrário, de modo que o cabo tocasse o chão diante de seu pé direito. Com o cabo como obstáculo, dava um primeiro passo e depois repetia a tática com o pé esquerdo. Depois de ganhar certo ritmo após um ou dois passos, estabelecia uma passada regular e conseguia caminhar devagar sem a ajuda da bengala.

O paciente visitou seu neurologista, um daqueles três que escreveriam o histórico artigo, e demonstrou seu novo truque. O médico ficou abismado. Como era possível um obstáculo ter melhorado o andar de seu paciente? A resposta é que, se quiser incentivar uma pessoa a agir, você deve fracionar suas metas maiores e mais complicadas, proporcionando objetivos menores que sejam concretos e fáceis de realizar. Humanos são motivados por um senso de progresso, e o progresso é sentido com mais facilidade quando a linha de chegada está à vista. Usando sua bengala, o homem criava uma série de obstáculos pequenos que eram fáceis de digerir. Quando confirmaram que a abordagem funcionava para outros pacientes de Parkinson, o neurologista e dois colegas seus descreveram o resultado em um artigo que proporcionou uma nova ferramenta para a neurologia tratar um dos sintomas mais debilitantes do Parkinson.

Como pequenos obstáculos para um paciente com Parkinson, as metas muitas vezes inspiram a ação porque se tornam pontos de fixação. Podemos perceber isso ao examinarmos o tempo final de milhões de maratonistas que trabalham com metas.

O maratonista médio completa a prova de 42,2 quilômetros em cerca de quatro horas e meia. Nos dois extremos, os atletas masculinos de elite percorrem essa distância em pouco mais de duas horas, enquanto os mais lentos, caminhando, levam dez ou mais horas para completá-la. Seria de esperar uma distribuição regular de tempos entre esses extremos. Algo como o gráfico a seguir, em que a altura de cada barra indica quantos corredores terminaram com esse tempo:

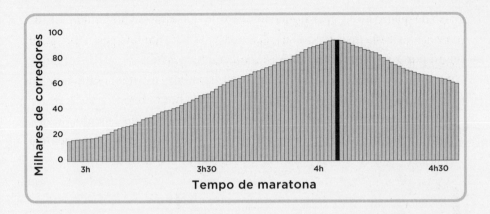

Um pequeno grupo de corredores terminou em menos de três horas, com tempos mais lentos ficando mais comuns até um pico de quatro horas e três minutos (a barra escura). Não há saltos nem depressões óbvios na distribuição, o que é típico de como os humanos realizam muitas tarefas físicas.

Mas não é assim que a distribuição se afigura de verdade, pois certos tempos são mais significativos do que outros, servem como um tipo de marco.[2] Sei disso por experiência própria, porque corri na Maratona de Nova York em 2010. Muitos atletas correm atrás dos "coelhos", que carregam grandes cartazes exibindo tempos como "3h", "3h30" ou "4h". Os coelhos portando esses cartazes são corredores experientes que procuram terminar pouco abaixo desses marcos, e em geral conseguem. Segui o coelho de três horas e meia o máximo que pude, mas ao longo da corrida diminuí a velocidade. Quando o coelho de três horas e meia estava tão longe que eu mal conseguia ler seu cartaz, o de quatro horas apareceu do meu lado. Abandonei o planejamento para a corrida e estabeleci uma nova meta, com determinação: essa podia ser minha única maratona, então eu tinha que terminá-la de qualquer jeito em menos de quatro horas. A poucos quilômetros do fim da corrida, eu estava completamente esgotado. Lembro-me de devorar duas bananas oferecidas por um bondoso espectador que sentiu pena de mim. Um amigo apareceu no trajeto enquanto eu passava e gritou "Bom trabalho! Você está no ritmo certo para terminar abaixo de quatro horas e cinco minutos!". Suas palavras fizeram aflorar em mim uma fonte oculta de energia que me fez correr um pouco mais rápido no restante da prova. Meu tempo foi de 3h57min55. Quando encontrei o mesmo amigo após a corrida, ele me contou que havia mentido. "Você estava no ritmo certo para terminar abaixo de quatro horas, mas fiquei preocupado que pudesse diminuir. Eu sabia que você buscaria mais forças se achasse que estava para terminar a prova em quatro horas e cinco minutos." A Maratona de Nova York de 2010 foi minha primeira e última até o momento, mas eu teria feito a corrida outra vez em 2011 se meu tempo final tivesse excedido quatro horas.

Não estou sozinho. Em 2014, quatro cientistas de comportamento assinalaram os tempos finais de quase 10 milhões de maratonistas num único gráfico:

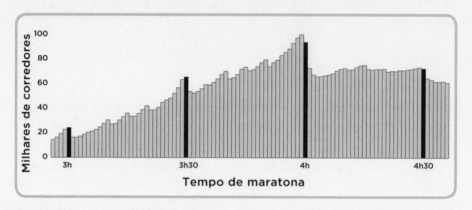

Se prestar atenção aos tempos marcantes que aparecem a cada meia hora, você poderá ver meu esforço mais claramente. As barras escuras indicam os tempos pouco abaixo desses marcos (2h59, 3h29, 3h59 e 4h29) e dá para perceber que são bem mais comuns do que tempos ligeiramente mais lentos (as duas ou três barras mais curtas à direita de cada um). Os corredores de algum modo encontram reservas extras de energia quando lutam para superar marcos significativos, de modo que muito mais deles terminam em, digamos, três horas e 58 minutos ou três horas e 59 do que em quatro horas e um minuto ou quatro horas e dois. Numa prova como a Maratona de Nova York, com quase 50 mil corredores, quinhentos terminam com um tempo de três horas e 59 minutos, enquanto apenas 390 terminam com um tempo de quatro horas e um minuto. O tamanho dessa diferença retrata a urgência com que maratonistas querem terminar em menos de quatro horas. Esse é o poder irresistível das metas: mesmo quando estiver a duas bananas de desabar, você encontra força de vontade para seguir em frente. Então o que acontece quando atinge seu objetivo?

Robert Beamon nasceu em uma família pobre no Queens, Nova York, pouco após o fim da Segunda Guerra Mundial.[3] Seu pai era abusivo, e sua mãe, que temia pela vida do pequeno Bob, enviou o menino para morar com a avó. Ao chegar ao ensino médio, era um jovem alto, forte e atlético. Gostava de correr e pular, e um olheiro o descobriu quando praticava salto em distância. O jovem começou a vencer provas nacionais em sua faixa etária e, no fim do ensino médio, figurava entre os dois ou três melhores atletas da modalidade no país. Beamon ganhou uma bolsa para a Universidade do Texas em El Paso, onde adotou o objetivo supremo para atletas de elite: ganhar o ouro olímpico.

A oportunidade de Beamon veio em 1968, nos Jogos Olímpicos da Cidade do México. Ele chegou à capital mexicana após vencer 22 de 23 provas disputadas e como um dos favoritos para levar o ouro. Mas Beamon entrou em pânico. Durante os saltos classificatórios, alguma coisa parecia estar errada. Pela primeira vez em anos, ele sentiu os nervos à flor da pele. Indisposto, calculou mal o momento da impulsão e queimou os dois primeiros saltos. A classificação dependia de sua terceira e última tentativa. Ralph Boston, dono do recorde mundial e seu companheiro de equipe, chamou Beamon de lado e lhe disse para fazer um salto conservador. Segundo a lembrança de Beamon, "ele disse, 'recue um metro, e se tiver que pular antes da tábua, pule antes da tábua'". Em seu terceiro e último salto, apesar de ter pulado bem antes da tábua, Beamon conseguiu se classificar.

A final começou na manhã seguinte. Quando Beamon refletiu sobre o evento em uma entrevista, quarenta anos depois, lembrou de sentir "calma, uma grande paz". Mais tarde, contou aos entrevistadores que tomara duas doses de tequila na noite anterior, abandonando brevemente seu regime de treinamento abstêmio. Três atletas estavam escalados para saltar antes de Beamon, mas os três queimaram seus primeiros saltos, de modo que Beamon ficou sem ter uma distância para usar como parâmetro. Seu primeiro salto levou apenas sete segundos do início ao fim. Ele disparou pela pista e saiu voando, aterrissando bem longe na caixa de areia. Beamon saltou tão longe que o sistema de medição eletrônico não conseguiu calcular a distância. Podemos ver a filmagem hoje: um sisudo juiz move o dispositivo de medição até o fim de um trilho fixo e se permite um breve sorriso quando percebe que o salto foi além da capacidade do medidor. Os juízes conferenciam rapidamente e se dão conta de que não há uma trena adequada no estádio. Um deles sai para encontrar uma, e a competição é suspensa temporariamente. Quarenta e cinco minutos se passam, uma trena é encontrada e, depois de medir várias vezes, os juízes chegam a um veredicto sobre o salto colossal de Beamon: 8,9 metros. Beamon saltara 55 centímetros a mais do que qualquer outro homem na história. Ele desabou na pista e só se reergueu com a ajuda de Boston, mas voltou a cair, as pernas fracas demais para sustentar seu peso. Vendo a filmagem, um médico concluiu que Beamon sofrera uma cataplexia com o choque emocional de sua conquista. O salto foi tão impressionante que o adjetivo *beamonesco* entrou para o vernáculo como sinônimo de uma façanha extraordinária que subjuga por completo seus predecessores.

Beamon pulverizara suas metas em relação ao atletismo. Era medalhista de ouro olímpico e detentor do recorde mundial. Um desolado Lynn Davies, que defendia a medalha de ouro dos Jogos Olímpicos anteriores, perguntou: "De que adianta? O salto de Beamon acabou com o evento". Para o campeão russo Igor Ter-Ovanesyan, os competidores de Beamon eram meras "crianças". O recorde permaneceu por quase 23 anos, até o atleta americano Mike Powell ultrapassar a marca de Beamon em cinco centímetros — recorde que perdura até hoje.

Em teoria, Beamon deveria ter ficado extasiado. Após um desempenho instável na classificação, conseguiu ter uma performance frequentemente citada entre as cinco maiores façanhas do atletismo de todos os tempos. O restante desse dia deveria ter sido um dos grandes momentos na vida de Beamon. Mas não foi o que aconteceu. Em 2008, ele lembrou que sua comemoração durou apenas alguns minutos. "Quando subi ao pódio, falei: 'O que vou fazer agora? Cheguei a esse estágio, e qual será o próximo apogeu na minha vida?'"

Uma semana após os jogos, ele fazia aulas de sociologia para obter o mestrado na Universidade Adelphi. Praticamente abandonou o atletismo e até hoje é possível perceber, quando lhe perguntam sobre sua proeza, que isso não lhe traz muita alegria. Balança brevemente a cabeça, admite sem alarde, apesar de seu jeito modesto, que o salto foi impressionante e em seguida passa a discutir seu trabalho como filantropo ou as virtudes de seus colegas de equipe olímpica.

Beamon talvez seja atipicamente reservado, mas até exibicionistas que perseguem metas têm problemas com o sucesso exorbitante. Esse foi, sem dúvida, o caso de Michael Larson, uma lenda no mundo dos game shows.

Larson era conhecido por seu foco em objetivos.[4] Ele perseguia metas constantemente, às vezes pequenas, às vezes grandes. Muitas delas envolviam ganhar dinheiro, porque Michael nasceu em 1949 numa família de poucos recursos, na pequena cidade de Lebanon, Ohio. Às vezes seu comportamento não era totalmente ético, como na ocasião em que furtivamente vendeu barras de chocolate para os colegas da escola por um preço maior do que comprara, ou quando abriu diversas contas-correntes sob nomes diferentes, de modo a ganhar o bônus de quinhentos dólares do banco por uma nova conta. Larson era um "monógamo em série" das metas, perseguindo uma atrás da outra e raramente visando a uma nova enquanto seu objetivo atual não fosse alcançado. Quase sempre tinha alguma meta e ficava inquieto se não houvesse sempre alguma coisa no horizonte. Essa abordagem febril de suas metas o levou à ruína.

No verão de 1983, Larson estava com 34 anos e desempregado, à parte alguns trabalhos esporádicos dirigindo um furgão de sorvete ou consertando aparelhos de ar-condicionado. Ele montou um paredão de TV e acompanhava com obsessão os canais à procura de oportunidades para ganhar dinheiro. Finalmente, achou seu alvo na forma de um novo game show. *Press Your Luck* estreou na CBS em setembro de 1983. A premissa do programa era simples: os participantes respondiam a questões de conhecimentos gerais para acumular *spins* [giros] e depois usavam esses giros em um grande painel para concorrer a dinheiro e prêmios conforme evitavam os quadrados contendo um *whammy* [urucubaca], que zeraria seus ganhos. Os competidores observavam a luz piscando pelos dezoito quadrados do painel e pressionavam um botão vermelho para interrompê-la onde estivesse. O conteúdo dos quadrados mudava a todo momento, fazendo com que fosse muito difícil prever se o quadrado selecionado exibiria dinheiro, prêmios ou *whammy*. Daí o nome do programa: os participantes podiam escolher passar seus giros restantes para o jogador seguinte ou continuar a "apertar sua sorte", fazendo outro giro. O jogo era projetado de modo que a luz parasse em um *whammy* a cada cinco ou seis tentativas, impedindo os competidores de obter mais do que alguns giros vencedores em sequência.

Larson assistiu ao programa com grande interesse. Para a maioria das pessoas, o painel parecia se comportar de forma aleatória, mas Larson não era como a maioria. Ele gravou os resultados de cada giro até vislumbrar uma série de padrões. Comunicou sua descoberta para a esposa: a luz piscando seguia cinco padrões diferentes e, fosse qual fosse o padrão seguido, dois dos dezoito quadrados nunca mostravam um *whammy*. Em um padrão, por exemplo, a luz piscando parou em um quadrado premiado após passar por quatro quadrados perigosos. Com prática, qualquer um podia aprender a vencer o sistema. Larson tinha uma nova meta.

Durante seis meses, Larson memorizou os cinco padrões vencedores, jogando com os participantes até sentir que almoçava, dormia e respirava as sequências mágicas. Atribuiu um número a cada quadrado e ensaiou o caminho que a luz fazia conforme piscava pelo painel. "Dois. Doze. Um. Nove. Seguro! Dois. Doze. Um. Nove. Seguro!" Era um comportamento excêntrico, sem dúvida, mas Larson estava disposto a fazer de tudo para conquistar sua meta potencialmente lucrativa.

Um dia, Larson disse à esposa que estava pronto. Juntou cada centavo que tinha e viajou de Ohio para os estúdios do programa em Los Angeles. Usou um terno cinza amarrotado no avião e depois vestiu a mesma roupa de manhã e à tarde, nos dois testes diários que fez durante vários dias junto com cinquenta outros candidatos. Sua energia otimista conquistou a equipe de seleção de participantes, e Larson foi escalado para aparecer no programa em 19 de maio de 1984.

O programa começou como em quase todas as vezes. Peter Tomarken, o afável apresentador, perguntou a profissão de Michael e gracejou que, embora Michael provavelmente tivera uma overdose de sorvete quando dirigia o furgão, torcia para que não tivesse uma overdose de dinheiro. Quando a rodada de perguntas começou, ficou óbvio que Larson era diferente de seus competidores. Enquanto eles apertavam o botão vermelho casualmente com uma mão só, Larson usava as duas, num gesto abrupto, como uma cascavel dando o bote. Ali estava um homem com técnica, um homem que passara meses planejando sua conquista.

Mas a estratégia de Larson não saiu como o planejado. Seu primeiro giro resultou num *whammy*. Pelo visto, o painel do jogo levou uma fração de segundo para reagir ao botão. Larson ficou momentaneamente atordoado, mas logo pegou o jeito e começou a juntar uma montanha de dinheiro e prêmios. Um dos diretores do programa, Rick Stern, reconheceu a expressão de determinação no rosto de Larson. "Tenho um filho de quinze anos que joga video game e essa é a expressão em seu rosto quando está concentrado. Larson estava procurando os padrões e tinha muito trabalho a fazer." Adrienne Pettijohn, uma assistente da produção, afirmou, num tom apenas parcial de brincadeira, que "esse cara vai sair daqui como dono da emissora".

A cada giro bem-sucedido, Larson dava um grito de alegria. Quatro mil dólares e um novo giro. Cinco mil dólares e um novo giro. Férias em Kauai. Mil dólares e um novo giro. Um barco a vela. E assim por diante. À esquerda de Larson, o participante Ed Long começou a torcer, à medida que se encantava com a improvável sorte de Larson. À direita, Janie Litras, a outra participante, ficava mais nervosa a cada rodada. Refletindo sobre seu fracasso duas décadas mais tarde, ela lembrou: "Perdi a concentração. Fui ficando cada vez mais irritada. Eu deveria ser a vencedora".

Larson ignorou Long e Litras e ganhava cada vez mais. Dez mil dólares. Vinte mil dólares. Nos 26 mil, Tomarken exclamou: "Inacreditável! O que está acontecendo aqui?". Nos bastidores, a equipe executiva do programa começou a entrar em pânico. Um ano antes, conforme projetavam o jogo, haviam descartado a possibilidade de que um participante mais diligente conseguisse decorar os cinco padrões pré-programados do painel. Entretanto, em vez de abrir mão de seus giros restantes, Larson continuou forçando a sorte — passou dos 30 mil dólares, depois 40 mil e então 44 mil dólares, o maior ganho em um único dia que o programa já tinha visto até então. Depois ele passou dos 50 mil, 60 mil e 70 mil dólares — e superou o maior ganho num único dia em *qualquer* game show americano.

Do ponto de vista racional, Larson deveria ter parado. Um *whammy* teria encerrado sua sequência e o deixado totalmente zerado — uma perda colossal de dezenas de milhares de dólares. Ignorando os avisos gentis de Tomarken, Larson ficou obcecado com um número mágico. "Vou tentar 100 mil!", gritou após seu trigésimo giro vitorioso. Quando chegou aos 100 mil, a pontuação de seis dígitos fez o cifrão sumir do placar; o aparelho fora projetado para um máximo de $99 999.

E então Larson quase pôs tudo a perder. Estava a dois giros da vitória quando perdeu a concentração. Em vez de cair num dos quadrados seguros, a luz parou em um perigoso. Larson permitira que ela avançasse um quadrado além do que deveria. Em seu primeiro giro no programa, o quadrado revelara um *whammy*, mas dessa vez os deuses lhe sorriram: 750 dólares e um novo giro. Larson ficou abalado, mas foi em frente com sua tentativa final e conseguiu uma viagem para as Bahamas. Resultado: um ganho total de 110 237 dólares.

Após a apresentação de Larson, os executivos de *Press Your Luck* revisaram a mecânica do programa de modo que o painel alternasse entre 32 diferentes sequências, em vez de somente as cinco originais. Ao mesmo tempo, eliminaram quadrados seguros — dependendo da sequência, qualquer quadrado podia conter um *whammy*. Passou a ser quase impossível para um participante prever onde a luz cairia em seguida e o que ela podia iluminar.

E quanto à vitória de Michael Larson? A equipe da CBS tentou argumentar que o participante trapaceara, mas na verdade ele não fizera nada errado. Com relutância, pagaram a quantia integral, e Larson voltou para Ohio como um homem rico. Ultrapassara qualquer meta possível que pudesse ter quando embarcou rumo a Los Angeles. Nenhum outro participante jamais ganhara tanto dinheiro em um único dia, e ele havia embolsado mais de 100 mil dólares. Mas assim como se recusara a deixar passar seus giros no programa, Larson se recusou a sentar sobre os louros do sucesso ao voltar para casa. Sempre inquieto, ficaria cada vez mais obcecado por uma meta que destruiria seu casamento e o deixaria sem um centavo.

Uma estação de rádio local se propunha a pagar 30 mil dólares a quem enviasse uma cédula de dólar com um número de série que fosse igual ao número aleatoriamente anunciado no ar todos os dias. Números de série têm oito dígitos, então as chances de ganhar nessa loteria em particular são muito reduzidas — cerca de uma em 100 milhões. De maneira equivocada, Larson acreditava que a vitória era apenas questão de tempo se convertesse os 50 mil dólares restantes de seus ganhos no *Press Your Luck* em notas de um dólar — um total de 50 mil chances de ganhar. Todos os dias, quando o programa de rádio anunciava o número de série, Larson e Teresa ficavam horas examinando pilhas de notas. Teresa começou a desprezá-lo. Ele ficou tão obcecado com o prêmio que se tornou uma pessoa distante e amarga.

Certa noite, o casal foi a uma festa de Natal e ladrões entraram na casa, roubando quase todo o dinheiro de Larson. Teresa estava tão furiosa que fugiu com os 5 mil dólares não encontrados pelo bando, e nunca mais voltou a ver Michael. Pouco depois, ele se mudou para a Flórida, vivendo os quinze anos restantes de sua vida em busca de esquemas cada vez mais questionáveis. Larson se tornou um símbolo trágico para viciados em metas: montanhistas que se recusam a parar de escalar novos picos, mesmo enfrentando risco de morte; jogadores que se recusam a parar de apostar e continuam arruinando sua vida; pessoas que se recusam a ir embora do trabalho mesmo não tendo mais tarefas a cumprir.

Bob Beamon e Michael Larson são diferentes de muitas maneiras. Beamon foi além do que esperava e Larson estava sempre aquém do que desejava. Beamon é modesto e reservado; Larson era exibicionista e cultivava uma franqueza ingênua. Mas ambos sacrificaram o bem-estar imediato pela promessa do sucesso de longo prazo e ficaram surpresos quando suas grandes conquistas lhes trouxeram tão pouca alegria. Como a maldição que condenou Sísifo a rolar uma rocha montanha acima pela eternidade, é difícil não se perguntar se grandes metas de vida são por sua natureza uma grande fonte de frustração. A pessoa sofre com o anticlímax do sucesso ou com a decepção pelo fracasso. Tudo isso é mais importante do que nunca, porque há um bom motivo para acreditarmos que estamos vivendo numa era sem precedentes da cultura de metas — um período caracterizado pelo perfeccionismo viciante, a autoavaliação, mais tempo no trabalho e menos tempo de lazer.

Apesar de todas as desvantagens do estabelecimento de metas, a prática cresceu nas últimas décadas. O que acontece no mundo atual que torna a busca de metas tão atrativa?

Metas existem praticamente desde que a vida surgiu no planeta. O que mudou, porém, é quanto tempo de vida passamos indo atrás delas. Houve época em que as metas eram quase sempre em relação à sobrevivência. Procurávamos alimento e tentávamos encontrar parceiros atraentes, e essas atividades eram cruciais para a manutenção de nossa espécie. As metas eram um imperativo biológico, não um luxo ou uma escolha. Nossa espécie nunca teria sobrevivido se nossos ancestrais passassem o tempo indo atrás de metas sem um bom motivo. Quando o alimento e a energia eram escassos, alguém que escalasse a montanha mais próxima só por diversão ou corresse cem milhas só para provar que podia não duraria muito. Hoje, para grande parte dos seres humanos, alimento e energia são abundantes, e podemos viver uma vida longa e feliz enquanto optamos por passar apuros desnecessários, como escalar montanhas e correr em ultramaratonas. E, uma vez que terminou de escalar a montanha ou ultrapassou a linha de chegada, você pode começar a se preparar para a próxima, porque atualmente as metas são muito mais do que apenas destinos. Hoje estamos obcecados pela jornada, e muitas vezes o ato de atingir a meta é um anticlímax incidental.

Se soubermos onde procurar, há uma porção de evidências para esse crescimento na cultura de metas.[5] Podemos atestá-la no uso crescente da expressão "*goal pursuit*" [busca de metas], que não existia nos livros de língua inglesa até 1950:

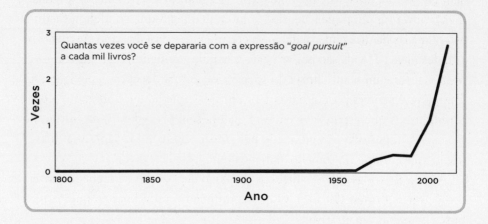

O conceito de estabelecer uma meta após outra — de perfeccionismo — também é bem novo. A palavra mal existia no início do século XIX, mas parece estar por toda parte hoje. Em 1900, ela aparecia em apenas 0,1% dos livros (seria necessário ler mais de mil livros para encontrá-la uma vez). Hoje, cerca de 5% de todos os livros (ou um em vinte) mencionam a ideia de "perfeccionismo".

Poderia ser apenas uma questão de mudanças na língua; talvez as pessoas tivessem outras palavras para "perfeccionismo" e "busca de metas" no século XIX e essas palavras tenham sido substituídas. Se isso fosse verdade, seria de esperar que tais expressões houvessem se tornado menos comuns com o tempo, mas nenhum dos sinônimos no dicionário para "perfeccionismo" e "busca de metas" deixou de vigorar. Se algo mudou, foi que se tornaram ainda mais comuns — termos como "procura", "plano", "alvo", "objetivo" e "esforço".

Mesmo fora do mundo dos livros, ficou mais difícil escapar das metas. A internet tem exposto as pessoas a metas que elas mal sabiam que existiam e os dispositivos tecnológicos de vestir — os *wearables* — tornaram o acompanhamento de metas fácil e automático. Se antes você tinha que ir atrás de novas metas, hoje elas aparecem, muitas vezes sem ser solicitadas, em sua caixa de e-mail ou sua tela. Seria mais fácil lidar com isso se conseguíssemos deixar esses e-mails sem ler por horas ou até dias, mas, em detrimento da produtividade e do bem-estar, não conseguimos deixar de responder a novos e-mails assim que chegam.

Quanto tempo você acha que um e-mail normal de trabalho fica sem ser lido? Meu palpite foi dez minutos.[6] A resposta é: em média, apenas seis segundos. Na realidade, 70% dos e-mails no escritório são lidos seis segundos após chegarem. Seis segundos é menos tempo do que você levou para ler este parágrafo até aqui, mas é tempo o bastante para o trabalhador médio interromper o que estiver fazendo, abrir sua caixa de correio eletrônico e clicar no e-mail que chegou. Isso é imensamente prejudicial: segundo uma estimativa, leva mais de 25 minutos para a pessoa voltar a se concentrar numa tarefa interrompida. Se abrir apenas 25 e-mails diariamente, a intervalos regulares ao longo do dia, você terá passado literalmente nenhum tempo na zona de máxima produtividade.

A solução é desabilitar a notificação de novos e-mails e checar sua caixa com menos frequência, mas a maioria das pessoas não faz isso. Muitos perseguem a meta implacável conhecida como Inbox Zero, que exige processar e arquivar cada e-mail não lido assim que chega. E, como escreveu Chuck Klosterman no *New York Times*, e-mails são como zumbis: você não para de matá-los e eles não param de aparecer. O Inbox Zero também explica por que as pessoas passam um quarto de seu dia no escritório lidando com e-mails e por que verificam sua caixa de entrada, em média, 36 vezes por hora. Em um estudo, os pesquisadores descobriram que 45% dos entrevistados associavam e-mail com "perda de controle". Isso numa forma de comunicação que mal existia até o século XXI.

Em 2012, esses pesquisadores queriam investigar o que acontece quando as pessoas no local de trabalho são impedidas de usar o e-mail por alguns dias, mas não foi fácil encontrar voluntários. Eles abordaram dezenas de funcionários em uma base do Exército americano na Costa Leste, mas somente treze se dispuseram a participar do estudo. A grande maioria explicou que não podia suportar o sofrimento que seria repassar centenas de e-mails não respondidos quando o estudo terminasse. O Inbox Zero nunca morre; apenas fica cada vez mais furioso se você tentar ignorá-lo.

Os pesquisadores monitoraram os treze voluntários por oito dias no total: três dias usando e-mail como de hábito e depois cinco dias abstendo-se por completo de fazê-lo.[7] No início, os voluntários se sentiram desconectados de seus colegas de trabalho, mas logo passaram a andar pelo escritório e a usar os telefones fixos. Também saíam do escritório com mais frequência, quando proibidos de usar e-mail, passando três vezes mais tempo do que antes fora da sala. Aparentemente, os e-mails os mantinham presos à mesa. Também ficaram mais eficientes, mudando de tarefas com a metade da frequência anterior, e passando mais tempo em cada uma sem se distrair. A melhora mais importante, porém, foi em sua saúde. Verificando e-mails como antes, viviam num estado de alerta constante; sem isso, seus batimentos cardíacos tendiam a variar mais, aumentando em resposta a breves picos de estresse, mas voltando a cair quando o estressor passava. Com os e-mails, estavam sempre em alerta vermelho.

Além do Inbox Zero, a internet também tem facilitado descobrir novas metas. Apenas 25 anos atrás, as metas eram mais escassas do que hoje. Minha família se mudou de Johanesburgo, África do Sul, para Sydney, Austrália, quando eu tinha sete anos. Dois meses depois, minha avó viajou da África do Sul para nos ajudar a arrumar tudo. Como sempre, ela trouxe presentes, e um deles era a edição de 1988 do *Guinness Book of World Records*. Depois que abri o embrulho, ela me mostrou a seção intitulada "Superlativos humanos". Ali, na página da esquerda, havia uma foto de Robert Pershing Wadlow, o homem mais alto de todos os tempos. A altura máxima de Wadlow chegou a 2,72 metros.

"Vi esse homem quando ele visitou a África do Sul", contou minha avó. "Eu era criança, mas lembro de me aproximar e ele olhar para mim e sorrir." Fui fisgado pelo livro e o lia sem parar. Lembro do tamanho dos pés de Wadlow (ele calçava 70), do homem mais pesado do mundo (635 quilos) e da maior quantidade de raios a que um homem já sobreviveu (sete, por um guarda--florestal chamado Roy Sullivan). Os recordes eram exóticos e distantes da minha realidade, e era precisamente por isso que eu os achava tão fascinantes.

Hoje os recordes e as metas estão por toda parte, e qualquer um pode participar da tentativa de estabelecer algum recorde — um sintoma da era da informação. O site do Guinness World Records conta com um botão chamado "BATA UM RECORDE". Clicando no link, você verá os rostos sorridentes e peitos cobertos de medalhas de novos recordistas. Gunnar Garfors e Adrian Butterworth visitaram cinco continentes em um único dia. Hiroyuki Yoshida e Sandra Smith se casaram debaixo d'água, a 130 metros de profundidade. Steve Chalke levantou milhões de libras para caridade correndo em maratonas, mais do que qualquer um na história. E assim por diante. Nunca foi tão fácil estabelecer um objetivo — e, para nossa ruína, somos induzidos a seguir esse caminho complicado pelos dispositivos que deveriam tornar nossas vidas mais fáceis.

Katherine Schreiber e Leslie Sim são especialistas em vício em exercícios que acreditam que avanços tecnológicos incentivam o monitoramento obsessivo de metas.[8] Schreiber e Sim abominam a tecnologia de vestir. "Uma porcaria", diz Schreiber. "A coisa mais idiota do mundo", diz Sim. Schreiber escreve com frequência sobre vício em exercícios e Leslie Sim é uma psicóloga de crianças e adolescentes na Mayo Clinic. Muitos jovens pacientes de Sim sofrem de distúrbios ligados a exercícios e alimentação, que costumam andar lado a lado.

Tecnologia de vestir é um termo amplo que descreve roupas e acessórios com funções eletrônicas e computacionais. Sites como o do Guinness World Records tornam as metas mais proeminentes, mas não têm nada a ver com tecnologia de vestir. Schreiber e Sim criticam particularmente relógios e monitores que exibem medições de exercícios instantaneamente atualizadas aos usuários. Muitos desses dispositivos fornecem metas ou solicitam que a própria pessoa as determine. O principal recurso é monitorar a quantidade de passos diariamente. Quando o usuário atinge a meta — 10 mil passos, por exemplo —, o dispositivo emite um bipe de reforço. Já vi amigos e familiares reagindo a esse bipe, e é difícil não pensar no cão de Pavlov.

Schreiber e Sim reconhecem que *smartwatches* e pulseiras de exercícios provavelmente inspiram pessoas sedentárias a se mexer e estimulam os que já são ativos a se exercitar mais constantemente. Mas, como especialistas em vício, estão convencidos de que os dispositivos também são bastante perigosos. Schreiber explicou que "o foco em números impede a pessoa de se sintonizar com o próprio corpo. O exercício se torna irracional, que é 'a meta' do vício". Essa "meta" que ela menciona entre aspas é uma espécie de negligência automática, a transferência da tomada de decisão para um aparelho. Recentemente, Schreiber sofrera uma fratura por estresse no pé porque, em vez de dar ouvidos ao corpo extenuado, continuou a correr em busca de um objetivo físico arbitrário. Ela possui tendência ao vício em exercícios e se recusa a usar tecnologia de vestir quando faz alguma atividade física.

Uso um relógio que monitora meu progresso quando corro ao ar livre e odeio parar enquanto não atingir um número predeterminado de quilômetros. De vez em quando, o relógio não funciona, e essas corridas, livres de números, são sempre as minhas favoritas. Em um artigo para a *New Yorker*, o humorista David Sedaris descreveu como ter um Fitbit mudou sua vida:

> Durante as primeiras semanas com o dispositivo, eu voltava ao meu hotel no fim do dia e quando descobria que caminhara um total de, digamos, 12 mil passos, saía para dar mais 3 mil.
>
> "Mas por quê?", perguntou Hugh (meu marido) quando contei a respeito. "Por que 12 mil não é suficiente?"
>
> "Porque", respondi, "meu Fitbit acha que posso fazer melhor."
>
> Lembro disso e dou risada — 15 mil passos —, rá! São quase doze quilômetros! Nada mal se você estiver viajando a trabalho ou só se acostumando com uma nova perna mecânica.

Os números pavimentam a estrada da obsessão. "Quando se trata de exercício, tudo pode ser mensurado", diz Leslie Sim. "Quantas calorias você queima; quantas voltas dá na pista; qual sua velocidade; quantas repetições consegue fazer; quantos passos dá. E se tiver corrido, digamos, dois quilômetros ontem, você não vai querer fazer menos que isso hoje. Vira quase uma compulsão." Muitos pacientes de Sim sentem essa necessidade constante de monitoração. Um menino de dez anos que consultou a psicóloga em Minneapolis era tido como um corredor veloz e considerava sua velocidade uma questão de honra. Seu maior medo era diminuir seu tempo, então ele se movimentava o tempo todo para tentar monitorar seu desempenho. "Estava enlouquecendo os pais. Quando foram a Minneapolis para fazer a avaliação, o paciente deixou o hotel inteiro acordado à noite. A família recebeu queixas porque ele ficava correndo no quarto."

O paciente de Leslie Sim estava, óbvio, sofrendo psicologicamente, mas a maioria das pessoas se torna obsessiva quando se concentra nos números. "Na verdade, contar passos e calorias não ajuda a perder peso; só nos deixa mais compulsivos. Nós nos tornamos menos intuitivos acerca de nossa atividade física e nossos hábitos alimentares." Mesmo se estiver cansado e sentir que precisa descansar, você vai continuar andando ou correndo até atingir sua meta numérica arbitrária. Schreiber concordou. Para ela, a angústia que sente quando não está se exercitando é muito parecida com o amor. "Quando você não está com a pessoa amada, fica ansiosa para encontrá-la." Moral da história: é saudável estabelecer metas mais difíceis de atingir, mas também é arriscado ter dispositivos que acompanham tudo, desde os batimentos cardíacos até o número de passos que caminhamos diariamente.

A paixão de Schreiber por correr não é incomum. Em 2000, Dawn e John Strumsky, de Maryland, fundaram a United States Running Streak Association (USRSA).[9] A associação celebra corredores que não perderam um dia de corrida em muitos anos. ("Correr" consiste em cobrir uma milha [1,6 quilômetro] ou mais sem qualquer tipo de apoio.) É um grupo muito presente, típico de organizações de corredores voltados para a comunidade. A USRSA compreende um grupo diverso de corredores — jovens e velhos, homens e mulheres, de elite e amadores — que estão unidos pela vontade de correr diariamente. A associação conta com um boletim trimestral que celebra a conquista de marcos. Corra por 35 anos sem parar e você se torna um Grand Master; quarenta anos, Legend. Se chegar a 45 anos, é chamado de Covert (em homenagem a Mark Covert, que se aposentou quando virou a primeira pessoa a atingir a marca de 45 anos, em 2013).

Como você já deve imaginar, muitos associados perseveram sob condições quase impossíveis. Quando Gaby Cohen descobriu que precisava de uma cesariana há alguns anos, foi ao banheiro no hospital particular e correu ali por doze minutos. Cohen chegou à marca de 22 anos em novembro de 2014. (O histórico de Cohen é impressionante, mas um californiano de 63 anos chamado Jon Sutherland detém o recorde americano de 46 anos, marca que ele continua aumentando.) Quando o furacão Frances passou pela cidade de David Walberg, em 2004, ele aguardou pela chegada dos ventos mais calmos do olho para dar uma corridinha de dois quilômetros. A marca de Walberg está em 31 anos. Outros praticantes disparam pelos corredores do aeroporto quando seu voo é cancelado e perseveram mesmo com enfermidades e lesões debilitantes. Qualquer coisa para manter a sequência viva.

Há também algo de traiçoeiro acerca dessas marcas. Como exigem atividade repetida e sem pausa, as marcas se tornam mais preciosas com o tempo. Uma sequência de duas semanas não é grande perda se for interrompida, mas até corredores mais desencanados protegem com unhas e dentes uma marca superior a um ano, praticando com o tornozelo torcido ou uma gripe forte. Robert Kraft, um corredor de 64 anos de Miami, atingiu recentemente a marca de quarenta anos. Kraft precisa superar uma dolorosa artrite que afeta sua coluna, bem como uma doença degenerativa do disco. Toda corrida é um sofrimento para Kraft, mas não passa por sua cabeça ficar um dia sem correr. Isso é perigoso, e até o site da Running Streak Association atualmente publica uma advertência, escrita pelo fundador, John Strumsky, implorando aos participantes que "repousem e se recuperem, a fim de evitar lesões". Para qualquer pessoa normal que gosta de correr, isso significa um dia de descanso, mas para os corredores associados é um dia como outro qualquer. Entre a maioria das pessoas, o maior preço por sustentar uma marca é de ordem psicológica. Após acumular a marca de 131 dias, Michelle Fritz se deu conta de que a marca estava "virando um ídolo". Ela não tinha mais tempo para o marido e os filhos e decidiu descansar por um dia. "Eu me senti bem melhor dando um fim a isso", recordou, embora hoje tenha acumulado uma nova marca de cem dias. Antigas metas, percebe-se, são difíceis de morrer.

As marcas revelam a principal falha na busca por metas: você passa mais tempo atrás dela do que usufruindo de seu sucesso. Mesmo que seja bem-sucedido, o triunfo é efêmero. Em um artigo para o *Guardian*, o especialista em comportamento humano Oliver Burkeman explicou:[10]

Ao encarar a vida como uma sequência de marcos a serem conquistados, você passa a existir "em um estado de fracasso quase contínuo". Por definição, você passa praticamente o tempo todo distante do lugar que definiu como a encarnação da realização ou do sucesso. E, uma vez lá, descobrirá que perdeu exatamente o que lhe dava um sentido de propósito — dessa maneira, formula uma nova meta e começa outra vez.

Burkeman estava citando Scott Adams, o cartunista e criador das tirinhas de *Dilbert*, que condena a busca de metas em seu livro *Como fracassar em quase tudo e ainda ser bem-sucedido*. Adams prefere uma alternativa: em vez de metas, viva sua vida por sistemas. Um sistema é "algo que você faz numa base regular e que aumenta suas chances de felicidade a longo prazo". Para um cartunista, isso poderia ser desenhar uma tirinha por dia; para um escritor, escrever quinhentas palavras por dia. Ao contrário de metas, os sistemas proporcionam um fluxo mais regular de triunfos de menor intensidade. São os guias para uma vida satisfatória, dia a dia, mais do que imagens sedutoras de algum grande objetivo sem instruções de como chegar lá.

Os sistemas estão em total contraste com metas como "atrair mil seguidores no Instagram", que servem apenas como indicadoras de fracasso. Quando você atinge sua meta, uma nova se materializa no lugar — agora 2 mil seguidores no Instagram parecem um alvo apropriado. A meta definitiva de nossos tempos, talvez, seja juntar certa quantidade de dinheiro. A soma começa pequena, mas vai crescendo com o tempo. Em 2014, um ex-investidor de Wall Street chamado Sam Polk publicou uma coluna no *New York Times* intitulada "Pelo amor do dinheiro".[11] Polk explicava que no início sua meta era modesta, mas depois foi subindo sem parar. "Eu passara da empolgação com meu primeiro bônus — 40 mil dólares — à decepção quando, em meu segundo ano no fundo de cobertura, ganhei 'só' 1,5 milhão de dólares." Alguns chefes de Polk eram bilionários, então ele também queria 1 bilhão de dólares. "Em uma mesa de operações, todo mundo senta junto, dos estagiários aos diretores-gerais", disse Polk. "Quando o cara ao lado ganha 10 milhões, 1 ou 2 milhões não parecem grande coisa."

Polk estava descrevendo o princípio da comparação social. Comparamos constantemente o que temos com o que os outros têm, e as conclusões que tiramos dependem de quem são essas pessoas. Um bônus de 40 mil dólares parece incrível quando você lembra que alguns amigos seus recebem essa quantia por ano; mas se os seus amigos são investidores ambiciosos que ganham 40 mil por semana, você fica decepcionado. A aspiração é inerente ao ser humano; olhamos mais para a frente do que para trás; então, seja qual for nossa situação, tendemos a focar nas pessoas que têm mais. Essa experiência propicia uma sensação de perda, ou privação, relativa a essas outras pessoas. É por isso que Polk nunca estava feliz; não importava quanto ganhava, sempre havia alguém ganhando mais. Por mais ridículo que pareça, até bilionários são pobres em comparação a multibilionários, de modo que eles também sentem, de maneira relativa, a dor da privação.

Perguntei a Polk se sua experiência era comum. "Acho que acontece com mais de noventa por cento das pessoas nas finanças e também acho que vai muito além desse grupo." Polk lembrou-me de um sorteio recente da Powerball (uma loteria) que atraiu milhões de apostadores sonhando com o prêmio colossal de 1,6 bilhão de dólares. Polk ficou convencido de que essa meta perpétua, mesmo entre os muito ricos, refletia uma "falta de conexão com o trabalho de sua vida". Você não precisa competir pelo dinheiro se estiver de fato profundamente motivado com o que faz. As metas funcionam como substitutos que o impelem adiante quando os sistemas diários que governam sua vida não são mais satisfatórios. A exemplo de Adams e Burkeman, Polk contou-me que a chave é encontrar algo que lhe traga pequenas doses de feedback positivo. Ele acredita também que o vício em riqueza seja um fenômeno relativamente novo. Em seu livro de 1989, *Liar's Poker* [Pôquer do mentiroso], Michael Lewis, ele mesmo um ex-investidor, escreveu que os investidores outrora acreditavam que estavam desempenhando uma função social. Custeavam projetos importantes e se asseguravam de que o dinheiro mudasse de onde estava para onde poderia ser mais útil. O dinheiro subsidiou a construção de prédios e indústrias e gerou milhares de empregos. Mas, segundo Polk, essa ilusão evaporou, assim como a motivação intrínseca para investir em qualquer coisa que não fosse o ganho pessoal. Em 2010, Polk deixou Wall Street para trás, escolhendo em vez disso escrever um livro e fundar uma empresa alimentícia sem fins lucrativos chamada Groceryships.

Com moderação, estabelecer metas pessoais faz sentido, intuitivamente falando, porque lhe diz como empregar seu tempo e sua energia limitados.

Mas hoje, as metas são um tormento, pressionando-nos inadvertidamente. Crie uma conta em alguma rede social e logo você estará atrás de seguidores e curtidas. Crie uma conta de e-mail e seu próximo objetivo será esvaziar a caixa de entrada. Ponha um relógio fitness no pulso e você sentirá a obrigação de caminhar determinado número de passos todos os dias. Jogue Candy Crush e você terá necessidade de bater sua pontuação atual. Se acontecer de sua busca ser baseada em tempo ou números — correr uma maratona ou medir seu salário, por exemplo —, as metas virão na forma de números redondos e comparações sociais. Você pode achar que quer correr mais rápido e ganhar mais do que outras pessoas, bem como superar determinados marcos naturais. Correr uma maratona em 4h01 parecerá um fracasso, assim como ganhar 99 500 dólares por ano. Essas metas se acumulam e alimentam aspirações viciantes que podem levá-lo ao fracasso ou, talvez pior, um sucesso repetido que semeia uma meta ambiciosa atrás da outra.

5. Feedback

Na semana passada, entrei em um elevador no 18º andar de um prédio alto em Nova York. Uma jovem dentro do elevador olhava com ar constrangido para o filho pequeno, que olhou para mim e sorriu. Quando virei para apertar o botão do térreo, vi que todos os botões tinham sido apertados. Crianças adoram apertar botões, mas só apertam *todos* os botões quando luzes acendem. Desde tenra idade, seres humanos sentem-se compelidos a aprender, e o aprendizado envolve obter o máximo de feedback possível do ambiente imediato. A criança do elevador estava sorrindo porque o feedback — na forma de luzes ou sons ou qualquer mudança no estado do mundo — é prazeroso.

Essa busca do feedback não cessa na vida adulta. Em 2012, uma agência de publicidade na Bélgica criou uma campanha nas ruas que rapidamente viralizou.[1] A agência, Duval Guillaume Modem, estava tentando convencer o público belga de que o canal de televisão TNT transmitia programas empolgantes. Os criadores da campanha instalaram um grande botão vermelho em um pedestal numa praça na sonolenta região de Flandres. Uma grande seta fora pendurada acima do botão com uma instrução simples: *Aperte para adicionar drama*. A campanha funcionou maravilhosamente porque botões, mesmo nas tranquilas praças flamengas, imploram para ser apertados. (O cartaz da seta foi um toque curioso, mas desnecessário — com curiosidade crescente, as pessoas acabarão apertando um botão grande e óbvio, mesmo se ele não estiver com essa instrução.) Dois adultos passaram de fininho pelo mecanismo antes que outros criassem coragem e o apertassem. É possível perceber o brilho nos olhos das pessoas ao se aproximar — o mesmo brilho que deve ter surgido na criança quando ergueu a mãozinha para apertar os botões no painel do elevador. (O vídeo da campanha publicitária no YouTube tem mais de 50 milhões de acessos. Como prometido pela seta, o resultado é dramático, incluindo paramédicos trapalhões, lutas, uma mulher de lingerie numa motocicleta e um tiroteio.)

O botão em Flandres prometia uma recompensa, mas as pessoas também apertam botões que não trazem promessa alguma. Isso ocorreu, por exemplo, quando o site Reddit postou uma brincadeira no Primeiro de Abril de 2015,[2] pregando uma peça em seus 35 milhões de usuários registrados. Um dos administradores a apresentou em um anúncio na página de blog do Reddit:

A mecânica do botão era simples: um cronômetro ao lado iria de sessenta segundos para zero. Toda vez que um usuário clicasse no botão, o cronômetro voltaria a sessenta segundos e reiniciaria a contagem regressiva. Os usuários só podiam clicar no botão uma vez, então o cronômetro acabaria chegando no zero em algum momento. (Mesmo que todos os assinantes do Reddit apertassem pouco antes de o botão atingir o zero, o cronômetro levaria 66 anos para zerar.)

No início, uma multidão visitou a página e, quase sem exceção, o botão foi apertado antes de descer muito abaixo dos sessenta segundos. Esses usuários receberam uma pequena marca roxa junto ao seu nome de usuário, com um número que indicava quantos segundos restavam no cronômetro quando o apertaram. Usuários mais afoitos tinham uma marca roxa anunciando "59 segundos" — número que sugeria uma impaciência por parte do usuário. O botão não parecia fazer muita coisa além de deixar a marca roxa, então não estava claro por que alguns usuários ficavam acordados a noite toda à espera do fim do cronômetro. A atração do botão foi tamanha — como botões de elevador para uma criança pequena — que estavam dispostos a ficar sem dormir por uma chance de apertar o botão numa contagem baixa.

O Reddit, que comemorava seu décimo aniversário em junho de 2015, é atualmente o 13º site mais popular da internet, atraindo um pouco mais de visitas do que o Pinterest e um pouco menos do que o Instagram. Ele abriga uma coleção diversa de páginas dedicadas a notícias, entretenimento e interação social. Os usuários celebram alguns posts clicando em setas para cima e condenam outros clicando em setas para baixo. Cada post apresenta uma contagem em tempo real que sobe e desce à medida que os usuários votam. Para dar uma ideia da irreverência do Reddit, um dos posts mais bem votados de todos os tempos intitula-se "*Waterboarding in Guantanamo Bay sounds rad if you don't know what either of those things mean*".*

O interesse na brincadeira cresceu. Usuários que ainda não haviam apertado o botão exibiam marca cinza e muitos deles aconselhavam outros usuários cinza a se juntar à campanha de "não aperte!". De acordo com o raciocínio deles, se um número de pessoas suficiente se recusasse a apertar o botão, ele chegaria a zero mais rapidamente e o resultado da campanha se revelaria mais rápido. Mas centenas de milhares de usuários não resistiram à tentação de clicar, e o cronômetro avançava muito devagar. Em 2 de abril, a contagem regressiva chegou a cinquenta segundos pela primeira vez, e o usuário que

---

* "*Waterboarding* [tortura de jogar água em um pano enrolado na cabeça] na baía de Guantánamo soa como um esporte radical se você não souber o que significa uma coisa nem outra". (N. T.)

apertou o botão recebeu uma marca azul. Todos os usuários que clicaram no botão quando a contagem passara dos 51 segundos receberam uma marca azul em vez de roxa. Os usuários logo descobriram que a recompensa por clicar no botão conforme o cronômetro descia abaixo de um intervalo de dez segundos era uma marca de cor diferente — não um grande prêmio, talvez, mas os usuários formaram grupos baseados na cor de suas marcas, e depois a marca virou uma questão de honra. Eis uma lista completa de quanto tempo levou para o cronômetro chegar a cada marca e quantos usuários ganharam cada uma delas:

Cor da marca	Em que intervalo a marca foi ativada	Porcentagem de usuários que ganharam essa marca	Quando a marca foi atribuída pela primeira vez
Roxo	52-60 segundos	58	1º de abril
Azul	42-51 segundos	18	2 de abril
Verde	32-41 segundos	8	4 de abril
Amarelo	22-31 segundos	6	10 de abril
Laranja	12-21 segundos	4	18 de abril
Vermelho	Abaixo de 11 segundos	6	24 de abril
Roxo (outra vez)	Último a apertar	Um usuário: BigGoron	18 de maio

À medida que as cores se revelavam, um usuário do Reddit chamado Goombac criou avatares para cada grupo e os batizou com nomes alusivos como *The Illemonati* (amarelo), *The Emerald Council* (verde) e *The Redguard* (vermelho). Quarenta e oito dias após o início da brincadeira, BigGoron pressionou o botão pela última vez. Depois disso, o cronômetro chegou a zero. O Reddit saudou BigGoron como o *Pressiah** e os usuários o bombardearam com perguntas. Como conseguira esperar enquanto todos antes fracassaram? (Ele notou que o cronômetro chegara a um segundo algumas vezes, então começou a observar e esperar.) O que acontece agora? ("Defendo a paz — por favor, que as cruzadas terminem.") No fim, quando o cronômetro zerou, nada aconteceu. Os usuários formaram facções unidas pela cor, encontraram

---

* Trocadilho com as palavras *press* (apertar) e *messiah* (messias). (N. T.)

seu Pressiah e aos poucos foram cuidar da própria vida enquanto os grupos se dispersavam.

Se tudo isso soa frívolo, é porque é mesmo — milhões de pessoas unidas em torno de um botão que não fazia nada. A sedução do feedback é tão grande que as pessoas passarão semanas on-line à espera de descobrir o que vai acontecer quando se abstiverem de apertar um botão virtual por sessenta segundos.

Em 1971, um psicólogo chamado Michael Zeiler sentou em seu laboratório diante de três pombos White Carneaux famintos.[3] Os pássaros não se pareciam muito com pombos cinzentos comuns, comiam bastante e aprendiam rápido. Na época, vários psicólogos estavam tentando compreender como os animais reagiam a diferentes formas de feedback. A maior parte do trabalho se direcionava a pombos e ratos, porque esses animais eram menos complicados e mais pacientes do que humanos, mas o programa de pesquisa tinha objetivos grandiosos. O comportamento de animais simples poderia ensinar governos a incentivar a caridade e desencorajar o crime? Empresários podiam inspirar trabalhadores sobrecarregados a encontrar significado no que faziam? Pais podiam aprender a criar filhos perfeitos?

Antes que Zeiler pudesse mudar o mundo, tinha que conceber a melhor maneira de dar recompensas. Uma opção era recompensar todo comportamento desejável, da mesma forma que alguns trabalhadores de fábrica são recompensados por cada coisa que montam. Outra era recompensar esses mesmos comportamentos desejáveis com uma programação imprevisível, criando um pouco do mistério que encoraja as pessoas a comprar bilhetes de loteria. Os pombos haviam sido criados no laboratório, então já conheciam o procedimento. Eles se aproximavam de um pequeno botão e o bicavam sem parar, esperando que liberasse uma bandeja de ração. Os pombos estavam famintos, então a ração era um verdadeiro banquete. Durante alguns testes, Zeiler programava o botão de modo que fornecesse o alimento toda vez que os pombos bicavam; em outro, programava o botão para fornecer o alimento apenas parte do tempo. Às vezes os pombos bicavam em vão, o botão ficava vermelho e não obtinham nada além de frustração.

Quando descobri sobre o trabalho de Zeiler, esperava que a programação coerente funcionasse melhor. Se o botão não predissesse a chegada do alimento com perfeição, o incentivo do pombo para bicar talvez diminuísse, assim como a motivação de um operário declinaria se só fosse pago apenas por algumas coisas que produzisse. Mas nem de longe foi o que aconteceu. Como pequenos apostadores emplumados, os pombos bicaram o botão de maneira mais febril quando ele liberava alimento em 50% a 70% das ocasiões. (Quando Zeiler ajustou o botão para fornecer alimento apenas uma vez a cada dez bicadas, os desconsolados pombos pararam totalmente de colaborar.) Os resultados não chegavam nem perto: eles bicaram quase o dobro quando a recompensa não era garantida. Como se veria, seus cérebros estavam liberando muito mais dopamina quando a recompensa era inesperada do que quando era previsível. Zeiler documentara um fato importante sobre o feedback positivo: de que, muitas vezes, menos é mais. Seus pombos eram atraídos pelo mistério do feedback misto, assim como os humanos são seduzidos pela incerteza dos jogos de azar.

Trinta e sete anos após Zeiler publicar seus resultados, uma equipe de desenvolvedores de web do Facebook se preparava para lançar um experimento similar em centenas de milhões de seres humanos. O Facebook teve o poder de realizar experimentos com humanos numa escala sem precedentes. O site já contava com 200 milhões de usuários na época — número que triplicaria ao longo dos três anos seguintes. O experimento assumiu a forma de um dispositivo enganadoramente simples chamado "like" (curtida). Qualquer um que tenha usado o Facebook sabe como funciona: em vez de se perguntar o que as outras pessoas pensam de suas fotos e atualizações, você recebe um feedback em tempo real conforme elas clicam (ou não) no pequeno botão azul e branco com o sinal de positivo para seja lá o que foi postado. (Desde então o Facebook introduziu outros botões de feedback, de modo que podemos comunicar emoções mais complexas do que um simples "curti".)

É difícil descrever como o botão de curtida mudou a psicologia do uso do Facebook.[4] O que começara como um modo passivo de acompanhar a vida dos amigos passou a ser profundamente interativo e com exatamente o mesmo tipo de feedback imprevisível que motivava os pombos de Zeiler. Os usuários apostavam toda vez que compartilhavam uma foto, um link ou uma atualização de status. Um post com zero curtidas não era apenas um motivo de sofrimento particular, mas uma espécie de condenação pública: ou você não tinha tantos amigos on-line ou, pior ainda, seus amigos on-line não acharam nada de mais. Como os pombos, ficamos mais motivados a buscar o feedback quando não é uma garantia. O Facebook foi a primeira grande rede social a introduzir o botão de like, mas outras apresentam hoje funções similares. Podemos curtir e reproduzir tuítes no Twitter, fotos no Instagram, posts no Google+, colunas no LinkedIn e vídeos no YouTube.

A curtida acabou se tornando tema de debates sobre etiqueta. O que significava abster-se de curtir o post de um amigo? Se você curtiu um em cada três posts, isso foi uma condenação implícita ao restante do conteúdo da pessoa? A curtida virou uma forma de apoio social básico — o equivalente on-line de rir em público da piada de um amigo. Curtidas ficaram tão valiosas que propiciaram a criação de uma startup chamada Lovematically. O fundador do aplicativo, Rameet Chawla, postou a seguinte introdução em sua página:[5]

> É o crack de nossa geração. As pessoas estão viciadas. Sofremos abstinência. Somos tão motivados por essa droga que conseguir um único pico desperta reações verdadeiramente peculiares.
>
> Estou falando dos likes.
>
> Eles emergiram sorrateiramente e se tornaram a primeira droga digital a dominar nossa cultura.

O Lovematically foi projetado para curtir automaticamente toda foto que aparece nos feeds de notícias dos usuários. Se as curtidas eram como crack digital, os usuários do Lovematically estavam repassando a droga a um preço módico: nada. Não era necessário nem impressioná-los mais; qualquer post antigo era bom o bastante para inspirar uma curtida. No início, por três meses de experiência, Chawla foi o único usuário do aplicativo. Durante esse tempo, ele curtiu automaticamente todos os posts em seu feed e, apesar de desfrutar da sensação reconfortante de ajudar a fazer os outros felizes, descobriu também que as pessoas retribuíam o gesto. As curtidas de suas próprias fotos aumentaram, e ele atraiu uma média de trinta novos seguidores por dia, um total de quase 3 mil seguidores durante o período de testes. No Dia dos

Namorados (14 de fevereiro) de 2014, Chawla permitiu que 5 mil usuários do Instagram baixassem uma versão beta do aplicativo. Depois de apenas duas horas, o Instagram derrubou o Lovematically por violação dos Termos de Uso da rede social.

"Eu já sabia, bem antes de começar, que seria derrubado pelo Instagram", disse Chawla. "Usando a terminologia das drogas, o Instagram é o traficante e eu sou o cara novo no mercado distribuindo droga de graça, entende?" No entanto, Chawla ficou surpreso que tenha acontecido tão rápido. Ele esperava que houvesse pelo menos uma semana de uso, mas o Instagram reagiu imediatamente.

Em 2004, quando me mudei para os Estados Unidos para fazer a pós-graduação, a oferta de entretenimento on-line era limitada. Eram tempos anteriores ao Instagram, ao Twitter e ao YouTube, e o Facebook se restringia aos alunos de Harvard. Eu tinha um celular barato da Nokia que era indestrutível mas primitivo, de modo que só dispunha da internet no dormitório. Certa noite, depois do trabalho, topei com um jogo chamado Sign of the Zodiac que requeria muito pouca energia mental.[6] O Zodiac era um simples caça-níqueis, muito parecido com os existentes nos cassinos: o jogador decidia quanto queria apostar e em seguida clicava preguiçosamente o botão várias e várias vezes, observando a máquina exibir ganhos e perdas. Comecei a jogar para aliviar o estresse dos longos dias usando demais a cabeça, mas o breve *plim* que acompanhava cada vitória discreta e a melodia mais longa que se seguia aos grandes prêmios logo me deixaram vidrado. Imagens da tela do jogo passaram a se intrometer na minha imaginação durante o dia. Eu via cinco escorpiões cor-de-rosa perfilados, no maior prêmio do jogo, seguido da melodia que sou capaz de evocar até hoje. Desenvolvi um pequeno vício comportamental e isso era a ressaca sensorial do feedback aleatório e imprevisível que se seguia a cada triunfo.

Meu vício no Zodiac não era incomum. Por treze anos, a antropóloga cultural Natasha Dow Schüll estudou apostadores e as máquinas que os viciavam.[7] As seguintes descrições de caça-níqueis vêm de especialistas em jogos de azar, além de pessoas que foram ou são viciadas:

Caça-níqueis são o crack dos jogos de azar.

São morfina eletrônica.

São o tipo de jogos de azar mais virulento da história humana.

Caça-níqueis são o principal mecanismo para alimentar viciados.

São descrições bombásticas, mas captam a facilidade com que as pessoas se viciam em caça-níqueis. Eu me identifico com elas porque fiquei viciado em algo que nem envolvia dinheiro de verdade. O reforço positivo do som da vitória após o silêncio de várias perdas era o suficiente para mim.

Nos Estados Unidos, os bancos são proibidos de aceitar ganhos de jogos on-line, o que torna as apostas praticamente ilegais. Pouquíssimas empresas estão dispostas a combater o sistema e as que o fazem são logo derrotadas. Isso parece uma boa coisa, mas jogos gratuitos e legalizados como Sign of the Zodiac também são perigosos. Nos cassinos, a banca leva grande vantagem contra o apostador; na média, a casa precisa vencer. Mas a casa não precisa levar a melhor em um jogo que não envolve dinheiro. Como me contou David Goldhill, CEO do canal pago Game Show Network, que também produz muitos jogos on-line, "uma vez que não ficamos restritos a ter que pagar ganhos de verdade, podemos pagar 120 dólares para cada cem jogados. Nenhum cassino real poderia fazer isso por mais de uma semana, senão quebraria". Como resultado, o jogo pode continuar para sempre, pois o jogador nunca fica sem fichas. Joguei Sign of the Zodiac por quatro anos e quase nunca tive que iniciar um novo jogo. Ganhei em cerca de 95% do tempo. O jogo só terminava quando eu tinha que comer, dormir ou assistir às aulas pela manhã. E às vezes nem assim.

Diferentemente dos jogos gratuitos, os cassinos ganham na maior parte do tempo — mas eles têm um modo astuto de convencer os jogadores de que é possível vencer. Os primeiros caça-níqueis eram dispositivos incrivelmente simples em que o jogador acionava o "braço" da máquina (é daí que vem seu apelido em inglês, "bandido de um braço só") para girar seus três tambores mecânicos. Se o centro dos tambores exibisse dois ou mais do mesmo símbolo quando paravam de girar, o jogador ganhava determinada quantidade de moedas ou créditos. Hoje em dia, as máquinas caça-níqueis permitem aos jogadores tentar linhas múltiplas, em alguns casos com centenas ao mesmo tempo. A máquina retratada a seguir, por exemplo, permite jogar quinze linhas:

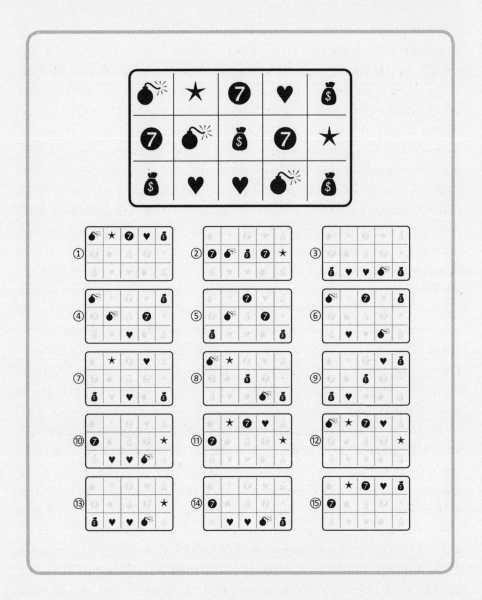

Digamos que a máquina cobre dez centavos por giro. Se a pessoa decide jogar todas as quinze linhas, cada giro custará 1,50 dólar. Basicamente, estará jogando quinze giros ao mesmo tempo, em vez de estender a experiência com um único giro quinze vezes. Cassinos adoram quando os clientes jogam dessa maneira: já que vão levar a melhor sobre você, farão isso quinze vezes mais rápido. Mas, toda vez que você joga, há uma probabilidade quinze vezes maior de ganhar em pelo menos uma linha, e a máquina comemora piscando as mesmas luzes brilhantes e tocando as mesmas melodias que grudam no ouvido. Agora imagine que você joga todas as quinze linhas, desembolsando 1,50 dólar, e numa de suas linhas aparecem duas bombas numa fileira, assim como faz o exemplo 4 do quadro. Se duas bombas valem um pagamento de dez créditos, o pagamento será de um dólar. Nada mau — até se dar conta de que o efeito líquido desse giro é uma perda de cinquenta centavos (seu prêmio de um dólar menos o custo do giro). E, no entanto, você aprecia o feedback positivo que se segue a um ganho — um tipo de vitória que Schüll e outros especialistas em jogos de azar chamam de "perda disfarçada de ganho".

O psicólogo Mike Dixon analisou essas perdas disfarçadas.[8] Com vários colegas, ele se concentrou em um jogo chamado Lucky Larry's Lobstermania (que encontrei na internet e joguei por três horas enquanto deveria estar escrevendo este livro — tenho sorte de que as leis americanas me forçaram a jogar a versão gratuita). O Lobstermania permite aos jogadores girar quinze linhas ao mesmo tempo. O jogo apresenta cinco tambores com três símbolos visíveis em cada um, para um total de mais de 259 milhões de resultados possíveis. Dixon e sua equipe calcularam que os jogadores têm maior probabilidade de obter uma perda disfarçada de ganho do que um ganho genuíno em todas as vezes que jogam seis ou mais linhas por giro.

Perdas disfarçadas de ganhos só têm relevância porque os jogadores não as classificam como perdas, e sim como ganhos. Dixon e sua equipe fizeram apostadores novatos jogarem Lobstermania ligados a eletrodos. Ele deu dez dólares a cada um e lhes disse que podiam ganhar até um adicional de vinte dólares. Eles jogaram por meia hora e giraram, em média, 138 vezes. Após cada giro, uma máquina registrava sutis alterações no suor dos alunos — sinal de que o evento era emocionalmente significativo. A Lobstermania, à semelhança de muitos caça-níqueis virtuais modernos, é cheia de feedback positivo. Ao fundo, "Rock Lobster", a animada canção do B-52s, toca toda vez que um giro acontece. Ela é substituída por silêncio após os giros malsucedidos e por versões mais animadas e estridentes da canção a cada triunfo. Luzes piscam e campainhas tilintam tanto nos ganhos verdadeiros quanto nas perdas disfarçadas de ganho. Os alunos suavam mais quando ganhavam do que quando perdiam — mas suavam da mesma forma quando suas perdas vinham disfarçadas de ganhos e quando a vitória era genuína. Isso é o que torna os caça-níqueis — e os cassinos — modernos tão perigosos. Como o menininho que apertou todos os botões no elevador, adultos nunca estão imunes de verdade à emoção provocada por luzes e sons atrativos. Se nosso cérebro nos convence de que estamos ganhando mesmo quando estamos perdendo, como podemos reunir autocontrole e parar de jogar?

Após uma série de reveses, até mesmo apostadores inveterados começam a perder interesse, alguns mais rápido que outros. Trata-se de um grande problema para os cassinos, que visam manter o jogador na frente da máquina o máximo de tempo possível. Seria fácil mudar as chances de ganhar para aumentar a probabilidade de triunfo após uma sequência de perdas, mas, infelizmente para os cassinos, isso é ilegal nos Estados Unidos. As probabilidades precisam ser as mesmas em todas as jogadas, independentemente dos resultados anteriores. Natasha Dow Schüll me contou que os cassinos bolaram algumas soluções criativas. "Muitos cassinos usam 'embaixadores da sorte'. Eles percebem que você está chegando no limite — aquele momento em que está a ponto de ir embora do cassino — e mandam alguém lhe dar um bônus." Esses bônus costumavam ser uma refeição ou um drinque grátis ou mesmo dinheiro ou créditos para jogar. Bônus são tidos mais como uma estratégia de marketing do que como uma maneira de mudar as chances de vencer, então a lei fez vista grossa. Com uma nova dose de reforço positivo, apostadores tendiam a continuar jogando, até chegarem de novo a um ponto de desinteresse após outra série de perdas.

É caro, no entanto, manter dezenas de embaixadores da sorte em ação, sem contar com o custo de uma equipe de analistas de dados para identificar jogadores frustrados. Um consultor de cassinos chamado John Acres propôs uma solução engenhosa que driblava as leis pertinentes. Schüll explicou a técnica de Acres. "Quando a pessoa joga, uma parte minúscula do que ela perde vai para um bolo que conta como o dinheiro acumulado de bônus do marketing. Um algoritmo dentro da máquina percebe seus picos de desinteresse e sabe antes da hora qual vai ser o resultado seguinte." Normalmente, o algoritmo fica de sobreaviso e deixa que a máquina gere um resultado aleatório. Quando o jogador chega ao ponto de desinteresse, porém, ele intervém. "Se a máquina percebe que, ah, esse resultado é uma droga, em vez de BAR, BAR, CEREJA, ela faz um som de moedas tilintando e dá um empurrãozinho no terceiro tambor, de modo que exiba BAR — um grande prêmio de três BARs." Esses ganhos são tirados do "bolo de bônus de marketing", que foi crescendo conforme o jogador perdia. Em vez de depender de um embaixador da sorte, a máquina faz esse papel. Schüll já viu muitas táticas traiçoeiras em seu tempo estudando cassinos, mas essa ela chama de "chocante". Quando perguntou a Acres como isso não era "uma completa violação de leis feitas para proteger as pessoas exatamente disso", ele respondeu: "Bom, leis foram feitas para ser quebradas".

O sucesso dos caça-níqueis é medido pelo "tempo na máquina". Quanto mais o jogador médio permanece jogando, melhor é considerada a máquina. Como a maioria perde dinheiro conforme joga, o tempo na máquina é um representante valioso de sua rentabilidade. Designers de video games usam uma medida similar, que captura o nível de envolvimento e prazer proporcionado por seus jogos. A diferença entre cassinos e video games é que muitos designers estão mais preocupados em fazer jogos divertidos do que em ganhar pilhas de dinheiro. Bennett Foddy, professor de design de jogos no Game Center da Universidade de Nova York, criou uma série de jogos gratuitos de sucesso, que, no entanto, tiveram mais a ver com a paixão pelo trabalho do que com uma fonte de lucro.[9] Estão todos disponíveis em seu site, foddy.net, e, afora uma receita limitada com publicidade, não resultam em nenhum rendimento significativo, embora alguns tenham alcançado status cult.

"Video games são governados por regras microscópicas", diz Foddy. "Quando o cursor de seu mouse vai para determinada caixa, um texto aparece ou toca um som. Os designers usam esse tipo de microfeedback para manter os jogadores mais envolvidos e mais fisgados." Um jogo deve obedecer a essas regras microscópicas, porque os jogadores costumam parar de jogar quando o game não fornece uma dose constante de pequenas recompensas que façam sentido no contexto das regras do jogo. Essas recompensas podem ser tão sutis quanto um tilintar metálico ou um clarão branco toda vez que um personagem move determinado quadrado. "Esses elementos de microfeedback precisam sobrevir quase imediatamente ao ato, porque se houver uma estreita sincronia entre o momento da ação e um acontecimento, a pessoa acha que ela é a causadora disso." Como crianças que apertam botões de elevador para ver as luzes acenderem, gamers são motivados pela sensação de que estão causando um efeito no mundo. Se removemos isso, eles perdem o interesse.

O Candy Crush Saga é o melhor exemplo.[10] Em seu auge, em 2013, o jogo gerou mais de 600 mil dólares em receita por dia. Até o momento, sua desenvolvedora, a King, faturou cerca de 2,5 bilhões de dólares com o jogo. Algo entre meio bilhão e 1 bilhão de pessoas já baixaram o Candy Crush Saga em seus smartphones ou no Facebook. A maioria desses jogadores é do sexo feminino, algo pouco comum para um blockbuster. É difícil compreender o sucesso colossal do jogo quando vemos como ele vai direto ao ponto. O objetivo dos jogadores é criar linhas de três ou mais do mesmo doce trocando os doces de lugar à esquerda, à direita, em cima e embaixo. Os doces são "destruídos" — desaparecem — quando formamos essas linhas e os que estão acima descem para tomar seu lugar. O jogo termina quando a tela se enche de doces que não podem ser combinados. Foddy me contou que não eram as regras que faziam do jogo um sucesso — era o *juice*.*

O *juice* tem a ver com a camada de feedback superficial situada acima das regras do jogo. Não é essencial para o game, mas é essencial para seu sucesso. Sem o *juice*, o jogo perde seu encanto. Imagine doces substituídos por tijolos cinzentos e sem nenhum reforço dos elementos visuais ou sonoros que tornam o jogo divertido. "Designers iniciantes muitas vezes se esquecem de acrescentar o *juice*", disse Foddy. "Se um personagem em seu jogo corre pela relva, a grama tem que ficar amassada quando ele passa. Isso transmite ao jogador que o gramado é de verdade e que está junto com o personagem no mesmo mundo." Quando você forma uma linha no Candy Crush Saga, um som de reforço toca, a contagem associada a essa linha brilha e às vezes você escuta palavras elogiosas entoadas por um narrador oculto, um Mágico de Oz de voz gutural.

O *juice* é eficaz em parte porque aciona regiões muito primitivas do cérebro. Para demonstrar esse fato, Michael Barrus e Catharine Winstanley, psicólogos da Universidade da Colúmbia Britânica, criaram um "cassino de rato".[11] As cobaias no experimento jogavam para ganhar deliciosas pelotas de açúcar enfiando o focinho em quatro pequenos buracos. Alguns buracos eram opções de baixo risco com recompensas pequenas. Um deles, por exemplo, garantia uma pelota açucarada 90% das vezes, mas punia o rato 10% das vezes, forçando-o a esperar cinco segundos até que o cassino respondesse a sua cutucada seguinte com o focinho. (Ratos são impacientes, de modo que até

---

* "Sumo", no sentido de "energia", "essência". (N. T.)

uma breve espera é percebida como punição.) Outros buracos eram opções de alto risco com recompensas maiores. O buraco mais arriscado dava quatro pelotas, mas em apenas 40% do tempo — em 60% das tentativas, o rato era forçado a esperar sem jogar por quarenta segundos, uma relativa eternidade.

Na maior parte do tempo, ratos tendem a evitar riscos, preferindo as opções mais seguras com pequenas compensações. Mas essa abordagem mudou completamente para ratos que jogavam em um cassino e eram recompensados também com sons e luzes piscando. Esses ratos eram bem mais propensos ao risco, impelidos pela promessa dupla de pelotas de açúcar e sinais de reforço. Como com apostadores humanos, foram seduzidos pelo *juice*. "Fiquei surpreso não por ter funcionado, mas por ter funcionado tão bem", disse Barrus. "Esperávamos que a adição de sugestões estimulantes exerceria algum efeito. Mas não percebemos que mudaria tanto o processo de tomada de decisão."

O *juice* amplifica o feedback, mas também é projetado para unir o mundo real e o mundo dos jogos. Um dos games mais bem-sucedidos de Foddy se chama Little Master Cricket, e faz isso muito bem. Nele, um jogador de críquete tenta uma tacada após outra, pontuando com as corridas segundo o resultado de sua rebatida. Quando erra a bola ou a acerta de mau jeito, ele é eliminado e o jogo começa outra vez a partir do zero. "Quando lancei o Little Master, minha esposa estava trabalhando na filial da Prada em Nova York", disse Foddy. "Muitos funcionários do departamento financeiro eram torcedores de críquete da Índia — e eles ficaram viciados." Quando descobriram que sua colega era casada com o criador do jogo, ficaram maravilhados. É muito difícil simular o críquete de maneira envolvente, mas Foddy de algum modo conseguiu fazer um jogo simples mas verossímil. Os jogadores movem o mouse para a frente e para trás, de um jeito parecido com o movimento do rebatedor. Assim como na vida real, as rebatidas de maior pontuação em Little Master fazem a bola viajar longamente pelo ar enquanto evitam os interceptadores que podem pegá-la antes que caia no chão. (Como no beisebol, isso representa a eliminação do rebatedor.) Tal feedback, que liga o jogo ao mundo real, é chamado mapeamento. Foddy afirma que:

Mapear é uma coisa um pouco intuitiva. Por exemplo, você sempre deve usar a barra de espaço com parcimônia. É uma tecla ruidosa do computador, de modo que não deve ser usada para algo mundano, como caminhar. É melhor guardá-la para ações que não são tão comuns assim, como pular. Seu objetivo é equiparar as sensações no mundo físico com as do mundo digital.

O veículo mais poderoso para o *juice* deve ser a tecnologia de realidade virtual (RV), que ainda está em sua infância.[12] A RV insere o usuário num ambiente imersivo que pode ser real (uma praia do outro lado do mundo) ou imaginário (a superfície de Marte). O usuário navega e interage com esse mundo como faria no mundo de verdade. A RV avançada também introduz um feedback multissensorial, incluindo tato, audição e olfato.

Em um podcast lançado em 28 de abril de 2016, o autor e colunista esportivo Bill Simmons perguntou ao investidor bilionário Chris Sacca sobre sua experiência com RV.[13] "Temo um pouco pelos meus filhos", Simmons contou a Sacca. "Fico me perguntando se esse mundo da RV em que a pessoa mergulha não é quase superior ao mundo real que ela habita. Em vez de cultivar interações humanas, posso simplesmente habitar esse mundo de RV e fazer coisas de RV, e essa vai ser minha vida." Sacca, um ex-funcionário do Google e investidor do Twitter, partilhava das preocupações de Simmons:

> Esse receio faz todo o sentido. Uma das coisas interessantes sobre a tecnologia é que o aperfeiçoamento em resolução, na modelagem de som e receptividade está ultrapassando nosso desenvolvimento físico. Nossa biologia se conserva a mesma — não fomos construídos para digerir tanta luz e tanto som dessa maneira incrivelmente coordenada [...] você pode ver alguns vídeos antigos [...] em que está no topo de um arranha-céu e seu corpo não deixa que caminhe para a frente. Seu corpo está convencido de que aquilo é a lateral de um arranha-céu. E isso nem chega a se tratar de alta definição ou de uma plataforma de RV superimersiva. Dessa forma, tempos loucos nos aguardam.

A RV existe há décadas, mas agora está em vias de estourar. Em 2013, uma empresa de RV chamada Oculus VR levantou 2,5 milhões de dólares no Kickstarter. A Oculus VR estava promovendo um headset para video games chamado Rift. Até pouco tempo, a maioria pensava na RV como uma ferramenta para jogos, mas isso mudou quando o Facebook adquiriu a Oculus VR por 2 bilhões de dólares em 2014. Mark Zuckerberg tinha grandes ideias para o Oculus Rift que iam muito além dos games:

Isso é só o começo. Depois dos jogos, vamos tornar o Oculus uma plataforma para muitas outras experiências. Imagine desfrutar de um assento perto da quadra em um jogo da NBA, estudar em uma turma de alunos e professores em qualquer lugar do mundo ou consultar um médico frente a frente — apenas pondo os óculos, sem sair de casa.

A RV deixou de ocupar o segundo plano. "Um dia, acredito que esse tipo de realidade imersiva, aumentada, se tornará parte da vida diária de bilhões de pessoas", declarou Zuckerberg.

Em outubro de 2015, o *New York Times* distribuiu um pequeno visor de RV de papelão na edição de domingo. Acoplado a um smartphone, o Google Cardboard descarregava conteúdo exclusivo do jornal em RV, incluindo documentários sobre a Coreia do Norte, os refugiados sírios e a vigília após os ataques terroristas em Paris. Passei grande parte dessa tarde de domingo mergulhado em um documentário sobre crianças refugiadas, esquecendo durante um bom tempo que na verdade eu não estava em uma sala de aula em ruínas na Ucrânia dilacerada pela guerra. "Em vez de assistir por 45 segundos ao noticiário com um repórter andando e explicando como tudo é terrível, você se torna um participante ativo na história que está vendo", disse Christian Stephen, produtor de um desses documentários em RV.

Mas o Google Cardboard é um brinquedo, perto do Oculus Rift. Segundo Palmer Luckey, fundador da Oculus VR, o "Google Cardboard é uma água lamacenta se comparado ao vinho fino do Oculus Rift". Claro que, por ora, o Google Cardboard tem a vantagem de poder ser comprado por dez dólares na internet, ao passo que o Oculus Rift custa 599 dólares.

Apesar da promessa, a RV também oferece grandes riscos. Jeremy Bailenson, professor de comunicação no Virtual Reality Interaction Lab, de Stanford, receia que o Oculus Rift ameaça prejudicar o modo como as pessoas interagem com o mundo. "Se fico aterrorizado com um mundo em que qualquer um pode criar experiências realmente horríveis? Sim, fico. Eu me preocupo com o que acontece quando um jogo violento de video game é como matar alguém. E quando a pornografia é como sexo. Em que isso muda a maneira como os seres humanos interagem e funcionam em sociedade?"

Em um artigo para o *Guardian*, o comentarista de tecnologia Stuart Dredge observou que já estamos com dificuldade para prestarmos atenção em amigos e familiares. Se smartphones e tablets nos afastam de interações no mundo real, como vamos nos comportar diante de dispositivos de RV? Steven Kotler escreveu para a *Forbes* que a RV se tornaria "heroína legalizada; nossa próxima droga pesada". Temos todos os motivos para acreditar em Kotler. Quando amadurecer, a RV vai nos permitir passar um tempo com qualquer um, em qualquer lugar, fazendo o que quisermos, pelo tempo que quisermos. Esse tipo de prazer sem limites parece maravilhoso, mas tem a capacidade de deixar obsoletas as interações pessoais. Por que viver no mundo real com pessoas reais e suas falhas se podemos viver em um mundo perfeito que parece tão verdadeiro quanto?

Como a RV para uso geral ainda está em sua infância, não podemos ter certeza de que mudará o modo como vivemos. Mas todos os sinais iniciais sugerem que será tão milagrosa quanto perigosa. Como disse Zuckerberg, ela vai nos permitir consultar médicos que estão a milhares de quilômetros de distância, visitar e aprender sobre lugares distantes (tanto inacessíveis como imaginários) que talvez nunca venhamos a conhecer ao vivo e "visitar" entes queridos que moram do outro lado do mundo. Controlada pela indústria e pelos designers de jogos, porém, ela também pode se revelar um veículo para o mais recente em uma série de vícios comportamentais cada vez mais graves.

Ao contrário da RV, o mundo físico é uma longa série de perdas pontuadas por ganhos esporádicos. Os jogadores precisam perder de tempos em tempos. Um jogo que premia o tempo todo não é nem um pouco divertido. Quando conheci David Goldhill, CEO do Game Show Network, ele me contou uma história para ilustrar as surpreendentes desvantagens de ganhar o tempo todo. Goldhill é um contador de histórias nato. Irradia competência e revela um domínio extraordinário de qualquer assunto que surja numa conversa. Falamos sobre minha cidade natal, Sydney, e no fim da conversa eu rabiscava anotações como um turista. A história de Goldhill era sobre um jogador que ganhava o tempo todo. "O cara acha que está no paraíso porque ganha todas as apostas. Mas no fim ele se dá conta de que está no inferno. É uma grande tortura." O apostador persegue vitórias durante a vida toda e agora que elas acontecem, uma depois da outra, sua razão de ser deixa de existir. A história de Goldhill ilustra por que o reforço variável é tão poderoso. Não devido às vitórias ocasionais, mas porque a experiência de sair de uma derrota recente é profundamente motivadora.

A melhor parte de qualquer aposta talvez seja a fração de segundo que antecede o resultado. É o momento de tensão máxima, quando os apostadores se preparam para ver um desfecho vitorioso. Sabemos disso com base num experimento engenhoso que dois psicólogos publicaram em 2006. Emily Balcetis e Dave Dunning disseram a um grupo de alunos da Universidade Cornell que eles estavam participando de um teste de degustação de sucos.[14] Alguns teriam a sorte de experimentar suco de laranja recém-espremido, mas outros tomariam uma "bebida gelatinosa, massuda, verde, de aroma desagradável, um pouco viscosa, rotulada como 'vitamina de verduras orgânicas'". Quando os alunos observavam as bebidas, o experimentador explicou que um computador lhes designaria aleatoriamente um copo de uma ou de outra. Metade dos alunos foi informada de que o computador apresentaria um número se tivessem que tomar o cobiçado suco de laranja (e uma letra se tivessem que tomar a bebida lamacenta), enquanto a outra metade foi informada do contrário, que uma letra significava a salvação e o número, a desgraça. Os alunos se sentavam diante do computador e aguardavam, bem parecido com o modo como jogadores esperam o resultado de um caça-níqueis. Dois segundos depois o computador exibia esta imagem:

A imagem foi motivo de alegria para 86% dos participantes. O computador os agraciara com a vitória!

Como o leitor provavelmente já percebeu, a figura acima não é um número nem uma letra, mas um híbrido do número 13 e da letra B maiúscula. Os alunos estavam tão concentrados em ver o que esperavam ver que seus cérebros interpretavam a figura ambígua ao modo mais favorável para cada um.

O número 13 surgia para aqueles que esperavam ver um número, e a letra B para os que esperavam ver uma letra. Esse fenômeno, chamado de percepção motivada, acontece automaticamente o tempo todo. Em geral está oculto para nós, mas Balcetis e Dunning tiveram inteligência o suficiente para descobrir um jeito de desmascarar o efeito.

O que torna a percepção motivada tão importante no vício é que ela molda como percebemos o feedback negativo. A história de David Goldhill nos mostra que jogadores odeiam ganhar sempre — no entanto, mais do que isso, odeiam perder o tempo todo. Se vissem o mundo como realmente é, apostadores, gamers e usuários do Instagram desafortunados perceberiam que perdem na maior parte das vezes. Eles reconheceriam que uma série de perdas normalmente prenuncia mais perdas, não um iminente golpe de sorte, e que a figura do experimento tanto pode ser uma letra quanto um número. Para piorar as coisas, muitas experiências com games e jogos de azar são projetadas para elevar as esperanças exibindo "quase vitórias". Em um episódio clássico da primeira temporada dos *Simpsons*, Homer compra uma raspadinha de Apu no Kwik-E-Mart:[15]

Homer: Um donut com glacê e um Scratch-'N-Win, por favor.
[Apu entrega para Homer o bilhete de loteria e ele começa a raspar.]
Homer: Ah. O Sino da Liberdade.
[Homer raspa outra vez e suspira.]
Homer: Outro Sino da Liberdade! Mais um e fico milionário. Vamos lá, Sino da Liberdade, por favor, por favor, por favor, por favor, por favor, por favor!
[Homer raspa e aparece uma ameixa.]
Homer: D'oh! Aquela fruta roxa. Onde você estava ontem?

A decepção de Homer é partilhada por milhões de quase ganhadores na raspadinha todos os dias. Homer "quase ganhou" no dia anterior com as duas "frutas roxas" e nesse dia quase ganhou com dois Sinos da Liberdade. Há uma boa chance de voltar a jogar no dia seguinte, porque para Homer não foi uma perda. Foi uma "quase vitória".

6. Progresso

Shigeru Miyamoto é capaz de projetar um jogo que as pessoas não conseguem parar de jogar.[1] No mundo dos video games ele equivale a um Steven Spielberg, Stephen King ou Steve Jobs — um artista que entende o que as pessoas querem melhor do que elas mesmas e que transforma em ouro tudo em que põe a mão. Miyamoto estava por trás do segundo jogo mais vendido de todos os tempos. E também dos jogos ranqueados em quinto, sexto, oitavo, nono, 11º, 12º, 19º, 21º, 23º, 25º, 26º, 33º e 34º. A indústria teria sido bem mais pobre sem sua influência. O que Miyamoto parecia entender melhor do que qualquer um era que jogos viciantes ofereciam algo tanto para jogadores novatos quanto para experientes. Games projetados apenas para iniciantes ficariam ultrapassados rápido demais e games projetados apenas para iniciados perderiam os jogadores inexperientes antes que pudessem dominá-los.

Miyamoto entrou para a Nintendo aos 24 anos. Por noventa anos, a Nintendo operou no estagnado mercado de baralho japonês, mas então, no fim da década de 1970, passou para os video games. Quando era novo, Miyamoto se apaixonara pelo famoso Space Invaders, então seu pai fez de tudo para o filho conseguir uma entrevista com o presidente da Nintendo. Miyamoto mostrou ao presidente alguns brinquedos e games que criara em seu tempo livre e foi contratado na mesma hora como aprendiz de projetista para video games.

O início da década de 1980 foi difícil para a Nintendo. A empresa tentava encontrar um nicho de mercado para os video games nos Estados Unidos, mas fracassou miseravelmente. Milhares de jogos encalhados apodreciam em um depósito quando o engenheiro-chefe da Nintendo procurou o jovem Miyamoto e lhe pediu que projetasse um novo jogo que salvasse a companhia moribunda. Segundo o sempre modesto Miyamoto, "não havia ninguém disponível para fazer o trabalho". O primeiro game do jovem projetista veio a ser o clássico Donkey Kong. O herói era um encanador bigodudo chamado Mario, batizado em homenagem ao senhorio do armazém da Nintendo nos Estados Unidos, Mario Segale. Esse mesmo Mario seria personagem de um dos maiores sucessos de vendas dos video games de todos os tempos, Super Mario Bros. Foi no Super Mario que Miyamoto exibiu sua capacidade de tornar os jogos atraentes para jogadores de todos os níveis.

Super Mario Bros. conquista novos fãs porque não existem barreiras para jogar. Mesmo que não saiba nada sobre o console da Nintendo, a pessoa consegue desfrutar o jogo desde o primeiro minuto. Não é necessário ler nenhum manual cheio de adjetivos motivacionais nem queimar os neurônios em tutoriais explicativos antes de começar. Em vez disso, seu avatar, Mario, aparece no canto esquerdo de uma tela quase vazia. Como o cenário está vazio, é possível apertar os botões do controle da Nintendo aleatoriamente sem problema algum, descobrindo o que faz Mario pular e como movê-lo para a esquerda e a direita. Não dá para ir muito para a esquerda, então o jogador logo aprende a se mover para a direita. E não há explicações sobre o que faz cada comando — em vez disso, você aprende fazendo e usufrui da sensação de controle que advém de adquirir conhecimento pela experiência. A jogabilidade dos primeiros segundos é projetada de maneira brilhante para fazer duas coisas bem difíceis ao mesmo tempo: ensinar e preservar a ilusão de que nada está sendo ensinado.

Como milhares de outras crianças, fiquei louco por Super Mario Bros. Eu estava com dez anos e minha família visitava parentes na Nova Zelândia. Minha tia me apresentou a um garoto da minha idade que, como fazem os meninos de dez anos, me mostrou seus bonecos e seu Nintendo. Eu nunca tinha visto um Nintendo, e, quando pôs Super Mario Bros. para jogar, o garoto sem querer arruinou o restante das minhas férias. Jogamos apenas meia hora, mas depois disso eu só conseguia pensar no jogo.

Décadas depois, e a milhares de quilômetros da Nova Zelândia, dei uma palestra que foi inspirada por Miyamoto e um economista de Yale chamado Martin Shubik. Os dois vinham de mundos diferentes, mas ambos haviam concebido armadilhas que fizeram sucesso quase imediato. Shubik descreveu a sua armadilha em um artigo de jornal publicado em 1971: "Existe um jogo de salão extremamente simples, muito divertido e instrutivo que pode ser jogado em qualquer festa mediante o leilão de uma nota de dólar".[2] Shubik descreveu as regras do seu assim chamado Jogo do Leilão de Dólar como a "simplicidade em si". Eis o jogo aqui, em sua completude: "O leiloeiro oferece uma nota de dólar pelo lance mais alto, com a explicação de que *tanto* o arrematante mais alto quanto o segundo mais alto terão que pagar".

Se uma pessoa se dispôs a pagar oitenta centavos pela nota e outra pessoa, que deu o segundo lance mais alto, está disposta a pagar setenta centavos, o leiloeiro fica com um 1,50 dólar — uma boa margem de lucro de cinquenta centavos. Os dois arrematantes pagam, mas só o que deu o lance maior leva a nota. É um ótimo negócio para este, obviamente, porque a pessoa está pagando oitenta centavos por uma nota que literalmente vale um dólar. Para o segundo maior lance, porém, é um péssimo negócio. O sujeito paga setenta centavos por nada.

Fiz esse jogo de Shubik em minha palestra, mas leiloei uma nota de vinte dólares. Os lances começaram em um dólar e foram subindo de um em um. Mais de dez vozes berraram "um dólar!", porque pagar um dólar por uma nota de vinte dólares é um grande investimento. Escutei "dois dólares!" e depois "três dólares!". Alguns alunos pararam de fazer lances logo no começo, mas outros continuaram além dos dez dólares, rumo ao número mágico de vinte. Ao observar as pessoas participando, você consegue perceber no rosto delas o exato momento em que percebem que o jogo é uma cilada. Quando a quantidade de arrematantes inevitavelmente cai para apenas dois, uma delas terá que pagar por absolutamente nada. Por exemplo:

Pessoa A: Dezesseis dólares!
Pessoa B: Dezessete dólares!
... pausa...
Pessoa A: Dezoito dólares!
Pessoa B: Dezenove dólares!

Se fosse um leilão normal, o jogo teria terminado aqui. Não há motivo para a Pessoa A gritar "vinte dólares!" a menos que não goste muito da Pessoa B e prefira ter um lucro zero (pagar vinte dólares por uma nota de vinte) a observar a Pessoa B ganhar um dólar.

Mas é uma armadilha, então os lances continuam subindo:

Pessoa A: Vinte dólares!

... pausa...

Pessoa B: Vinte e um dólares!

... pausa maior...

Pessoa A: Vinte e dois dólares!

... pausa ainda maior...

Pessoa B (num tom de voz mais baixo): Vinte e três dólares.

Às vezes o jogo leva o arrematante a triplicar ou até quadruplicar o valor da nota. Ninguém quer gastar muito dinheiro por nada, o que torna o leilão de notas uma maneira fantástica de levantar fundos para a caridade.

O jogo de Shubik mostra que um vício inicial alimenta muitos comportamentos viciantes. A experiência parece inócua no início, mas no fim nos damos conta de que as coisas podem terminar mal. Para meus alunos, o vício foi uma chance mínima de ganhar vinte dólares por muito pouco. Em meu caso, foi um encanador chamado Mario em busca de uma princesa raptada.

O Jogo do Leilão de Dólar vicia rapidamente os iniciantes, mas sua eficácia se deve também ao fato de funcionar um pouco como uma campanha de vendas ao estilo *bait-and-switch*.* Campanhas *bait-and-switch* são o tipo de anúncio ilegal que os vendedores de eletroeletrônicos usam para atrair consumidores no Natal. Uma loja pode anunciar, por exemplo, um novo aparelho de DVD — "Nove dólares enquanto durarem os estoques!" —, mas manter apenas um aparelho no estoque. Os clientes fazem fila no quarteirão, entram na loja às nove da manhã e um deles volta para casa com o aparelho, enquanto aos outros cinquenta resta apenas uma escolha terrível. Psicologicamente falando, eles já se *sentem* os pro-

---

* Literalmente, lançar uma isca (*bait*) e depois trocá-la (*switch*) por outra coisa. (N. T.)

prietários de um aparelho de DVD quase de graça. Enquanto enfrentavam o frio lá na fila duas horas antes, começaram a imaginar como seria assistir aos oito filmes de Harry Potter com toda a família reunida em volta de um balde gigante de pipoca. A escolha, então, é abandonar essas fantasias ou pagar 199 dólares pelo segundo DVD mais barato, agora que o modelo de nove dólares evaporou.

É a mesma coisa que o Jogo do Leilão de Dólar. O público forma uma ligação emocional ao tentar vencer o leilão. Para os dois alunos que ofereceram mais de sessenta dólares na minha sala de aula, a motivação não é a emoção de ganhar vinte — é a ameaça de perder para o outro. Como sugeriu o neurocientista Kent Berridge, suas expressões faciais mostram que eles *querem* continuar dando lances, mas certamente não estão *gostando* nem um pouco da experiência.

Podemos ver essa mesma aversão à perda com clareza ainda maior nos sites do chamado *penny auction* (leilão de centavo), como Quibids.com, HappyBidDay.com e Beezid.com.[3] Para começar a usar o Beezid, por exemplo, você compra um pacote de lances. Os pacotes variam de quarenta lances (por 36 dólares, ou noventa centavos cada lance) a mil (por 550 dólares, ou 55 centavos por lance). O site do Beezid oferece centenas de leilões para produtos como laptops, TVs e fones de ouvido. O leilão de uma TV nova fica mais ou menos assim, após o primeiro lance:

O primeiro lance foi de um centavo — um mísero centavo! — e foi feito por um usuário chamado bidking999. O cronômetro marca cinco horas, o que significa que bidking999 conseguirá a TV pela vultosa quantia de um centavo, se ninguém mais fizer outro lance até o fim desse período. Cada novo lance em geral eleva o preço do item em um centavo (daí o nome). Os lances são esparsos no começo, mas quando o cronômetro cai para cerca de quinze segundos, o leilão entra num ritmo frenético, durante o qual cada novo lance reinicia o cronômetro a quinze segundos do fim. Em itens especialmente desejáveis, isso acontece dezenas de vezes — um pouco como o botão de contagem regressiva do Primeiro de Abril do Reddit, que levou semanas para chegar a zero. Alguns itens saem por uma bagatela, mas outros são vendidos quase ao preço do varejo. O problema para o consumidor é ter que fazer milhares de lances até conseguir alguma coisa, o que queima milhares de lances pré-arremate sem oferecer nada em troca. O site obtém um lucro considerável, enquanto o consumidor perde alguns centavos de cada vez, até suas perdas se tornarem enormes.

Centenas de participantes desses leilões de centavos fazem queixas na internet. Alguns afirmam que esse tipo de site é um golpe e outros o comparam a um jogo de azar. Um especialista em direitos do consumidor no SiteJabber. com testou uma plataforma de leilão de centavos e disse que, apesar de ser uma pessoa cautelosa, "até eu fiquei atraído por esses sites e senti como se estivesse colocando moedas num caça-níqueis, mas sem nenhuma chance real de ganhar". O processo é tão viciante porque você paga pelos lances antes de começar, então gastá-los não tem nada de doloroso, e o chamariz para uma economia de milhares de dólares — nesse caso pagando um centavo por uma TV de 3 mil dólares — é difícil de resistir. Assim que os lances entram em seu momento crucial, quase dá para sentir o sabor da vitória. As ofertas são baixas quando você faz o primeiro lance; mas no centésimo, após presenciar o cronômetro caindo para um segundo dezenas de vezes, seu envolvimento com o processo é profundo. Não é à toa que os sites de direitos do consumidor chamam os leilões de centavos de "arriscados", classificando-os como "golpes", e muitas vezes recomendam que os clientes os evitem totalmente.

Sites de leilão de centavos adquiriram uma péssima reputação, mas nem toda experiência envolvente é predatória. Algumas são projetadas para ser

125

viciantes a fim de iludir os infelizes consumidores, mas outras acontecem de ser viciantes a despeito de terem sido pensadas, a princípio, para divertir ou envolver. A linha que as separa é muito tênue; em grande parte, a diferença reside na intenção do designer. Sites de leilão de centavos são projetados para ser predatórios, assim como máquinas caça-níqueis. (Natasha Dow Schüll intitulou seu livro sobre jogos de azar *Addiction by Design*.)* Mas quando Shigeru Miyamoto projetou o Super Mario Bros., seu objetivo primordial era fazer um jogo que ele mesmo gostasse de jogar.[4] Em vez de consultar grupos focais, ele jogou o game por horas a fio, reparando os bugs e aprontando, a tempo, a versão lançada pela Nintendo em 1985. Nas décadas de 1990 e no início dos anos 2000, Miyamoto projetou os games do Pokémon, que fizeram um sucesso gigantesco, e mais uma vez seu principal compromisso foi com a integridade do jogo. "A questão é essa", disse, "não fazer algo que venda, algo muito popular, mas amar algo e fazer algo que nós criadores possamos amar. Ao criar um jogo, esse é o principal sentimento que devemos ter." Quando comparamos o Super Mario Bros. — em geral considerado pelos designers de games o maior jogo de todos os tempos — a outros no mercado, é fácil reconhecer na concorrência as marcas características de um jogo predatório.

Adam Saltsman, que produziu um aclamado jogo indie chamado Canabalt, em 2009, escreve com frequência sobre a ética do design no mundo dos video games. "Jogos predatórios são projetados para abusar do modo como a pessoa fica conectada", disse Saltsman.[5] "Muitos jogos predatórios dos últimos cinco anos usam o que é conhecido como sistema de energia. Você tem permissão de jogar por cinco minutos e depois, artificialmente, fica sem ter o que fazer. O jogo lhe envia um e-mail em, digamos, quatro horas, avisando quando você pode voltar a jogar." Afirmei a Saltsman que o sistema parecia muito bom para mim — obriga os jogadores a fazer uma pausa e encoraja as crianças a fazer o dever de casa entre uma sessão e outra. Mas é aí que entra a parte predatória. Segundo Saltsman, "designers de games começaram a perceber que os jogadores pagariam um dólar para abreviar o tempo de espera ou aumentar a quantidade de energia que teria seu avatar assim que passasse o período de quatro horas". O game é uma armadilha para o usuário, assim como os leilões de centavos e o Jogo do Leilão de Dólar de Shubik, e o manipula: espere ou

---

* Tradução literal: "Vício de propósito". (N. T.)

pague. Topei com esse mecanismo predatório quando jogava um game chamado Trivia Crack. Se você der a resposta errada várias vezes, fica sem vida, e uma tela de diálogo lhe dá uma escolha: espere uma hora para ter mais vidas ou pague 99 centavos para continuar imediatamente.

Muitos jogos escondem essas cobranças mais à frente. São gratuitos no começo, só que mais tarde a pessoa é obrigada a pagar essas taxas embutidas para continuar. Saltsman diz:

Essas cobranças ocultas mostram desrespeito com o público de jogadores. São um pouco como os clássicos jogos de fliperama que cobravam uma moeda [de 25 centavos] para uma primeira fase que começava fácil, mas depois o obrigavam a confrontar um chefão bem difícil no fim do mesmo nível. A fase toda é divertida e simples de jogar, e depois o chefe é dificílimo de ser derrotado. Desse modo, você precisa enfiar um monte de moedas para passar à diversão da fase seguinte. O jogo anuncia que custa 25 centavos, mas é impossível matar o chefão sem gastar um dólar ou mais.

Se você começou o jogo há alguns minutos ou mesmo horas, a última coisa que vai querer fazer é admitir a derrota. Há muito a perder, e sua aversão a essa sensação de perda o impele a alimentar a máquina *só mais uma vez*, repetidamente. Você começa a jogar porque quer se divertir, mas continua jogando para evitar a sensação de infelicidade.

Mesmo que os maiores designers de games da indústria não tenham certeza de como tornar seus jogos viciantes, eles logo aprendem com ajuda de uma técnica engenhosa. "Chama-se código de cores", contou Isaac Vaisberg, o ex-viciado em jogos que apresentei no capítulo 2. Ele deu o exemplo de um RPG on-line em que os jogadores formam guildas para completar missões. "Digamos que você já tenha 2 milhões de jogadores e esteja tentando imaginar o que é mais envolvente para eles. Você atribui uma cor ao código [de programação] associado a cada missão, ou até a diferentes elementos dentro de cada missão, e vê qual é mais viciante." Os códigos de cor, ou *tags*, permitem aos designers acompanhar quanto tempo os jogadores gastam com cada elemento dentro de cada missão e quantas vezes voltam para tentar a missão outra vez. "Com uma grande amostragem de jogadores, é possível fazer experimentos. A Missão A exige que o jogador salve alguma coisa, enquanto a Missão B é muito similar, exceto que ele precisa matar alguma coisa." Da mesma forma, a Missão C pode lhe dar uma descarga de feedback positivo logo no começo, enquanto a Missão D, que no restante é idêntica, não lhe dá nenhum feedback. Um designer pode verificar que, por exemplo, as pessoas passam o triplo do tempo jogando uma missão que exige matar em vez de salvar, e voltam com frequência 50% maior a uma missão que lhes dá pequenas descargas de microfeedback. O resultado é uma versão turbinada do game original que evolui com o tempo para ser viciante ao máximo. "O World of Warcraft é especialmente bom nisso", disse Vaisberg sobre o jogo que o manteve preso no vício por alguns anos. "Durante oito anos eles projetaram o jogo para incluir tudo que as pessoas gostassem." FarmVille, por exemplo, é um jogo viciante sobre administrar uma fazenda virtual. Em seu auge, dezenas de milhões de usuários do Facebook participavam do jogo. "O FarmVille foi um sucesso imenso no Facebook, principalmente entre as mulheres, então a equipe do World of Warcraft embutiu uma versão do FarmVille dentro do WoW para atrair as jogadoras."

Historicamente, os homens sempre foram a maioria dos gamers, mas o universo dos jogos eletrônicos começou a atrair mulheres e outros grupos negligenciados. Na verdade, em agosto de 2014, mulheres acima dos dezoito anos se tornaram o maior grupo demográfico desse mundo.

Elas representam 36% do total de jogadores, ao passo que homens acima dos dezoito anos compõem 35%. Esse crescimento foi alimentado, em parte, por jogos como Kim Kardashian's Hollywood. Kardashian lançou o jogo em junho de 2014 e, em seu primeiro ano, ele faturou dezenas de milhões de dólares.[6] Quase metade do lucro com o jogo foi para a própria Kardashian. O jogo tem download gratuito, mas há uma minúscula advertência de "in-app purchases" (compras embutidas no aplicativo) sob o botão de download e é quase impossível jogá-lo sem gastar dinheiro. O objetivo é ascender da condição de subcelebridade para o A-List, o panteão das supercelebridades, fazendo o tipo de coisa que a própria Kardashian faria: trocar de roupa com frequência, ser vista em público, desfilar com as amigas, marcar encontros com um monte de gente e, acima de tudo, evitar levar um pé na bunda. Os jogadores ganham K-stars sempre que suas estrelas de celebridade sobem, mas, para fazer um progresso significativo, precisam comprar booster packs (pacotes de reforços). Um pacote pequeno custa cinco dólares, mas o extragrande custa quarenta. Você também pode gastar seu suado dinheiro real para comprar dinheiro virtual.

Da mesma forma que o WoW, o jogo de Kardashian libera pequenas doses de feedback positivo para seduzir os jogadores logo de início. A empresa que produziu o jogo, Glu Games, fez uma porção de testes para garantir que essas recompensas fossem entregues a intervalos precisos. Um colunista da *Business Insider* chamou o jogo de "tóxico e viciante como nunca se viu [...] talvez o único aplicativo que realmente mereça a comparação com drogas". Outra jornalista relatou vícios similares. Tracie Morrissey, do site Jezebel, admitiu gastar quase quinhentos dólares no jogo: "Pessoal, acho que estou literalmente com um problema. Que vício mais deprimente e constrangedor de se ter. O que eu diria se tivesse que procurar ajuda para isso em um AA ou qualquer coisa do gênero?". Emilee Lindner escreveu um artigo na MTV.com intitulado "Vida real: fiquei viciada no jogo da Kim Kardashian" e admitiu usar a maior parte do pacote de dados de sua família quando jogava, às vezes durante a noite toda. Muitos desses "viciados" são pessoas altamente funcionais com empregos respeitáveis e família para criar. Não são os viciados estereotipados do passado, exatamente o que faz dos produtos que os seduzem tão traiçoeiros. Em um minuto, são iniciantes matando o tempo com um novo jogo gratuito e no seguinte estão pedindo desculpas por estourar o orçamento familiar com jogos eletrônicos.

No mundo de vícios em ascensão, a sorte de principiante é um sério risco. Quando eu tinha oito anos e meu irmão estava com seis, fomos com nossos pais ao boliche da cidade pela primeira vez. Boliche é um jogo difícil para adultos e terrível para crianças. Pistas modernas resolvem isso substituindo as canaletas ao longo da pista por amortecedores, tornando impossível perder uma bola. Um jogo de habilidade se torna um jogo de sorte quando a bola rebate imprevisivelmente nos amortecedores de um lado para o outro. No fim da década de 1980, quando fomos jogar, não havia amortecedores e não se faziam concessões para os novatos desastrados.

Pagamos por nossas duas partidas e passamos pela sequência infindável de pistas de boliche. Na primeira prateleira havia uma dúzia de bolas pretas de dezesseis libras (mais de sete quilos). Eram as bolas mais pesadas, reservadas aos que jogavam para valer — homens fortes, com mãos grandes, capazes de usar o pulso para pôr bastante efeito no lançamento. Passamos pelas de quinze e catorze libras e seguimos até o fim do estabelecimento, onde uma pequena prateleira abrigava diversas bolas feitas para os jogadores menores. Dava para perceber que eram de criança devido às cores rosa, azul e laranja e porque os buracos para os dedos eram tão pequenos que até mesmo nós mal conseguíamos segurá-las. Além disso, pesavam seis libras (menos de três quilos).

Não batemos nenhum recorde nesse dia, mas meu irmão ficou viciado para o resto da vida. Enquanto ele desfrutou de uma dose absurda de sorte de principiante, eu joguei com consistente incompetência. Derrubei alguns pinos aqui e ali e terminamos quase empatados, mas seus oito pontos — tudo o que conseguiu naquele dia — vieram na primeira tentativa. Ainda me lembro de sua aproximação, arrastando os pés, e do desajeitado arremesso com as duas mãos que lançou a bola com muito mais força sobre a pista do que em direção aos pinos. Por algum milagre, a bola seguiu de maneira tortuosa o seu caminho, evitando as canaletas, e muito vagarosamente derrubou oito dos dez pinos. Todo mundo aplaudiu e comemorou, mas seria a última vez que meu irmão pontuaria naquele dia. Depois disso, ele passou anos obcecado pelo jogo e estou convencido de que sua obsessão foi motivada em parte pelo gosto inicial do sucesso que antecedeu uma longa era de fracassos.

A sorte de principiante vicia porque propicia o sabor da vitória e depois tira. Ela o presenteia com ambições fora da realidade e expectativas elevadas de um competidor mais experiente. A segunda dose de sucesso é uma miragem que parece mais próxima do que na verdade está, e a sensação de derrota que aumenta a cada novo fracasso o motiva cada vez mais até que seja reconquistada aquela sensação inicial (e imerecida) de glória.

Observei meu irmão jogar uma longa série de bolas na canaleta — não apenas nesse dia, mas todas as vezes que fomos jogar boliche por muitos anos. Mais de duas décadas depois, decidi, com meus colegas Heather Kappes, Dave Berri e Griffin Edwards, reproduzir sua experiência em laboratório.[7] Convidamos um grupo de adultos para jogar dardos em um experimento. Nenhum deles tinha prática. Contamos que seu desempenho receberia pontos, mas por questão de justiça lhes demos oportunidade de praticar primeiro. Metade foi posta tão próxima ao alvo que o sucesso dos arremessos era praticamente garantido, enquanto a outra metade praticou mais de longe e, de modo geral, teve dificuldades — um feedback bem mais realista. Mais tarde, quando perguntamos se haviam gostado de jogar e se queriam tentar outra vez, os iniciantes "sortudos" mostraram-se dispostos a continuar. Os sem sorte não ficaram completamente desmotivados, mas a dose inicial de feedback realista refreou seu entusiasmo com o jogo.

Muitos designers de jogos sabem como a sorte de principiante é uma isca poderosa. Nick Yee, que tem doutorado em comunicação e estuda como os jogos afetam os usuários, escreveu sobre o papel das recompensas iniciais em RPGs on-line.[8]

> Um dos [fatores que atraem as pessoas para RPGs on-line] é o elaborado ciclo de recompensas inerente ao gênero que funciona como uma cenoura na ponta da vara. No início do jogo, as recompensas são dadas com muito mais rapidez. Você mata uma criatura com dois ou três ataques. Sobe de nível em cinco, dez minutos. E pode ganhar novas habilidades com muito pouco trabalho. Mas os intervalos entre essas recompensas aumentam de maneira exponencial e bem depressa. Não demora a levar cinco horas e depois vinte horas de tempo de jogo para subir de nível. O jogo funciona proporcionando-lhe gratificação instantânea logo de cara e conduzindo-o por um declive escorregadio.

Os designers descobriram essa tática após revisar milhões de dados — o tipo do exercício exploratório descrito por Isaac Vaisberg. Enquanto a sorte de principiante do meu irmão era um acaso genuíno, a "sorte" que atinge os gamers novatos é planejada.

A sorte de principiante vicia, mas algumas experiências são tão favoráveis aos novatos que a sorte se torna desnecessária. Quando visitei David Goldhill, o CEO do Game Show Network que mencionei anteriormente, ele começou me mostrando seu celular. "Quero mostrar um jogo que acho fascinante. Meu filho mais novo, que tem sete anos, adora. É incrivelmente simples e idiota. Você conhece Crossy Road?" Respondi que não conhecia. "Veja quanto tempo leva para descobrir como joga." Levei três segundos. Tudo o que seu personagem precisa fazer é atravessar a rua sem ser atropelado. Você o movimenta com simples toques na tela. Esse jogo "simples e idiota" é projetado, assim como o Super Mario Bros., para eliminar quaisquer barreiras iniciais. No minuto em que vê a tela, o jogador sabe tudo que é preciso para começar a progredir. "Isso me lembra outro jogo...", comentei com Goldhill, mas ele me interrompeu. "Todo mundo se lembra de algum outro jogo." Crossy Road toma emprestado elementos de tantos games que, se você jogou apenas um ou dois deles, na prática jogou todos.

O canal Game Show Network exibe e produz jogos, mas é mais conhecido por seus game shows. Eles trabalham a partir do mesmo princípio. Goldhill afirma que:

Se você descobre um bom game show a que nunca assistiu antes, depois de dois minutos as regras vão ficar claras ou serão explicadas para você. Parte do projeto de um bom programa desse tipo é não haver barreiras para começar. E existe um vernáculo no mundo inteiro. Esteja onde estiver, ao sintonizar num game show, você vai ver que eles partilham o mesmo conjunto de elementos básicos. Se olhar no YouTube, vai ver gente de quinze, dezesseis, dezessete anos concebendo seus próprios game shows, e eles usam o mesmo vernáculo.

Pensei nos jogos que haviam ocupado meu tempo e minha atenção recentemente. Quase sem exceção, tinham uma simplicidade marcante. Já mencionei o jogo Canabalt, de Adam Saltsman, que é um exemplo perfeito.[9] Seu objetivo é controlar um homem que está fugindo de uma ambígua ameaça alienígena por uma paisagem urbana futurista, pulando de prédio em prédio, movendo-se cada vez mais rápido à medida que avança. O jogo determina sua velocidade, então tudo o que você tem a fazer é tocar na tela quando quiser que o personagem pule. Durante um voo particularmente turbulento pelo Atlântico, acalmei os nervos jogando Canabalt sem parar. Sua simplicidade o tornava um veículo perfeito para a meditação. Sei que devo ter parecido esquisito, porque já vi um amigo meu jogando Canabalt. Seu rosto estava contorcido de concentração, o corpo completamente imóvel, a não ser pelo dedo indicador, que se movia de maneira exagerada para cima e para baixo conforme fazia o personagem pular — devagar no começo, depois mais rápido, à medida que o jogo continuava. Não existe final — você pode jogar para sempre se tiver uma capacidade sobre-humana —, e Saltsman é considerado o criador de um novo gênero de jogos chamado "*endless runners*" (corredores infinitos). Em uma entrevista para a *New Yorker*, o designer de games Luke Muscat recordou: "Eu me lembro de jogar Canabalt e pensar: *Como ninguém pensou nisso antes?"*. Como que para enfatizar a simplicidade do jogo, Saltsman escolheu o nome ao escutar o sobrinho de seis anos fundir as palavras "*cannonball*" (bala de canhão) e "*catapult*".

Por décadas, video games foram jogados por adolescentes e por adultos que nunca cresceram. Isso não é mais verdade, porque os jogadores não precisam de consoles ou de muito tempo livre. Os smartphones mudaram completamente o universo dos jogos eletrônicos. Considere o FarmVille, jogo que o WoW embutiu em sua plataforma. "FarmVille era absurdamente popular", disse Frank Lantz, diretor do Game Center da Universidade de Nova York. Cerca de um a cada dez americanos já jogou FarmVille e durante dois anos ele foi o jogo mais popular no Facebook. Os jogadores eram incumbidos de construir uma fazenda cuidando de plantações e animais virtuais. O jogo era viciante e predatório: depois que construíam a fazenda, o jogador tinha que voltar a intervalos preestabelecidos para irrigar suas plantações. Se as plantações morressem, coisa que acontecia para milhões de jogadores cujas vidas e horários de sono às vezes os impediam de voltar ao FarmVille, podia-se pagar para "desmurchar" a colheita. As pessoas gastavam somas não reveladas para reparar sua negligência. A *Time* chamou o jogo de uma das cinquenta piores invenções de todos os tempos, porque sua "série de tarefas sem sentido" era viciante demais.[10] "O Harvest Moon era muito similar ao FarmVille", disse Lantz, "mas era preciso ter um console do Super Nintendo para jogar. Bom, essas pessoas que jogam FarmVille não precisam de console e para elas não tem cabimento se acomodar diante de uma televisão e jogar Harvest Moon. Mas aqui está um jogo que se pode jogar por cinco minutos no trabalho ou sempre que quiser relaxar um pouco. Em certo sentido, ele é muito parecido com um gênero já existente, mas com um novo ritmo que se encaixa no estilo de vida dessas pessoas. O FarmVille apresentou gente que nunca havia jogado, e não se via como gamer, a algumas das propriedades fundamentais que tornam os jogos divertidos."

Os especialistas talvez tenham acreditado que os games eram fundamentalmente mais atrativos para homens do que para mulheres, mas essa diferença se revelou cultural. Agora que os smartphones se tornaram um veículo para jogos, muitos aplicativos populares, como FarmVille, Kim Kardashian's Hollywood e Candy Crush, são jogados mais por mulheres do que por homens. Você só precisa do ambiente certo — e da remoção de barreiras que impedem os iniciantes de fazer a primeira tentativa — para descortinar um segmento novo em folha de viciados que não se parecem em nada com os viciados que vieram antes deles.

Kimberly Young, uma psicóloga que trabalha em um pequeno hospital regional em Bradford, Pensilvânia, cunhou a expressão "vício em internet" em 1995 e, em 2010, abriu o Centro para Vício em Internet — primeiro centro de tratamento hospitalar do país para esse problema.[11] A maioria dos viciados em internet é fissurada por jogos. "Em meados de 2000, conforme a infraestrutura da web melhorava, o vício em internet se tornou um problema muito maior", disse Young. "Mas as mudanças mais significativas foram, de longe, a introdução do iPhone e depois do iPad, em 2010." Os jogos se tornaram móveis, disponíveis a qualquer momento para qualquer um com um smartphone. Em vez de um bando de adolescentes do sexo masculino, Young se viu subitamente tratando pessoas de ambos os sexos, de todas as idades e tipos de personalidade. O que poupara essas pessoas do vício em internet foi que os video games eram, em grande parte, pouco acessíveis. Você tinha que decidir comprar um console e precisava de horas e mais horas de tempo livre em mãos. À exceção dos adolescentes, a maioria ficava de fora por um motivo ou outro. "Todo mundo hoje tem um tablet, iPhone ou smartphone, e isso transcende as gerações", contou Young. "Foi assim que minha carreira explodiu." Young afirma que os primeiros chamarizes para conquistar iniciantes são apenas o começo. As experiências mais cativantes conservam seu apelo no longo prazo, fornecendo benefícios não só para novatos, mas também para veteranos.

O Super Mario Bros. de Miyamoto apelava para os novatos, é claro, mas também continha tesouros escondidos para jogadores mais experientes. A primeira fase do jogo oferecia um túnel secreto que dava aos mais calejados um atalho para o fim via uma câmara subterrânea cheia de moedas. O túnel lhes permitia pular o tutorial embutido no jogo por Miyamoto e também recompensava a persistência deles com uma série de sons tilintantes conforme Mario pegava as moedas escondidas. Como Miyamoto escondeu parte dos atrativos de todo mundo, menos dos jogadores mais devotos, muitos fãs antigos continuam a voltar ao Super Mario três décadas após seu lançamento.

7. Escalada

Segundo o Google Books, há mais de 30 mil livros sobre "tornar a vida mais fácil". Esses livros focam uma profusão de assuntos, incluindo relacionamentos românticos, gerenciamento das finanças pessoais, sucesso no trabalho, vendas no eBay, formação de redes de contato profissionais, a vida da mulher moderna, cuidados com os filhos, perda de peso, ganho de peso, manutenção de peso, como fazer provas, como fazer animações, programação de computadores, invenção de produtos, como ficar rico rapidamente, como dançar, como ser saudável, como ser feliz, como viver uma vida significativa, como adquirir bons hábitos, como se livrar dos maus hábitos e centenas de outros. Esses livros sugerem que a existência humana é árdua e que seríamos mais felizes e bem de vida se pudéssemos aprender a substituir a dificuldade pela facilidade. Mas a maioria dessas obras não foi escrita por pessoas que enfrentaram grandes dificuldades, e há poucas evidências de que pessoas com uma vida regular se tornam mais felizes quando desafios são substituídos por comodidade. Sabemos disso porque as pessoas não parecem abraçar a comodidade quando têm escolha.

No verão de 2014, oito psicólogos publicaram um artigo na influente revista *Science* sobre como as pessoas reagem ao terem a chance de adotar a comodidade.[1] Em um estudo, pediram a um grupo de universitários para sentar em silêncio por dez ou vinte minutos. "Seu objetivo", disseram, "é se entreter com os próprios pensamentos da melhor forma possível. Ou seja, passar por uma experiência agradável, em vez de passar o tempo concentrado em atividades cotidianas ou coisas negativas." É difícil imaginar um experimento psicológico sendo menos penoso. (O primeiro experimento que realizei, quase quinze anos atrás, foi projetado para mensurar como as pessoas se comportavam quando estavam tristes. Submeti cem alunos à cena em *O campeão* em que um jovem Ricky Schroder chora quando o pai, interpretado por Jon Voight, morre em seus braços. A cena é normalmente lembrada como "a mais triste já filmada", e até os alunos mais animados estavam comovidos quando saíram do laboratório. Então pedir às pessoas que se sentem calmamente com seus pensamentos agradáveis não é tão ruim.)

Os experimentadores acrescentaram algo a mais ao experimento. Ligaram os alunos a uma máquina que administra choques elétricos e lhes deram um choque de amostra para demonstrar que a experiência não é agradável. Não é nenhuma dor excruciante, mas fica entre uma injeção e uma forte dor de dente. Pouco antes de deixar a sala, o experimentador disse aos alunos que o choque elétrico ficaria disponível enquanto meditavam tranquilamente, que podiam recebê-lo outra vez se quisessem, mas que "levar ou não levar um choque depende apenas de vocês — a escolha é sua".

Um aluno — do sexo masculino, caso você esteja curioso — deu um choque em si mesmo 190 vezes. Isso corresponde a uma vez a cada seis segundos, por vinte minutos. Ele foi um ponto fora da curva, mas dois terços dos alunos homens e cerca de uma em cada três alunas se deram um choque ao menos uma vez. Muitos fizeram isso mais de uma vez. Todos experimentaram a força do choque antes de começar o experimento, de modo que não era simples curiosidade. Eles próprios admitiram, em um questionário feito apenas alguns minutos antes, que não acharam a experiência agradável. Assim, preferiam suportar o desconforto de um choque à experiência de ficar sentados em silêncio com seus pensamentos. Nas palavras dos pesquisadores, "a maioria prefere fazer alguma coisa em vez de não fazer nada, mesmo que seja algo negativo". Como 30 mil livros nos dizem, talvez estejamos à procura de uma vida mais confortável em algum nível — mas muitos de nós preferem interromper um período de leve amenidade com uma dose de tribulação moderada.

David Goldhill explicou por que dificuldade em algum grau é essencial. "As pessoas não entendem por que estrelas de cinema muitas vezes se sentem infelizes", disse Goldhill. "Imagine conquistar uma garota toda noite e nunca pagar por uma refeição. Um jogo em que você sempre vence é entediante para a maioria." O jogo descrito por Goldhill soa atraente à primeira vista, mas logo cansa. Até certo ponto, todos nós precisamos de perdas, dificuldades e desafios, porque sem isso a satisfação com o sucesso enfraquece gradualmente a cada nova vitória. É por isso que as pessoas passam horas preciosas de seu tempo livre fazendo palavras cruzadas difíceis e escalando montanhas perigosas — porque a dificuldade do desafio é muito mais atraente do que a certeza do triunfo. Essa sensação de dificuldade é um ingrediente de muitas experiências que levam ao vício, incluindo um dos jogos mais simples e viciantes de todos os tempos: Tetris.

Em 1984, Alexey Pajitnov estava trabalhando em um laboratório de computadores na Academia Russa de Ciências, em Moscou.[2] Muitos cientistas do laboratório tocavam projetos paralelos, e Pajitnov começou a trabalhar em um video game. O jogo tomava emprestado elementos do tênis e de uma versão do dominó com quatro quadrados chamada tetrominó, por isso Pajitnov combinou essas palavras para formar o nome Tetris. Pajitnov trabalhou no Tetris por muito mais tempo do que planejara, pois não conseguia parar de jogá-lo. Seus amigos se lembram dele acendendo um cigarro atrás do outro e andando para cá e para lá pelo piso de cimento encerado do laboratório.

Em uma entrevista dez anos após o lançamento do jogo, Pajitnov relembrou: "Você nem imagina. Eu não conseguia terminar o protótipo! Comecei a jogar e nunca tinha tempo de finalizar o código". No fim, Pajitnov permitiu que seus amigos na Academia de Ciências jogassem. "Deixei outras pessoas jogarem e percebi que eu não era o único doido! Todo mundo que colocava a mão no jogo não conseguia mais parar. As pessoas só ficavam jogando, jogando, jogando. Meu melhor amigo disse: 'Não consigo mais viver seu o seu Tetris'." Seu melhor amigo, Vladimir Pokhilko, um ex-psicólogo, lembrou de levar o game para seu laboratório no Instituto Médico de Moscou. "Todo mundo parou de trabalhar. Então deletei o jogo de todos os computadores. Todos voltaram ao trabalho, até uma nova versão aparecer no laboratório." O chefe de Pajitnov, Yuri Yevtushenko, que dirigia o Centro de Computadores na Academia Russa de Ciências, lembra que a produtividade desabou. "O jogo era irresistível, e muitos funcionários nossos se deixaram levar, em detrimento de suas tarefas."

O Tetris passou da Academia de Ciências para o resto de Moscou e se espalhou pela Rússia e pela Europa Oriental. Dois anos mais tarde, em 1986, o jogo chegou ao Ocidente, mas o grande sucesso veio em 1991, quando a Nintendo assinou um contrato com Pajitnov. Todo Game Boy viria com um cartucho gratuito contendo uma versão redesenhada do Tetris.

Nesse ano economizei dinheiro e consegui comprar um Game Boy, e foi aí que acabei jogando Tetris pela primeira vez. Não parecia tão atrativo quanto alguns dos meus games favoritos, mas, como Pajitnov, joguei por horas a fio. Às vezes, quando pegava no sono, imaginava os blocos caindo e formando fileiras completas — uma experiência muito comum conhecida como Efeito Tetris, que afeta quem joga um game animado por longos períodos. A Nintendo foi esperta ao incluir o jogo em seu novo console portátil, porque ele era fácil de aprender e muito difícil de largar. Presumi que com o tempo me cansaria, mas de vez em quando ainda jogo Tetris hoje em dia, mais de 25 anos depois. O jogo é longevo porque cresce junto com você. É fácil no começo, mas vai ficando mais difícil à medida que você melhora. As peças caem do alto mais rapidamente e você dispõe de menos tempo para reagir. Essa escalada de dificuldade é um chamariz crucial que mantém o jogo envolvente bem depois de você ter dominado os comandos básicos. Parte do que torna essa progressão prazerosa é que seu cérebro ganha eficiência conforme você melhora. De fato, em 1991 o *Guinness Book of Records* reconheceu o Tetris como "o primeiro game a melhorar o funcionamento e a eficiência cerebrais". Essa alegação foi baseada numa pesquisa feita pelo psiquiatra Richard Haier, que trabalhava na Universidade da Califórnia.

Em 1991, Haier queria saber se, com um pouco de prática, nossos cérebros podiam melhorar em tarefas mentais difíceis. Decidiu observar pessoas aprendendo a jogar video game, embora não soubesse muita coisa sobre o que havia de mais avançado nesse universo. "Em 1991, ninguém tinha ouvido falar do Tetris", disse em uma entrevista alguns anos depois. "Fui à loja de computadores para ver o que tinham e o cara me disse: 'Aqui, experimenta isso. Acabou de chegar'. Tetris era o jogo perfeito, simples de aprender, requeria prática para dominá-lo e havia uma boa curva de aprendizado."

Então Haier comprou alguns cartuchos de Tetris para seu laboratório e observou indivíduos jogando em um experimento. Ele de fato encontrou alterações neurológicas com a experiência — partes do cérebro ficaram mais espessas e a atividade cerebral declinou, sugerindo que o cérebro dos jogadores mais calejados funcionava com maior eficiência — e, o que é mais relevante, descobriu que os indivíduos apreciavam jogar. Eles assinaram um termo se comprometendo a jogar 45 minutos diários, cinco dias por semana, durante oito semanas. Foram pelo experimento (e pelo dinheiro que recebiam por participar), mas ficaram por causa do jogo.

Uma característica gratificante do game é a sensação de que você está construindo alguma coisa — que seus esforços produzem uma torre agradável de tijolos coloridos. "Você tem o caos chegando com peças aleatórias e seu trabalho é colocá-las em ordem", disse Pajitnov. "Mas assim que o jogador constrói a linha perfeita, ela desaparece. Só o que resta é o que ainda está por completar." Mikhail Kulagin, amigo de Pajitnov e colega programador, lembra-se de sentir um forte impulso de corrigir seus erros. "Tetris é um jogo com motivação negativa muito forte. Você nunca vê o que fez de bom, mas seus erros são visíveis na tela. E você sempre quer corrigi-los." Pajitnov concordou. "O que dói de ver são seus erros grosseiros. E isso o impele a corrigi-los o tempo todo." O jogo oferece a breve emoção de ver as linhas completas piscarem antes de desaparecer, deixando apenas o que deu errado. Então você começa outra vez e tenta completar uma nova linha à medida que o jogo acelera e seus dedos são forçados a se mover freneticamente pelos botões.

Pajitnov e Kulagin foram estimulados por essa sensação de perícia, que se revela profundamente motivadora. Em um experimento conduzido pelos professores de uma escola de negócios Michael Norton, Daniel Mochon e Dan Ariely, os alunos iam ao laboratório e tinham que montar uma caixa organizadora preta da IKEA, ou topavam com uma caixa já montada a sua espera.[3] Os pesquisadores perguntavam aos alunos quanto estavam dispostos a pagar pela caixa organizadora (com o combinado de que podiam de fato ser obrigados a pagar tal quantia). Os que montaram a caixa ofereceram 63% a mais do que os alunos que faziam uma oferta pela caixa já montada. Estavam fazendo uma oferta exatamente pelo mesmo item. Essa diferença — 78 centavos versus 48 centavos — representa o valor que as pessoas dão a sua própria criação. Em outro experimento, os alunos estavam dispostos a pagar cinco centavos pelo origami amador feito por alguém, mas 23 centavos — mais de quatro vezes — pelo próprio origami (igualmente amador). Quando lhes pediram que fizessem uma oferta pelo origami feito por especialistas, que eram claramente muito mais impressionantes, ofereceram apenas 27 centavos — meros quatro centavos a mais por um produto muito superior. Outros estudos mostram que também somos compelidos a montar mais Legos quando os produtos finalizados — fruto de nosso empenho na montagem — são deixados em algum lugar à vista, e não removidos assim que os terminamos. A sensação de criar algo que exige trabalho, esforço e conhecimento é uma força central por trás de atos viciantes que podem de outro modo perder seu brilho com o tempo. Também realça uma diferença traiçoeira entre vício por substância e vício comportamental: enquanto os vícios por substância são ostensivamente destrutivos, muitos vícios comportamentais são atos destrutivos silenciosamente envoltos em mantos de criação. A ilusão de progresso o conforta à medida que você alcança pontuações elevadas, conquista mais seguidores ou passa mais tempo no trabalho, e assim você tem ainda mais dificuldade para se livrar da necessidade de continuar.

Seis décadas antes de Pajitnov lançar o Tetris, um psicólogo russo chamado Lev Vygotsky estudava como as crianças adquirem novas habilidades. Como Pajitnov, Vygotsky passou a maior parte de seus anos produtivos na Universidade Estatal de Moscou. Ele era judeu, o que constituía uma significativa desvantagem até para os mais brilhantes estudantes que pleiteavam uma vaga na universidade. Mas Vygotsky teve sorte, obtendo a sua vaga mediante a "loteria judaica" anual da universidade, que decidia quais candidatos judeus preencheriam a cota de "não mais que 3%". Infelizmente, Vygotsky seria acometido por uma série de doenças e morreu aos 37 anos. Mas foi incrivelmente produtivo durante sua curta vida, e uma de suas maiores contribuições explica por que Pajitnov e os colegas ficaram tão atraídos pelo Tetris.

Vygotsky explicou que as crianças aprendem melhor, e ficam mais motivadas, quando o material que estão estudando está *só um pouco* além do alcance de sua capacidade naquele momento.[4] No contexto da sala de aula, isso significa que um professor as orienta para superar o obstáculo representado pela tarefa, mas não de forma tão autoritária a ponto de fazer as crianças sentirem que suas atuais habilidades não são úteis em obter a solução. Vygotsky chamou isso de "zona de desenvolvimento proximal", que representou neste simples diagrama:

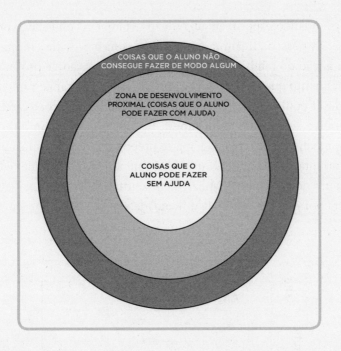

Os adultos não são conduzidos por um professor quando estão jogando — mas um jogo bem projetado cria a ilusão de ser ensinado. (Lembre-se da primeira fase do Super Mario Bros., de Shigeru Miyamoto, que ensinava os iniciantes a fazer o básico.) Pessoas que jogam Tetris, independentemente de suas capacidades, passam a maior parte do tempo na zona de desenvolvimento proximal. Assim como os indivíduos de Richard Haier, elas se esforçam no nível mais rudimentar do jogo até desenvolverem aos poucos um senso de perícia que lhes permite jogar o segundo nível, e depois o terceiro, e assim por diante. A dificuldade do jogo vem numa escalada, mas a capacidade dos jogadores acompanha esse ritmo — ou melhor, fica apenas um pouco aquém da proficiência do nível mais difícil que conseguiram atingir.

A zona de desenvolvimento proximal é profundamente motivadora. Não apenas se aprende de forma eficaz; também se aprecia o processo. Em 1990, um psicólogo húngaro chamado Mihaly Csikszentmihalyi (a pronúncia é algo como "mi-hai chick-sent-mi-hai") publicou *Flow* [Fluxo], seu livro clássico sobre os benefícios psicológicos de dominar um desafio. Csikszentmihalyi notara que muitos artistas ficavam profundamente envolvidos em seu fazer artístico — de tal forma que passavam horas e horas sem sentir sede ou fome. Como explicou o psicólogo, quando experimentam o fluxo — também conhecido como entrar na *zona* —, as pessoas ficam tão mergulhadas na atividade em questão que perdem a noção do tempo. Alguns relatam uma sensação de profunda alegria ou arrebatamento quando entram na zona; uma euforia rara e prolongada que parece aflorar com segurança apenas nessas atípicas situações caracterizadas por desafios e a capacidade de superá-los por pouco. (Como reconheceu Csikszentmihalyi, o fluxo tem sido parte preponderante de muitas filosofias e religiões orientais por séculos. Sua maior contribuição foi refinar e traduzir a ideia para um novo público.) Mihaly Csikszentmihalyi criou um diagrama útil que mostra por que a escalada da dificuldade é parte tão importante do fluxo:

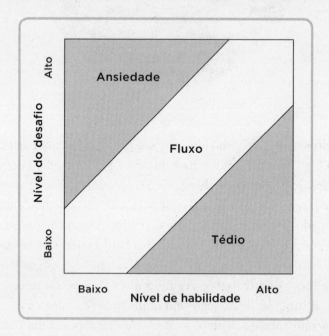

O fluxo — essa faixa que vai da área inferior esquerda à área superior direita do diagrama — descreve a experiência de lidar com um desafio moderado usando sua capacidade para dominá-lo. Ambos os ingredientes são essenciais. Se a sua capacidade está aquém do desafio, você sente ansiedade; se está além, fica entediado.

No contexto dos jogos, os especialistas chamam essa sensação de *loop lúdico*. Você entra em um loop lúdico quando, cada vez que aprecia a breve emoção de resolver um elemento de determinado enigma, uma parte nova e incompleta se apresenta. O loop lúdico pode ser encontrado em video games desafiadores, palavras cruzadas difíceis, tarefas repetitivas mas estimulantes no trabalho, caça-níqueis que concedem ganhos baixos em meio a muitas perdas, e inúmeras outras atividades imersivas. Loops lúdicos, como todas as experiências de fluxo, são muito poderosos.

Quando visitei o reSTART, o centro de vício em internet, perguntei a uma das pessoas que fundaram o projeto, Cosette Rae, se também já fora viciada em jogos. Ela teve a sorte de ter nascido alguns anos antes dos jovens que trata hoje em dia. "Se eu tivesse nascido dez anos depois, poderia ter desenvolvido um vício. Lembro-me de jogar um game chamado Myst. Era lindo! Mas também era lento e travava, e eu ficava, tipo, tenho mais o que fazer."[5] Também me lembro do Myst. Era um RPG de aventura com cenários deslumbrantes. E também um pouco tosco, porque a memória dos PCs do início da década de 1990 não dava conta de rodar adequadamente seus gráficos e sons. Em 2000, uma revista chamada *IGN* publicou uma coluna intitulada "O jogo para PC mais vendido do mundo ainda vale a pena ser jogado?". Sua conclusão: não. Myst havia envelhecido mal, e jogá-lo "era como assistir a um programa de TV dos anos 1970. 'As pessoas viam isso?', você se perguntaria, horrorizado". Os pacientes no reSTART hoje jogam games inspirados no Myst e em seus contemporâneos. A grande diferença é que rodam bem, os gráficos são perfeitos e o jogador quase nunca é obrigado a reiniciar o computador.

O que os gamers veem como progresso, Rae considera um perigo. Sua experiência com o Myst a inspirou, quinze anos depois, a criar barreiras que interrompam a formação de loops lúdicos. Ela não quer ver a experiência do fluxo ocorrendo em relação a jogos, celulares, e-mails e internet.

Se analisarmos por que as pessoas passam a usar essas coisas com menos frequência, percebemos que é a partir do momento em que as coisas se tornam irritantes — um obstáculo. Se antes eu comprava o gadget mais recente e moderno, o software mais recente e moderno, aprendi, em uma estratégia de redução de danos, a esperar dois ou três anos para comprar um produto. A parte de nós que se viciou quer mais poder e mais velocidade, maior acessibilidade, o mais recente e melhor. Então passei a dar um tapinha nas costas do meu eu não viciado e dizer: "bom trabalho" — você não comprou o novo iPhone, não fez upgrade em seu computador.

* * *

Nem todo mundo evita a tentação com tamanha perseverança. Assim como Alexey Pajitnov trinta anos antes, um designer de jogos irlandês chamado Terry Cavanagh jogava um dos próprios games sem parar.[6] Cavanagh é um designer prolífico, mas é mais conhecido por um jogo chamado Super Hexagon. O jogo pertence a um gênero conhecido como "*twitch*" (espasmo), porque exige que o usuário desenvolva reflexos e reações motoras quase sobre-humanos. Sua tarefa é guiar uma pequena seta em torno de um caminho circular no centro da tela, levando-a sempre para as pequenas aberturas de paredes que se fecham, em pelo menos sessenta segundos. Ao contrário de muitos jogos que viciam, esse não faz nenhum afago no iniciante — é difícil desde a primeira fase. (Imagine começar o Tetris no nível 8, em vez do nível 1.) Até o mais lento dos seis níveis do jogo é implacável, e tive que jogar por horas para conseguir completar esse nível. (Nunca consegui passar do terceiro nível.) O Super Hexagon é tão difícil que alguns designers o chamam de "masocore" — masoquismo hard-core!

Quando refinava o Super Hexagon em 2011 e 2012, Cavanagh o jogou sem parar. Ele notou que estava melhorando rapidamente — assim como Pajitnov com as primeiras versões do Tetris. O que no começo parecia difícil ficava fácil com a prática, e essa sensação de perícia era viciante. "Acho que quem conseguir terminar o primeiro modo e estiver a fim consegue terminar o jogo completamente", disse Cavanagh durante uma entrevista. "Vi isso acontecer com pessoas fazendo testes na versão beta — elas pensavam *bom, é difícil demais para mim*, e daí chegavam a um ponto em que seus reflexos estavam bons o suficiente e compreendiam o jogo bem o bastante de modo a conseguir terminá-lo de fato. Essa é a ideia do jogo. Deve ser um desafio a ser superado."

O jogo foi um grande sucesso na comunidade de games indie e ganhou diversos prêmios importantes em 2012 e 2013. Mas, apesar de conquistar uma legião de fãs, Cavanagh largara na frente e parecia ser o melhor jogador de Super Hexagon do mundo. Em setembro de 2012, numa conferência chamada Fantastic Arcade, ele jogou o nível mais difícil do game diante de um grande público. Seu desempenho impressionante pode ser visto no YouTube. Durante 78 segundos, ele realiza uma série de movimentos ágeis que são difíceis até de acompanhar, que dirá de fazer. A pequena seta pula de um lado para o outro na projeção atrás de Cavanagh e o público o observa zerar o jogo.

144

Ele comemora, dizendo com calma e certa timidez: "Agora uma porcentagem muito maior de pessoas conseguiu enfim ver como o jogo acaba".

No começo, Super Hexagon parece difícil demais para ser atrativo, mas Cavanagh incluiu no jogo uma série de chamarizes para impedir que o novato desista. A duração média no início é de apenas alguns segundos e raramente leva mais de um minuto, o que significa que a pessoa nunca gasta muito tempo e muita energia numa única tentativa. "Como ele é tão curto, espero que seja convidativo", disse Cavanagh. "Estou realmente feliz com o funcionamento desse aspecto do jogo. Você nunca sente de verdade que está deixando de progredir, mesmo perdendo no fim de uma tentativa, aos 59 segundos. O gamer simplesmente recomeça, porque o jogo é ajustado de modo a não parecer uma derrota." Assim que termina, o Super Hexagon recomeça sem pausa. Ele não lhe dá tempo de remoer o fracasso e antes que se dê conta, você já está concentrado numa nova tentativa, como se o caminho de insucessos que veio antes nunca tivesse ocorrido. O loop lúdico é preservado e você nunca é tirado do seu fluxo. A música do jogo exerce o mesmo efeito. "A música se inicia de um ponto aleatório quando você recomeça o jogo", disse Cavanagh. "Se a música reiniciasse sempre, toda vez que você morresse se sentiria, tipo, *ai, perdi, preciso voltar para o começo de novo*. É muito importante que você não se sinta desse jeito, que não sinta que perdeu."

Havia mais uma coisa no Super Hexagon que me cativou: a sensação de a vitória estar logo ali, ela era iminente. Claro que minhas centenas de tentativas redundaram em fracasso no começo, mas eu sentia o tempo todo que, não fosse por um deslizar do botão do mouse, teria conseguido desviar a pequena seta pela abertura da parede se fechando. Eu estava certo de que terminaria o nível a tempo. Quase vitórias como essas, em que você tem certeza de estar perto de vencer, a despeito de perder por pouco, são muito viciantes — na verdade, muitas vezes, bem mais do que vitórias genuínas.

Sabemos disso por um artigo que dois professores de marketing publicaram em 2015.[7] Em um experimento, eles pediram a um grupo de indivíduos que raspasse bilhetes de loteria. As raspadinhas que continham o número oito seis vezes seguidas rendiam aos sortudos um prêmio de vinte dólares. Os experimentadores projetaram os bilhetes de modo a oferecer um triunfo (ver imagem à esquerda, embaixo), um quase triunfo (centro) ou uma clara derrota (direita, em cima):

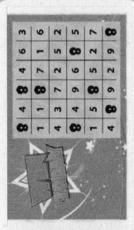

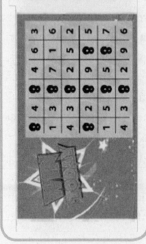

A maioria raspava os cartões a partir do canto superior esquerdo, indo em direção ao canto inferior direito, o que significava que rapidamente descobriam ter perdido na condição de "clara derrota". Os indivíduos nas duas outras condições começavam muito bem, mas os vitoriosos acabavam ganhando e os quase vitoriosos perdiam quando chegavam à última fileira. Nesses e em outros estudos, os participantes do experimento faziam uma nova atividade após ganhar ou perder o jogo, enquanto os pesquisadores furtivamente monitoravam seu comportamento. Os que haviam quase ganhado ficaram mais motivados e determinados, independentemente do que estivessem fazendo. Eles compravam mais produtos nas lojas, ordenavam uma pilha de cartões numerados com mais rapidez e eficiência e andavam mais rápido para receber um prêmio não relacionado. Os pesquisadores descobriram até que sua salivação era maior após uma quase vitória do que após uma clara derrota. A experiência de quase ganhar nos incendeia e nos leva a fazer alguma coisa — qualquer coisa — para atenuar a sensação de decepção que acompanha uma derrota no último instante. Outros pesquisadores descobriram padrões semelhantes, sugerindo, por exemplo, que apostadores preferem jogos que contenham quase vitórias em 30% do total de tentativas, a jogos que oferecem quase vitórias em 15% ou em absolutamente nenhuma tentativa.

Quase vitórias sinalizam que o sucesso está logo ali. Foi por isso que continuei jogando Super Hexagon mesmo após inúmeros fracassos. No contexto de um jogo de habilidade, isso faz todo sentido — uma quase vitória envia um sinal útil de que você está próximo do triunfo. Com prática e determinação, a conquista desse objetivo se torna mais provável. Mas às vezes esse sinal não significa nada, especialmente quando o jogo depende apenas da sorte. Como afirmou a antropóloga Natasha Dow Schüll, é assim que os cassinos fisgam os apostadores. Vitórias em caça-níqueis parecem irresistivelmente próximas, quando na verdade não existe diferença entre uma quase vitória e uma clara derrota. Nenhuma delas sinaliza que o jogador tenha mais ou menos probabilidade de tirar a sorte grande no futuro, uma vez que é ilegal mudar as chances de vencer em qualquer lance particular.[8]

O segundo maior problema com as máquinas caça-níqueis é que elas o seduzem. Ninguém consegue passar por um caça-níqueis bem projetado sem parar e dar uma rápida olhada. O maior problema, porém, é que essas máquinas se recusam a permitir que você pare de jogar se tiver começado. O que elas fazem de melhor é suprimir o bom senso que determina quando parar.

Durante a década de 1990, o psicólogo Paco Underhill assistiu a milhares de horas de vídeos de segurança gravados no comércio varejista.[9] As câmeras capturaram todo tipo de comportamento de consumo, a maioria comuns, mas alguns interessantes e úteis para os donos das lojas que haviam procurado a ajuda de Underhill. Uma de suas observações mais famosas ficou conhecida como "efeito de roçar o traseiro" (*butt-brush effect*). Em lojas muito apertadas, onde as gôndolas com mercadorias ficam próximas, os clientes são obrigados a se espremer para passar por outras pessoas. A filmagem de Underhill capturou centenas desses contatos não intencionais e notou um padrão de comportamento interessante: assim que recebiam um toque sem intenção em alguém, as mulheres — e em menor medida os homens — tendiam a parar de olhar os produtos e com frequência deixavam a loja sem levar nada. O *butt-brush* estava custando muito dinheiro para o comércio, de modo que ele designou uma equipe para investigar a causa. Os clientes estariam deixando o estabelecimento como uma forma de protesto? Estavam incomodados com a ideia de encostar em estranhos? Na verdade, as pessoas não faziam a menor ideia de que estavam reagindo a um contato físico. Admitiam que estavam indo embora da loja, mas quase sempre diziam que não tinha a ver com a presença dos demais fregueses. Às vezes, apresentavam boas razões para sair — estavam atrasados para uma reunião ou precisavam pegar os filhos na escola —, mas o padrão era simplesmente forte demais para ser desconsiderado. O que Underhill identificara era uma "regra de desistência" (*stopping rule*) — uma deixa que dizia aos consumidores que parassem de comprar. A regra não era algo que os fregueses conseguiam explicar, mas estava ali, orientando seu comportamento mesmo assim.

Tendemos a negligenciar as regras de desistência porque, muitas vezes, parece mais importante, no curto prazo, questionar por que as pessoas começam a fazer algo novo do que questionar por que pararam de fazer algo antigo. Se você está vendendo alguma coisa, sua primeira pergunta é como encorajar as pessoas a usar seu produto, mais do que como impedir que elas transfiram o interesse para um produto diferente. Se você é um médico que quer encorajar os pacientes a se exercitar, sua primeira pergunta é como fazer com que comecem a malhar — não como convencê-los a continuar. E se é um professor, sua primeira dúvida é como incentivar os alunos a estudar, não como estimulá-los a continuar estudando ao longo do tempo. É preciso perguntar por que as pessoas começam, antes de perguntar por que param, mas as regras de desistência desempenham um papel imenso e às vezes negligenciado na motivação de comportamentos viciantes e compulsivos.

Infelizmente, as mesmas tecnologias novas que tornam a vida mais fácil também desorganizam nossas regras de desistência. Aparelhos de vestir como o Apple Watch e o Fitbit permitem o acompanhamento de exercícios, mas também desestimulam a prestar atenção nos sinais de cansaço que o corpo emite. Tanto Katherine Schreiber quanto Leslie Sim, as especialistas em vício em exercício que mencionei antes, acham que dispositivos de vestir agravam o problema. "A tecnologia desempenha um papel na medida em que reforça a mentalidade calculista", contou-me Schreiber. "Ela reforça até que ponto você presta atenção em caminhar determinada quantidade de passos ou ter determinado número de horas de sono REM, por exemplo. Nunca usei um dispositivo desses porque sei que me deixaria maluca.[10] É um gatilho para todo tipo de comportamento viciante." Leslie Sim comparou o uso do Fitbit à contagem de calorias numa dieta, que "não ajuda nem um pouco a perder peso; só serve para nos deixar mais obsessivos". A contagem de calorias nos torna menos intuitivos quanto ao que estamos comendo, e Sim questionava ainda se a tecnologia de vestir nos tornou menos intuitivos acerca da atividade física. Alguns pacientes seus dizem coisas como: "Se pelo menos eu tivesse andado 14 mil passos hoje... mesmo estando exausto e precisando descansar, tenho que sair e caminhar meus 2 mil passos extras". Esses resultados também são preocupantes, pois a abordagem mais salutar para se exercitar com moderação e comer bem é apreciar ambas as coisas — cultivar o hábito intrínseco de priorizar salada e fazer meia hora de caminhada, em vez de se alimentar de hambúrgueres e levar uma vida sedentária. Infelizmente, contar calorias e passos afasta a motivação intrínseca ao sinalizar que você só é saudável porque está tentando ir ao encontro de metas quantitativas.

A mesma tecnologia que leva as pessoas a se exercitar em excesso também as prende ao escritório 24 horas por dia.[11] Até recentemente, esquecíamos do trabalho ao voltarmos para casa, mas agora, com a presença de smartphones, tablets, internet, e-mails que nos encontram onde quer que estejamos, essa regra de desistência está obsoleta. Desde o fim dos anos 1960, mas sobretudo nas duas últimas décadas, trabalhadores japoneses falam sobre *karoshi*, literalmente, "morrer de tanto trabalhar". O termo se aplica especialmente aos executivos de médio e alto escalão que não conseguem largar o trabalho no fim do dia. Como resultado, sofrem morte prematura por derrame, ataque cardíaco e outras enfermidades induzidas por estresse. Em 2011, por exemplo, a mídia noticiou a morte de um engenheiro em sua mesa de trabalho numa empresa de tecnologia chamada Nanya. O engenheiro trabalhava entre dezesseis e dezenove horas por dia, às vezes de casa, e uma autópsia sugeriu que a causa mortis fora "choque cardiogênico".

Um tema recorrente nos casos de *karoshi* é a vítima passar muito mais tempo no trabalho do que necessário. Em geral são pessoas bem-sucedidas com dinheiro mais do que suficiente. Não são obrigadas a trabalhar horas a mais para se sustentar, mas por algum motivo parecem não conseguir parar. Em 2013, Chris Hsee, professor da escola de negócios na Universidade de Chicago, escreveu um artigo com três colegas sobre por que as pessoas têm regras de desistência tão fracas em relação ao trabalho. Em um experimento, os pesquisadores ofereciam a universitários a oportunidade de ganhar chocolates. Durante o experimento, os alunos eram apresentados a duas opções: escutar música agradável e relaxante, ou aguentar um som irritante. Alguns ganhavam um chocolate a cada vinte vezes que escutavam o som. Como isso era desagradável e eles recebiam chocolate no fim (uma espécie de salário), os pesquisadores consideravam uma forma de trabalho. Em média, os alunos ganharam dez chocolates, o que parece um bom resultado — até você perceber que comeram apenas quatro chocolates, em média, ao fim do experimento. Uma vez na esteira da remuneração salarial, não conseguiam mais parar, mesmo que tivessem o suficiente. Mostraram-se tão indiferentes às regras de desistência que passavam tempo demais trabalhando e tempo insuficiente se divertindo. Como descobriu Kent Berridge, o neurocientista apresentado no capítulo 3, as pessoas às vezes continuam adotando um comportamento muito depois de ele ter parado de lhes trazer alegria. Os alunos, uma vez sintonizados no modo trabalho, pelo visto não conseguiam parar nem quando os benefícios de trabalhar diminuíam. No fim do artigo, os pesquisadores especularam que:

> Ganhar muito talvez seja um [princípio básico] generalizado demais. Durante a maior parte da história humana, o nível da remuneração foi baixo. Ganhar dinheiro e acumular o máximo possível era uma [regra] funcional para a sobrevivência; os indivíduos não precisavam se preocupar em ganhar demais, porque não podiam ganhar demais. [...] Como comer em excesso, ganhar em excesso é um problema da era moderna originado pelos avanços na produtividade, e acarreta muitos custos para os seres humanos.

Podemos ver essa mesma depreciação das regras de desistência também em outros lugares. Até bem recentemente, os apostadores colocavam notas nos caça-níqueis, mas hoje em dia usam cartões que registram seus ganhos e suas perdas. Os consumidores, de modo parecido, pagam suas compras com cartões de crédito. Em ambos os casos, é difícil acompanhar as perdas crescentes que poderiam enviar um sinal para interromper o ato se fossem mais óbvias. Em vez de observar o maço de notas na carteira minguar, os consumidores e apostadores usam um único cartão que registra de forma remota e abstrata cada perda e cada gasto.

Em um artigo clássico, os professores de marketing Dražen Prelec e Duncan Simester mostraram que, se estiverem usando cartão de crédito em vez de dinheiro vivo, as pessoas pagam até o dobro do valor por um mesmo item.[12] Cartões de crédito, como caça-níqueis, ocultam todo o feedback, e a pessoa precisa se manter a par do que gastou e do que recebeu. O slogan da

American Express era "Nunca saia de casa sem ele", mas Prelec e Simester tiveram uma boa sacada e o inverteram ao intitular seu artigo de "Sempre saia de casa sem ele".

Escutei muitas vezes histórias parecidas de designers de jogos, que descreviam um movimento crescente pela ética em seu ramo. O diretor do Game Center da NYU, Frank Lantz, contou-me que o FarmVille e outros jogos do Facebook eram bem-sucedidos em parte porque, depois que você ficava vidrado neles, nunca mais largava. "Os jogos do Facebook funcionam 24 horas por dia — são persistentes. Não são jogos em que é necessário começar uma sessão, jogar, depois salvar o resultado, e então voltar mais tarde para começar a sessão outra vez. Simplesmente estão sempre acontecendo, você joga quando quiser." A diversão nunca termina, porque o jogo não impõe sua própria regra de desistência. Não há capítulos, sessões nem fases para dizer quando a hora de jogar começa e quando termina. Bennett Foddy concordava: "Alguns designers são totalmente contra jogos de formato infinito, como o Tetris, por exemplo, porque tiram proveito de uma fraqueza nas estruturas motivacionais das pessoas — elas não conseguem parar. Em vez disso, eles preferem fazer jogos que o cativam até você chegar ao final — daí termina e você está livre".

Alguns games fazem isso de maneira pro forma, advertindo o usuário a parar e descansar depois de jogar por tempo demasiado. Mas essas advertências são inúteis e, em certo sentido, incitam a pessoa a continuar jogando. Joguei um game de estratégia chamado 2048 que, durante dois anos, virou uma febre no metrô de Nova York. (Descobri o jogo perguntando a um passageiro — era a décima pessoa que vira jogando aquilo em questão de dias — o que ele estava jogando.) Uma das telas de apresentação diz "Obrigado. Aproveite o jogo e não se esqueça de fazer uma pausa, se necessário!". Logo abaixo, há um botão que leva para a loja de aplicativos da Apple, onde lhe oferecem uma variedade de games igualmente viciantes, muitos deles projetados pela mesma equipe de designers. A solução, de acordo com os criadores de 2048, é fazer você parar de jogar um jogo oferecendo-lhe uma série de outros como substitutos.

Assim como no caso do Tetris e do 2048, os seres humanos acham o ponto ideal localizado entre "fácil demais" e "difícil demais" irresistível. É o mundo de diversas atividades desafiadoras apenas na medida exata: video games, metas financeiras, ambições profissionais, objetivos nas redes sociais e metas de exercícios. As experiências viciantes habitam esse ponto ideal, onde as regras de desistência desmoronam diante do estabelecimento obsessivo de metas. Especialistas em tecnologia, desenvolvedores de jogos e designers de produtos fazem o ajuste fino em suas mercadorias para assegurar a escalada de complexidade conforme os usuários adquirem entendimento e competência.

8. Cliffhangers*

Um ônibus derrapa numa estrada montanhosa e para oscilando na beira de um precipício. O veículo é uma carcaça vazia sem bancos. Lá dentro, há onze ladrões e sua pilha de ouro roubado. Os homens se espremem na parede do fundo e o ouro desliza aos poucos para a outra ponta, inclinando o ônibus para mais perto do abismo. Um dos homens rasteja devagar na direção do ouro. Os únicos sons são do seu corpo se arrastando, do rangido do ônibus e do assobio dos ventos alpinos. Ele se aproxima do ouro, mas o ônibus se inclina um pouco mais e o ouro desliza para fora de alcance. Então o homem vira de costas, olha para os companheiros e diz calmamente: "Aguentem aí um minuto, rapazes. Tive uma ótima ideia". O filme termina.

No verão de 1969, milhares de pessoas apreciaram todos os 94 primeiros minutos de *Um golpe à italiana*, mas muitos odiaram o minuto seguinte, que termina o filme. Em suas palavras, a cena final foi "ridícula", "um lixo pretensioso", "horrível", "uma droga", "frustrante", "sem graça", "sem moral da história", "sem alma", "uma decepção", "um refrigerante que perdeu o gás", "divertida para quem fez uma lobotomia".[1] É necessário um tipo especial de arremate para suscitar tantos comentários cáusticos e o final acaba por ser final nenhum: é um *cliffhanger* literal e metafórico. O problema aqui foi que

---

* *Cliffhanger*: recurso de roteiro muito utilizado em ficção, é o suspense ao final de um capítulo, cena ou episódio; literalmente, significa ficar suspenso (*hang*) em um penhasco (*cliff*). (N. T.)

o público se envolvera por mais de uma hora e meia com a história e, como é normal do ser humano, ficou ansioso pela conclusão. Se já lhe aconteceu de perder o fim de uma piada, você sabe que é melhor não escutar parte alguma do que escutar tudo menos o fim.

Quarenta anos antes, uma psicóloga lituana chamada Bluma Zeigarnik se deparava com o poder dos *cliffhangers*.[2] Ela estava em um pequeno café em Viena quando notou que o garçom que a atendia se lembrava dos pedidos dos demais fregueses com uma clareza sobre-humana. Quando ele se aproximava da cozinha, avisava o cozinheiro para preparar ovos Benedict para a mesa sete, omelete de presunto e queijo para a mesa doze, ovos mexidos para a mesa quinze. Mas assim que os pedidos eram entregues às respectivas mesas, a lembrança que tinha deles desaparecia. Cada pedido representava para o garçom um suspense em miniatura que era solucionado assim que o prato certo chegava ao cliente. O garçom de Zeigarnik se lembrava dos pedidos porque eles não o deixavam em paz — eles o incomodavam da mesma maneira que o ônibus pendurado do filme incomodou o público frustrado. Assim que o prato era servido, o "suspense" era solucionado, e a mente do garçom ficava livre para se concentrar em um novo suspense proporcionado pelo pedido seguinte.

Zeigarnik projetou um experimento para revelar o efeito em mais detalhes, convidando um grupo de adultos a realizar vinte tarefas rápidas em seu laboratório. Algumas eram manuais, como fazer esculturas de argila e montar caixas; outras eram mentais, como resolver somas aritméticas e enigmas. Zeigarnik permitia que os participantes completassem algumas, mas os interrompia antes do término de outras, forçando-os a passar à tarefa seguinte. Os indivíduos odiavam parar e às vezes protestavam com bastante vigor. Alguns ficavam até com raiva, revelando a tensão que Zeigarnik gerava com suas interrupções. Ao final do experimento, ela lhes pedia que lembrassem o máximo de tarefas que conseguissem.

Os resultados foram surpreendentes. Assim como o garçom em Viena, seus participantes se lembravam duas vezes mais das tarefas não finalizadas. No início, Zeigarnik se perguntou se as não finalizadas eram mais memoráveis porque os participantes levavam um pequeno "choque" quando interrompidos. Porém ao conduzir experimento semelhante, novamente interrompendo os participantes quando executavam algumas tarefas, mas depois permitindo que as completassem mais tarde, o efeito desapareceu. Não era a interrupção que tornava as tarefas memoráveis, e sim a tensão de não poder completá-las. Na verdade, as tarefas completadas com interrupção não eram mais memoráveis do que as sem interrupção. Zeigarnik resumiu seus resultados:

> Quando o indivíduo começa a realizar as operações exigidas por uma dessas tarefas, desenvolve-se nele uma quase-necessidade de completá-la. Isso é como a ocorrência de um sistema de tensão que tende para a resolução. Completar a tarefa significa resolver o sistema de tensão, ou se livrar da quase-necessidade. Se uma tarefa não é concluída, um estado de tensão permanece e a quase-necessidade não é apaziguada.

Assim nascia o efeito Zeigarnik: experiências incompletas ocupam muito mais a nossa mente do que as completas.

Se prestarmos atenção, veremos que o efeito Zeigarnik está por toda parte. Pegue o caso dos *earworms* ("bicho de ouvido") — melodias grudentas que ficam tocando repetidamente dentro da sua cabeça. Jeff Peretz, guitarrista e professor de música na Universidade de Nova York, contou-me que certos bichos de ouvido alcançam a condição de cult porque plantam *cliffhangers* que nunca se resolvem. Ele apontou "September", sucesso colossal da banda Earth, Wind & Fire produzido em 1978, uma combinação de balanço percussivo e metais impactantes que começa com o verso *"Do you remember the twenty-first night of September?"* [Lembra da noite de 21 de setembro?]. Em 2014, quando a canção completou 36 anos, um dos fundadores da banda, Verdine White, contou numa entrevista que "as pessoas hoje se casam no dia 21 de setembro. A Bolsa sobe em 21 de setembro. Todo jovem que conheço de vinte e poucos anos sempre me agradece porque nasceu em 21 de setembro. Dizem que é uma das canções mais populares da história atualmente".

Essa foi a era de ouro das discotecas e, em muitos sentidos, "September" é um clássico exemplar da disco music.[3] Mas, em outros, é bem incomum. Muitos sucessos do pop seguem uma progressão de acordes circular que é padrão — iniciam como um foguete sendo disparado, pairam por algum tempo acima da base de lançamento e finalmente encerram o ciclo melódico regressando à Terra. No mundo do garçom de Bluma Zeigarnik, essas músicas correspondem aos pedidos atendidos: são gratificantes, mas sua mente as deixa para trás quando terminam e outra canção começa.

Não é o caso de "September", segundo Peretz. "Uma das coisas mais incríveis sobre a progressão musical em 'September' é que ela nunca para. Fica nesse loop que você nunca quer parar de escutar. E é por isso que a canção continua tão popular até hoje. A mesma abordagem é utilizada para o tema principal da canção, o refrão e o gancho. Continua infinitamente. Isso sem dúvida contribuiu para sua longevidade. E essa característica cíclica só faz dela ainda mais difícil de largar, depois que gruda na cabeça." Muito depois de termos esquecido outras canções, o ciclo interminável continua requisitando nossa atenção. Quase quarenta anos após seu lançamento, "September" permanece sendo um sucesso em festas e casamentos. (Por coincidência, minha esposa e eu nos casamos na noite de 21 de setembro de 2013 e nosso DJ recebeu instruções estritas de incluir a canção em sua playlist.)

Os *cliffhangers* de "September" nunca são totalmente resolvidos, mas algumas músicas perduram em nossa mente porque resolvem seus *cliffhangers* de maneiras inesperadas. No verão de 1997, o Radiohead lançava a faixa cult "Karma Police", que exemplificava a sofisticação musical da banda. A canção usa duas versões sutilmente diferentes da mesma melodia e, se você já não a tiver escutado várias vezes, não faz ideia de que versão está prestes a escutar. Não há uma premissa nem rimas para orientá-lo e assim, explica Peretz, você permanece plenamente atento.

A canção o leva a se perguntar que versão do loop vai ouvir. Parece sofisticado demais para ser acidental e imagino que Thom Yorke, ao compor a canção, tinha em mente a ideia de que o carma é uma coisa cíclica. Ele acertou totalmente na mosca com essa aí. É uma canção icônica. A música "Evil", de Stevie Wonder, é parecida. Tem uma sequência que começa em dó maior, mas quando o traz de volta ao ponto no qual começou, você está em um lugar diferente. Ela não o leva de volta ao ponto de partida.

"September" dura contagiantes três minutos e 35 segundos, mas não é nada se comparada a uma categoria de experiências viciantes que contagia as pessoas por meses a fio.

Em outubro de 2014, a National Public Radio (NPR) iniciou a transmissão de *Serial*, podcast em doze partes que durou dois meses e meio.[4] Uma equipe de jornalistas liderada por Sarah Koenig, da NPR, investigava se um aluno do ensino médio em Baltimore chamado Adnan Syed fora injustamente condenado pelo assassinato de sua ex-namorada, Hae Min Lee, em 1999. Todo podcast tem seu público, mas a popularidade de *Serial* foi sem precedentes. (Quando mandei um e-mail a Koenig perguntando se podia entrevistá-la, ela muito educadamente recusou. "Acho que não dá", disse. "Estou atolada no momento.") Por três meses, inúmeras conversas incluíam a pergunta "Você já ouviu falar de *Serial*?". Eu conversava sobre o podcast com amigos e desconhecidos, e não estava sozinho nessa. Um monte de publicações importantes comentou o sucesso de *Serial* e por toda parte eu lia sobre seu caráter viciante:

A apresentadora dessa viciante e empolgante história real de um assassinato misterioso conta sobre a origem do programa e por que é tudo bem "gostar" de seus entrevistados.

Rolling Stone

Os treze estágios para se viciar em *Serial*.

Entertainment Tonight

Serial: um podcast extremamente viciante, spin-off de *This American Life*.
NBC News Online

Ira Glass e as pessoas por trás do programa de rádio *This American Life* acabaram de lançar *Serial*, podcast viciante sobre um terrível assassinato e o estranho julgamento que levou à condenação de um jovem de dezessete anos. E é melhor do que o melhor episódio de *Law & Order*, porque apresenta as pessoas reais que vivenciaram a tragédia — além disso, você não faz ideia de como vai terminar.
Entertainment Weekly

Essa última citação acerta em cheio o ingrediente mágico de *Serial*: Koenig e sua equipe iniciaram um loop de Zeigarnik, mas nenhum ouvinte sabia quando (e se) o loop seria encerrado. O verdadeiro assassino seria revelado no episódio três? No episódio nove? No episódio final? Nunca? No meio da série, Koenig admitiu que não fazia ideia de como terminaria o podcast.

Após um ano de entrevistas e pesquisa meticulosa, ela e a equipe continuavam longe de solucionar a única questão que realmente importava: quem matou Hae Min Lee? O público ficou arrebatado porque a resposta parecia estar a ponto de ser revelada a qualquer momento. Muitos episódios incluíam uma ou duas entrevistas com Syed, que foi condenado pelo crime. Ele parecia sempre prestes a dizer algo incriminador — ou algo que provaria de vez sua inocência. E o mesmo se dava para inúmeros outros entrevistados. Um dos conhecidos de Syed forneceu um álibi que parecia situá-lo em uma biblioteca exatamente quando o assassinato supostamente aconteceu, a muitos quilômetros de distância. Mas a informação não pôde ser confirmada e a história continuou em aberto.

Milhares de ouvintes sintonizaram o podcast final em 18 de dezembro de 2014, esperando por um desfecho. Mas não houve nenhum. Koenig acreditava que Syed era inocente, porém admitia não ter certeza absoluta. O programa terminou, mas o *cliffhanger* permaneceu, e os ouvintes se recusaram a deixar a história para lá. Surgiram grupos entusiásticos de discussão na internet. Os partidários da culpa repreendiam os defensores da inocência, chamando-os de ingênuos, e estes criticavam o ceticismo daqueles. Quase 50 mil ouvintes de *Serial* compartilhavam sua opinião em uma página (ou *subreddit*) sobre o assunto no Reddit. A maior evidência de que esse envolvimento ia além do simples interesse veio em 13 de janeiro de 2015. A data marcava dezesseis anos do assassinato de Hae Min Lee, e os moderadores do site homenagearam a vítima, suspendendo a página por 24 horas. No lugar aparecia uma breve mensagem:

Em 13 de janeiro de 1999 a vida mudaria para sempre.

Hae Min Lee foi uma pessoa extraordinária.

[...]

Hoje faz dezesseis anos que sua vida terminou de maneira trágica, e a vida de seus familiares e amigos nunca mais foi a mesma.

Embora o assassinato de Hae seja tema do podcast *Serial*, não devemos nos esquecer da tragédia em si.

Por respeito à memória de Hae, este *subreddit* ficará inativo por um dia, de modo que possamos refletir sobre a injustiça genuína que reside no centro de um debate acalorado.

Muitos usuários aplaudiram a homenagem, mas outros sofreram abstinência. Um usuário chamado hanatheko admitiu: "Uau, estou viciado [...] as últimas 24 horas foram sofridas e caí em depressão". Para hanatheko, um dia sem o site era um dia longo demais. Outros achavam que os moderadores não tinham o direito de suspender o site, pelo motivo que fosse. Um usuário afirmou que os usuários enfurecidos mais pareciam "um grupo on-line de ódio fundamentalista da Igreja Batista de Westboro". Outro, chamado Muzorra, observou que "todo comentário [...] de que a vítima sempre era esquecida e se tornava apenas estatística, e não muito mais que isso, [...] era deixado de lado assim que as pessoas ficavam sem seus brinquedos por um período de tempo". Quando o site voltou ao ar à meia-noite, hanatheko, Muzorra e milhares de outros usuários — os defensores da culpa, os da inocência e os indecisos — voltaram a se digladiar.

O lançamento de *Serial* pela NPR prefigurou uma torrente de documentários sobre crimes não resolvidos na vida real. Em fevereiro de 2015, a HBO lançou *The Jinx*, que acompanha a vida de Robert Durst, homem ligado a uma série de homicídios não solucionados. Um dia antes de a HBO lançar o documentário, Durst foi preso por um desses homicídios — em parte por conta de uma das revelações do roteirista e diretor Andrew Jarecki. Então, em dezembro de 2015, a Netflix lançou um documentário em dez partes nessa mesma linha chamado *Making a Murderer*. As autoras do documentário, Laura Ricciardi e Moira Demos, passaram dez anos acompanhando um homem chamado Steven Avery, que fora condenado pelo assassinato de uma jovem numa cidadezinha do estado de Wisconsin. *The Jinx* e *Making a Murderer* eram tão viciantes quanto *Serial* e ambos foram aclamados, conquistando milhões de telespectadores. Os três programas são bem produzidos — mas grande parte de sua popularidade se deve ao seu caráter ambíguo. Na revista *Slate*, Ruth Graham escreveu sobre *Making a Murderer*:

"É a história perfeita para o [programa da NBC] *Dateline*", afirma um produtor sobre o caso Avery em *Making a Murderer*. "Uma história com reviravolta, que capta a atenção do público. [...] No momento, assassinato é tendência." [...] Mas se *Dateline* deixa os telespectadores em suspense durante os intervalos comerciais, o formato em vários episódios de programas como *Making a Murderer* se debruça sobre precipícios bem mais profundos. A série talvez seja mais sofisticada do que sensacionalista, mas proporciona os mesmos gostinhos de uma história policial: "A pobre mulher!", "Quem foi de verdade?", "Alguém precisa pagar!".

Tome como exemplo o episódio 4 de *Making a Murderer*, que termina com uma bomba atômica na trama [...]. Meu marido e eu ficamos desesperados no sofá, numa agonia para decidir se ficávamos acordados até tarde assistindo a outro episódio. Com um *cliffhanger* como esse, como poderíamos resistir?

No momento em que escrevo este livro, a febre por *Serial* e *Making a Murderer* continua. (*The Jinx* também acumulou fãs devotados, embora em menor número, provavelmente por conta da prisão de Durst e do seu lançamento mais modesto.) Os *subreddits* de *Serial* e *Making a Murderer* ainda atraem novos posts todo dia. Mas se alguém puder provar a inocência de Steven Avery ou descobrir o assassino de Hae Min Lee, os loops se fecharão e a discussão on-line vai enfraquecer. Um *cliffhanger* só dura até você saber se o ônibus despenca, um garçom só se lembra do pedido até o prato chegar à mesa do freguês e o destino de um gângster no subúrbio de Nova Jersey permanece interessante apenas enquanto não soubermos se ele está vivo ou morto.

Quando escreveu o 86º e último episódio da *Família Soprano*, David Chase fez uma pergunta que deixou sem resposta: Tony Soprano estava morto?[5] Por oito anos, Tony Soprano, o mafioso de Nova Jersey, driblou a morte enquanto 92 inimigos e amigos desapareceram. Eles morreram baleados, espancados, afogados, de causas naturais, esfaqueados, de ataque cardíaco, estrangulamento, overdose. Suas mortes cativaram os telespectadores, mas nem de longe tanto quanto o purgatório do próprio Tony.

A cena é lendária. Em 10 de junho de 2007, 12 milhões de americanos assistiram a Tony Soprano e sua família reunidos no Holsten's. Um homem de jaqueta de couro marrom entra no restaurante e se senta ao balcão. Ele vira rapidamente para olhar de relance a família e vai ao banheiro. Nos últimos instantes do episódio, uma campainha soa, Tony ergue a cabeça para olhar a porta e a tela escurece. Por onze segundos continua desse jeito, oito anos de ação reduzidos a um profundo silêncio. Muitos telespectadores se perguntaram se a TV a cabo tinha dado problema no pior momento possível, mas era apenas o que Chase tinha em mente.

Os fãs do programa ficaram perplexos, então recorreram ao Google. O mecanismo de busca acusou uma enxurrada de pesquisas sobre o "último episódio de *Família Soprano*", a começar às 22h02 na Costa Leste e prosseguindo noite adentro. Em sua busca desesperada por algum tipo de resolução, os telespectadores esperavam que alguém na internet fosse mais sofisticado do que eles. (Oito anos depois, fãs do *Serial* fariam o mesmo apelando ao Reddit.) A crítica especializada ou adorou ou odiou o episódio e sem exceção dedicou a maior parte de sua energia para esses últimos cinco minutos. O que acontecera? Por que Chase interrompera a história?

Duas teorias antagônicas vieram à tona. Por um lado, talvez Chase estivesse tentando sugerir que a vida de Tony e sua família continuariam após o término da série. No começo da última cena, Tony enfia duas moedas num pequeno jukebox em sua mesa e "Don't Stop Believin'" [Não pare de acreditar], do Journey, começa a tocar. A última coisa que os telespectadores ouviram foi o vocalista Steve Perry repetindo o refrão, *"Don't stop...!"*. Chase não deixou Perry completar a frase, e talvez as duas palavras que encerravam o programa servissem como mensagem: a série havia terminado, mas as vidas ali retratadas continuariam.

Por outro lado, muitos fãs ficaram convencidos de que a tela preta silenciosa significava a morte de Tony. Como o gângster não estava vivo para ter sensações no mundo após sua morte, os telespectadores receberam o mesmo tratamento abrupto. Sua esposa e seus filhos viveriam para escutar Steve Perry cantando o resto da letra, embora talvez abafada pelos tiros que dariam fim à vida de Tony. Segundo essa teoria, o homem da jaqueta de couro era o assassino; numa homenagem à cena favorita de Tony em *O poderoso chefão*, talvez o homem tivesse ido ao banheiro para pegar uma arma. Se Chase estava insinuando que Tony morrera, não poderia ter escolhido palavra final mais adequada do que *"stop!"*.

Comentaristas de televisão exigiam uma resposta, e Chase lhes lançava uma ou duas migalhas de vez em quando. Ele continua a escapar das perguntas e se recusa a oferecer uma interpretação conclusiva. Em sua primeira entrevista após o fim da série, disse: "Não tenho interesse em explicar, defender, reinterpretar ou acrescentar nada ao que está aí. Ninguém estava tentando ser audacioso, com toda a franqueza. Fizemos o que achamos que era para ser feito. Ninguém estava tentando dar um nó na cabeça das pessoas, nem pensando *Uau, isso vai deixar todo mundo puto*". Oito anos e inúmeras entrevistas depois, os fãs continuavam insatisfeitos. Em abril de 2015, Chase afirmou a uma escritora que "era bem mais simples e literal do que as pessoas achavam. Para Tony, termina ali ou em algum outro momento. Mas, apesar disso, vale mesmo a pena. Então, não pare de acreditar". Em algumas entrevistas, ele parecia confuso com a pergunta. "Vi alguns artigos na imprensa dizendo que 'foi um grande foda-se para o público'. Que estávamos cagando e andando para a audiência. Por que faríamos uma coisa dessas? Por que passaríamos oito anos entretendo as pessoas só para depois lhes mostrar o dedo do meio?"

Os fãs de *Serial* ficaram mais decepcionados do que furiosos, porque Sarah Koenig estava tão obcecada quanto eles para saber quem matou Hae Min Lee. Estavam todos no mesmo barco. Mas Chase era o inimigo, negando de propósito uma resposta para a pergunta mais importante que lhe faziam em oito anos. Maureen Ryan, do *Chicago Tribune*, liderou a campanha do lado raivoso intitulando sua coluna "Está de brincadeira comigo? Esse foi o final de *Família Soprano*?". Ela dizia a seus leitores: "Pode chamar o final de sádico. Pode falar que é um final que dá brecha para uma sequência. Seja como for, vai deixar os fãs falando por meses". Um comentário assinado por Ryan concordava. "O final foi uma merda! A cena final estragou o episódio inteiro para mim. Eu tô falando, fomos roubados... ROUBADOS!" E, contudo, apesar de toda raiva, quase uma década depois as pessoas não conseguem parar de falar sobre esse episódio final. É como se tivessem levado demasiado a sério as duas últimas palavras de Steve Perry: "*Don't stop!*".

Qual dos seguintes passos na sequência abaixo deixaria a pessoa mais feliz?

Passo 1: Desejar algo (comida, sono, sexo etc.).
Passo 2: Imaginar se esse desejo vai ser satisfeito.
Passo 3: Ter o desejo satisfeito.
... Repita para o próximo desejo.

O passo 3 é a resposta óbvia. É o passo que frustrou os fãs quando *Um golpe à italiana*, *Serial* e *Família Soprano* terminaram sem resolução e o motivo para nos importarmos com os passos 1 e 2. Mas, em 2001, Greg Berns e três colegas neurocientistas empreenderam um estudo que instruía 25 adultos a inserir um pequeno tubo na boca enquanto deitavam de costas num aparelho de imagem por ressonância magnética funcional.[6] O aparelho escaneava o cérebro delas em busca de evidências de prazer conforme um experimentador pingava gotas de água e de suco de frutas pelo tubo. A maioria dos adultos preferia suco, mas o cérebro humano trata ambas as coisas como pequenas recompensas. Durante metade do experimento, as gotas vinham de forma previsível, a cada dez segundos, alternando entre água e suco:

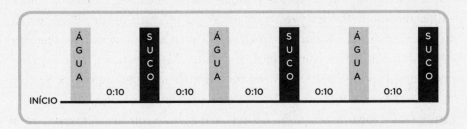

Então, na outra metade, os experimentadores introduziram um elemento surpresa. Agora os indivíduos não faziam ideia de quando receberiam a recompensa seguinte nem se seria suco ou água:

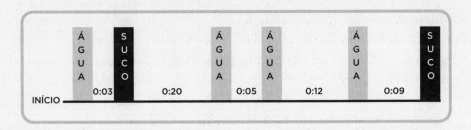

Se a satisfação era tudo o que importava, o cérebro dos participantes teria disparado de forma idêntica nas duas partes do experimento — ou talvez com mais vigor na metade previsível, quando poderiam se antecipar e saborear a recompensa iminente. Porém não foi o que ocorreu. A previsibilidade é agradável no começo, mas perde a graça. Perto do fim da metade previsível do experimento, o cérebro das pessoas começou a reagir com cada vez menos força.

No entanto, não foi assim durante a metade imprevisível, que fisgou os participantes da mesma forma que *Serial* fisgava os ouvintes. Quando as recompensas eram imprevisíveis, os participantes apreciavam muito mais — e continuaram a apreciá-las até o fim do experimento. Cada nova recompensa seguia seu próprio *cliffhanger*, e a emoção da espera tornava a experiência toda mais agradável por um período mais longo.

Esses mesmos *cliffhangers* motivam a emoção do consumo compulsivo. Em 2007, um grupo de empreendedores apresentou uma experiência de compras on-line muito viciante chamada Gilt. O site e o aplicativo do Gilt promovem vendas-relâmpago (*flash sales*) que duram entre um e dois dias cada uma. As vendas estão disponíveis apenas para membros e incluem roupas de marca e utensílios domésticos a preços baixos. A plataforma é um sucesso, com 6 milhões de membros; assim seus usuários podem adquirir quantidades imensas de produtos de ponta com ótimos descontos. Mesmo após a pequena taxa por item cobrada pelo site, os membros pagam bem menos do que no varejo.

Como novas vendas chegam sem aviso, os membros recarregam constante- mente suas páginas. Cada página recém-carregada produz um *cliffhanger*. Para muitos membros do Gilt, o site oferece uma dose de emoção moderada em meio a uma vida que, em todo o resto, é previsível. Podemos perceber isso no pico do tráfego da hora do almoço, entre o meio-dia e uma da tarde, durante o qual o site às vezes atrai mais de 1 milhão de dólares de receita.

Darleen Meier, dona de um blog sobre estilo de vida chamado *Darling Darleen*, ficou empolgada quando foi admitida como membro em outubro de 2010.[7] (Ela tinha ficado numa lista de espera de várias semanas.) Meier regalou seus leitores com um lugar na primeira fila, comemorando o fato de conseguir virar membro e depois comentando sobre algumas de suas compras favoritas. Mas, apenas dois meses depois, Meier foi levada a escrever um post intitulado "Viciada em Gilt". O problema ficou claro quando ela quase não resistiu a comprar uma Vespa por um bom preço. (Ela suprimiu o impulso depois de imaginar como o marido reagiria quando visse a scooter.) A rela- ção de Meier com o Gilt se intensificou quando uma campainha começou a alertá-la toda vez que um novo negócio chegava ao site. Independentemente do que estivesse fazendo, ela parava e checava o aplicativo. Às vezes, pegava-se parando o carro na rua quando tinha alguma coisa para resolver ou quando ia buscar o filho pequeno na escola. Às vezes o suspense não se resolvia a favor de Meier — algumas ofertas não a interessavam —, mas com frequência, quando dava por si e voltava aos seus afazeres, tinha gastado centenas ou até milhares de dólares. No auge de seu vício em Gilt, novas caixas chegavam a sua porta todos os dias.

Meier não estava sozinha. Os fóruns on-line estavam cheios de viciados em compras à procura de ajuda. No PurseForum, uma rede social para compradores inveterados, Cassandra22007 admitia ser viciada no Gilt, bem como em outros sites de vendas-relâmpago:

> Ficou dolorosamente claro para mim que tenho um problema com o Gilt Group e que preciso de uma intervenção! Estou pensando em me proibir de usar o site, pelo menos por algum tempo. Basicamente, estou desempregada no momento e não tenho nenhuma justificativa para comprar roupas e coisas novas que só use quando estiver empregada outra vez. No momento tenho de seis a dez itens que comprei no Gilt e nunca usei, e acabei de encomendar mais cinco hoje.

O que surpreende no comportamento de Cassandra22007 é que ela não estava comprando roupas porque precisava. Como Greg Berns demonstrara com seu experimento do suco, o importante não era tanto a recompensa, mas a emoção da caçada. O Gilt não oferecia a consumidoras como Meier e Cassandra22007 produtos que elas não podiam comprar em outro lugar — seu expediente era apresentar uma série de *cliffhangers* que tornavam o ato de caçar esses produtos profundamente viciante.

Comprar desse jeito gera um acúmulo de coisas e dá margem para o surgimento de uma indústria informal dos autointitulados gurus da organização doméstica. Uma delas é Marie Kondo, uma "consultora de limpeza" japonesa. Kondo pratica um método que batizou de KonMari: jogar fora tudo em sua casa que não "traga alegria" (*spark joy*). Kondo explicou os princípios do KonMari em *A mágica da arrumação: A arte japonesa de colocar ordem na sua casa e na sua vida*, publicado em 2011. O livro foi traduzido para dezenas de línguas e vendeu mais de 2 milhões de exemplares no mundo todo. Kondo publicou depois uma continuação, *Isso me traz alegria: Um guia ilustrado da mágica da arrumação*, que também virou um grande best-seller. Arrumações não são fáceis, porque vão contra o instinto humano de reter valor. Odiamos jogar fora coisas que podem ter valor no futuro e é difícil ter certeza absoluta de quais objetos que antes foram úteis perderam a utilidade. Mas o KonMari conta com um tremendo recurso: a arrumação é uma espécie de loop aberto que exige ser fechado. Odiamos jogar coisas fora, mas também odiamos bagunça. As pessoas que compram obsessivamente se tornam as mesmas que arrumam obsessivamente e o loop do processo se autoperpetua. Se começar a reparar, dá para ver loops como esse por toda parte.

Em agosto de 2012, a Netflix introduziu um novo recurso chamado "*post-play*". Com o *post-play*, uma temporada com treze episódios de *Breaking Bad* passou a ser um filme único de treze horas. Quando um episódio termina, a Netflix automaticamente carrega o seguinte, que começa em segundos. Se o episódio precedente termina num *cliffhanger*, só é preciso continuar sentado até o episódio seguinte começar e o *cliffhanger* se resolve sozinho. Antes de agosto de 2012, o usuário tinha que decidir se assistia ao episódio seguinte; agora você precisa decidir *não* assistir.

A princípio parece uma mudança trivial, mas a diferença se revela enorme. A maior evidência disso vem de um estudo famoso sobre doação de órgãos. Quando começam a dirigir, os jovens adultos precisam decidir se vão se tornar ou não doadores de órgãos. Os psicólogos Eric Johnson e Dan Goldstein notaram que as taxas de doação na Europa variavam muito de país para país.[8] Até mesmo países com culturas parecidas diferiam. Na Dinamarca, a taxa de doação era de 4%; na Suécia, 86%. Na Alemanha, a taxa era de 12%; na Áustria, quase 100%. Na Holanda, 28% eram doadores, enquanto na Bélgica a taxa era de 98%. Nem mesmo uma imensa campanha educacional na Holanda conseguiu aumentar a taxa de doação. Assim, se a cultura e a educação não eram as responsáveis, por que alguns países estavam mais dispostos a doar do que outros?

A resposta tinha tudo a ver com um simples ajuste na formulação de uma frase. Alguns países pediam aos motoristas que fizessem a opção marcando um campo:

Se você está disposto a doar seus órgãos, por favor assinale aqui: □

Ticar o quadrado não parece um grande obstáculo, mas até pequenos obstáculos ficam gigantes quando as pessoas estão tentando decidir como seus órgãos devem ser utilizados quando morrerem. Não é o tipo de pergunta que sabemos responder sem ajuda, então muitos de nós tomamos o caminho da menor resistência, deixando de assinalar o quadrado e seguindo com nossas vidas. É exatamente assim que países como Dinamarca, Alemanha e Holanda faziam a pergunta — e todos tinham taxas de doação muito baixas.

Países como Suécia, Áustria e Bélgica por muitos anos pediram aos novos motoristas que decidissem se queriam se recusar a doar os órgãos:

Se você NÃO está disposto a doar seus órgãos, por favor assinale aqui: ☐

A única diferença, nesse caso, é que as pessoas começavam o questionário como doadoras. Elas têm que realizar uma atividade — ticar o quadrado — para ser retiradas da lista de doação. É uma decisão importante, mesmo assim, e a maioria ainda opta por não assinalar. Mas isso explica por que alguns países gozam de uma taxa de doação de 99%, enquanto outros ficam muito para trás, em meros 4%. Depois de agosto de 2012, os usuários da Netflix tinham que decidir *não* assistir a um novo episódio. Muitos optavam por continuar assistindo, passando, sem perceber, ao oitavo episódio consecutivo de *Breaking Bad*.

Assinantes da Netflix já cediam ao *binge-watching* desde que a empresa apresentou o serviço de streaming, em 2008, mas a prática ascendeu de forma meteórica desde então. O Google Trends, que mede a frequência de termos pesquisados no Google ao longo do tempo, mostra o crescimento das buscas sobre a expressão "*binge-watching*" entre janeiro de 2013 (quando as pessoas começaram a ouvir falar do termo) e abril de 2015, nos Estados Unidos:

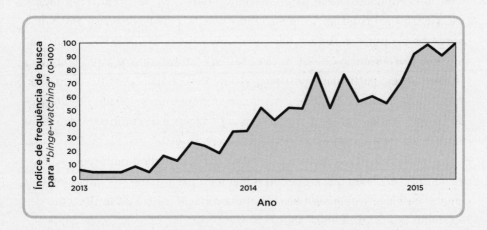

E este mostra a frequência com que "Netflix binge" foi pesquisado durante o mesmo período nos Estados Unidos:

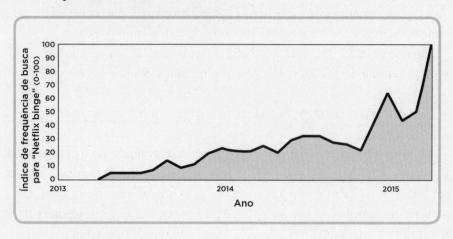

A popularidade com que um termo é pesquisado é uma medida indireta, mas a Netflix conduziu uma pesquisa própria em novembro de 2013.[9] O serviço contratou uma empresa de pesquisa de mercado para entrevistar mais de 3 mil adultos americanos. Sessenta e um por cento das pessoas relataram *binge-watching* em algum grau, que a maioria dos consultados definiu como "ver entre dois e seis episódios de um programa de TV de uma vez só". A Netflix encontrou padrões semelhantes em dados coletados de 190 países entre outubro de 2015 e maio de 2016.[10] A maioria das pessoas que cedem ao *binge-watching* completa a primeira temporada das séries que estão acompanhando em quatro a seis dias. Uma temporada antes se estendia por meses, mas passou a ser consumida em uma semana, a uma média de duas horas a duas horas e meia por dia. Alguns telespectadores afirmam que o *binge-watching* melhora a experiência de assistir às séries, mas muitos outros acreditam que a Netflix — e em particular o *post-play* — dificultou demais assistir a apenas um episódio de cada vez. Grande parte desse crescimento, mapeado nos gráficos do Google Trends, reflete a eficácia dos *cliffhangers* e da ausência de barreiras entre o fim de um episódio e o início do seguinte.

Quando Willa Paskin, crítica de TV da *Slate*, resenhou um programa chamado *Love*, explicou que até seriados medíocres se tornam viciantes com essa "ajuda" do *binge-watching*. *Love* foi uma produção original Netflix, com dez episódios lançados de uma vez:

A série ganha uma ajuda do próprio *binge-watching* — um estilo de assistir que incentiva o público a investir nos personagens como se fossem pessoas reais, independentemente da qualidade artística que os cerca. É como se alguém lhe contasse uma história, qualquer uma: a certa altura, você só quer saber o que acontece a seguir. Se *Love* fosse ao ar semanalmente, você poderia pegar ou largar. Mas a Netflix torna tão fácil assistir a três episódios de uma vez só que é tentador continuar acompanhando por conta da pura curiosidade — como esses jovens malucos vão ficar juntos? O *binge-watching* fornece a um programa sem muito enredo todo o ímpeto necessário. Quando parar de avançar como um louco, você já assistiu a tudo.

Bluma Zeigarnik, a psicóloga que mencionei no início deste capítulo, teve uma vida longa e extraordinária recheada de *cliffhangers*. Em 1940, seu marido, Albert, foi sentenciado a passar dez anos num campo de prisioneiros soviético, acusado de espionar a favor da Alemanha. Zeigarnik ficou sem saber onde ele estava e se um dia voltaria para casa. Quando o capturaram, as autoridades soviéticas deixaram um documento que explica por que sabemos tão pouco sobre a vida de Zeigarnik. O documento, encontrado por seu neto muitas décadas mais tarde, afirma que as autoridades haviam apreendido "o conteúdo de uma sala lacrada com inúmeros documentos, pastas, cadernos de anotações e relatórios".

A carreira de Zeigarnik acabou decolando, mas sua vida acadêmica foi tão turbulenta quanto sua vida pessoal. Ela foi obrigada a escrever três teses de doutorado após as autoridades soviéticas se recusarem a reconhecer a primeira, e a segunda ter sido roubada. A psicóloga tinha cópias da segunda tese, mas foi forçada a destruí-las por recear que o ladrão publicasse seu trabalho e a acusasse de plágio. Durante quase trinta anos, Zeigarnik vagou pelo purgatório acadêmico, até completar seu terceiro trabalho final e entrar para a Universidade Estatal de Moscou como professora de psicologia em 1965. Ela foi eleita para uma cátedra no departamento dois anos depois e manteve essa posição durante as duas décadas seguintes, até sua morte. Com imenso talento e determinação inabalável, Zeigarnik assegurou que o suspense no fim das contas se resolvesse a seu favor.

9. Interação social

Em dezembro de 2009, dois grandes amigos, Lucas Buick e Ryan Dorshorst, começaram a vender um aplicativo para iPhone.[1] O app era oferecido por 1,99 dólar, e a dupla observou com entusiasmo o contador de downloads disparar. Trinta e seis horas após o lançamento, já era o aplicativo mais baixado no Japão. As vendas subiram mais devagar nos Estados Unidos, mas até o Ano-Novo os consumidores norte-americanos haviam baixado 150 mil exemplares. Esse feito não passou despercebido da Apple e em pouco tempo ele ocupava lugar de destaque em sua loja on-line.

O aplicativo, chamado Hipstamatic, permitia aos usuários de iPhone editar digitalmente as fotos que tiravam com a câmera dos seus celulares. Com a ajuda de filme, flashes e lentes digitais, até fotógrafos amadores podiam transformar fotos comuns em obras-primas que imitavam instantâneos retrôs da década de 1980. Os especialistas também prestaram atenção. Damon Winter, fotógrafo do *New York Times*, usou o aplicativo para tirar fotos dos soldados no Afeganistão em 2010. As fotos ganharam o terceiro lugar na competição de fotojornalismo Pictures of the Year International e elevaram ainda mais a marca Hipstamatic.

Buick e Dorshorst eram designers gráficos por profissão, mas por acaso também eram empreendedores intuitivos. Para cultivar o apelo retrô do aplicativo, usaram nomes como *Ina's 1982 Film*, *Roboto Glitter Lens* e *Dreampop Flash*. O golpe de mestre foi inventar uma história cheia de detalhes sobre a origem do aplicativo cuja veracidade os jornalistas nunca conseguiram de fato checar. Conforme contaram, em 1982 dois irmãos de Wisconsin criaram uma câmera chamada Hipstamatic 100. A ideia era criar uma câmera que fosse mais barata do que o filme e, embora tivessem conseguido, apenas 154 unidades foram vendidas. Os irmãos morreram em um trágico acidente de carro em 1984 e o irmão mais velho deles, Richard Dorbowski, guardou as três Hipstamatic 100 remanescentes em sua garagem até o dia 29 de julho de 2009, quando Buick e Dorshorst lhe disseram que queriam lançar uma versão digital da câmera.

Os jornalistas ficaram cativados com a história romântica do Hipstamatic e a reproduziram em dezenas de veículos. Eles contaram com a ajuda de uma vaga evidência na internet para respaldá-la: um blog sobre a Hipstamatic 100 escrito por Dorbowski (com fotos dos irmãos mais novos no início dos anos 1980), bem como páginas no Facebook e LinkedIn que descreviam Dorbowski como morador do Wisconsin e chefe de inspeção em uma fábrica de papel. Só muitos anos depois, quando outros jornalistas tentaram sondar mais a fundo, o relato foi por água abaixo. Os três irmãos e, aparentemente, a Hipstamatic 100 eram uma invenção. De todo modo, o aplicativo Hipstamatic era real e centenas de milhares de exemplares eram vendidos todo mês. A Apple o elegeu o "aplicativo do ano de 2010" e o *New York Times* o incluiu em sua lista de "Dez Aplicativos para iPhone que Você Precisa Ter" em novembro de 2010.

Buick e Dorshorst estavam alçando voos elevados, mas uma dupla de empreendedores em San Francisco se preparava para lançar um rival. Kevin Systrom e Mike Krieger lançaram o Instagram em outubro de 2010. Os dois aplicativos ofereciam o mesmo serviço básico, de modo que entrar no mercado dez meses depois deixava o Instagram em enorme desvantagem. Embora o Instagram não contasse com uma história tão charmosa — era a simples combinação das palavras "*instant*" e "*telegram*" —, Systrom e Krieger eram empreendedores sagazes. Se 2010 foi o ano do Hipstamatic, 2011 foi o ano do Instagram. O Hipstamatic continuou popular, mas a quantidade de downloads diminuiu e seu rival em pouco tempo contava com uma base de usuários maior. Após coroar o Hipstamatic como "Aplicativo do Ano" em 2010, a Apple concedeu a mesma honra ao Instagram em 2011. Em 2012, a contagem de usuários do Hipstamatic girava em torno de 5 milhões enquanto o Instagram beirava 300 milhões de usuários. Mas a maior diferença entre os aplicativos veio em 9 de abril de 2012, quando o Facebook adquiriu o Instagram por 1 bilhão de dólares.

Quando leu sobre a aquisição, Dorshorst ficou convencido de que estava lendo uma manchete do jornal satírico *The Onion*. Não conseguia acreditar em seus olhos. Laura Polkus, ex-designer no Hipstamatic, lembrava: "Vimos o post no blog de Mark [Zuckerberg] e ficamos tipo, 'espera aí, 1 bilhão? Um bilhão de dólares? O que isso significa pra gente? Quer dizer que o Instagram venceu?'".

Os dois aplicativos ofereciam os mesmos recursos principais, então por que o Hipstamatic segue cambaleando enquanto o Instagram continua a crescer? A resposta reside em duas decisões cruciais que Systrom e Krieger tomaram antes de lançar seu aplicativo. A primeira foi liberar gratuitamente o download. Isso atraiu usuários e explica em parte por que tantas pessoas o baixaram desde o começo: não corriam o risco de gastar dinheiro em algo inútil e, na pior das hipóteses, teriam que deletar o aplicativo alguns dias depois. Mas muitos aplicativos são de graça e mesmo assim fracassam miseravelmente. Foi a segunda decisão da dupla que fez a diferença: os usuários do Instagram postavam suas fotos em uma rede social dedicada ao aplicativo. (Usuários do Hipstamatic podiam colocar suas fotos no Facebook, por exemplo, mas o Hipstamatic em si não era uma rede social.)

É fácil entender por que Zuckerberg preferiu comprar o Instagram. Ele e Systrom partilhavam de um insight similar: as pessoas são impelidas de maneira incessante a se comparar com as outras. Tiramos fotos para capturar lembranças que vamos revisitar na esfera privada, mas principalmente para compartilhar essas lembranças com os outros. Na década de 1980, isso significava convidar amigos para ver slides de suas férias mais recentes, mas hoje em dia significa postar fotos de suas férias em tempo real. O que torna o Facebook e o Instagram tão viciantes é que toda atividade publicada atrai — ou não — likes, regrams e comentários. Se uma foto não exercer o efeito desejado, sempre tem a próxima vez. Tem um caráter renovável e sem fim, porque é tão imprevisível quanto a vida das pessoas.

Sendo assim, o que há no mecanismo de feedback do Instagram que o torna tão viciante?

As pessoas nunca podem ter certeza absoluta de seu próprio valor, pois, ao contrário de peso, altura ou renda, ele não pode ser mensurado. Alguns ficam mais obcecados do que outros com o feedback social, mas somos seres sociais incapazes de ignorar completamente o que os outros pensam a nosso respeito. E, mais do que tudo, o feedback inconsistente nos deixa malucos.

O Instagram é uma fonte de feedback inconsistente. Uma foto sua pode atrair cem curtidas e vinte comentários positivos, enquanto outra, postada dez minutos depois, atrai trinta curtidas e nenhum comentário. As pessoas claramente valorizam mais uma foto do que outra, mas o que isso significa? Você "vale" cem, trinta curtidas ou um número completamente diferente? Psicólogos sociais mostraram que adotamos ideias positivas sobre nós mesmos mais prontamente do que adotamos ideias negativas. Para ver como isso funciona, responda rapidamente às seguintes perguntas, sem pensar muito:

Abaixo você vai ver uma lista de traços de personalidade. Estime, por favor, a porcentagem de pessoas em sua comunidade que incorporam *menos* de cada traço do que você:			
sensível	sofisticado	engenhoso	disciplinado
neurótico	pouco prático	submisso	compulsivo

Todos esses traços são ambíguos, então é difícil saber quanto de cada um deles você ou qualquer outra pessoa de fato possui. Note também que alguns são positivos (os da linha de cima), ao passo que outros são negativos (os da linha de baixo). Quando os alunos da Universidade Cornell responderam às mesmas perguntas relativas aos colegas, disseram que expressavam mais traços positivos do que 64% dos demais alunos, porém mais traços negativos do que apenas 38% dos alunos.[2] Essa visão otimista captura como em geral nos enxergamos — e talvez signifique que vamos prestar muita atenção ao feedback positivo e ignorar o feedback negativo que recebemos no Instagram.

No entanto, por mais que nos valorizemos, também somos muito sensíveis ao feedback negativo. Os psicólogos chamam isso de princípio "ruim é mais forte do que bom", muito consistente em diferentes experimentos.[3] Se você é como a maioria das pessoas, seu instinto é rolar a tela para os comentários negativos na Amazon, no TripAdvisor e no Yelp, porque nada consolida mais uma opinião do que a crítica impiedosa. Você também tem maior probabilidade de se lembrar de acontecimentos desagradáveis do seu passado e de ruminar sobre antigas discussões por mais tempo do que se deleitar com um elogio recente. Até as pessoas que tiveram uma infância feliz, quando lhes pedimos que se recordem desse período da vida, têm mais chance de evocar as poucas memórias ruins do que as muitas que foram boas.

Há tantas fotos no Instagram que seria de esperar que os usuários minimizassem a importância do feedback negativo. As pessoas deveriam prestar menos atenção nos "likes" sob uma foto do Instagram do que às fotos exibidas em uma exposição solo ou passadas adiante para amigos. Na verdade, porém, o holofote parece nos encontrar mesmo quando estamos em uma multidão. Em 2000, um grupo de psicólogos pediu a um grupo de universitários que caminhasse em uma sala cheia de outros alunos usando uma camiseta com a foto de Barry Manilow. (Uma desnecessária análise prévia confirmou que universitários preferem não usar uma camiseta do cantor em público.) Após alguns minutos, um experimentador escolteu os desafortunados participantes para fora da sala e lhes pediu que adivinhassem quantos colegas notaram a camiseta. Claro que eles ficaram incomodados com a camiseta o tempo todo, então sua estimativa foi de que metade dos alunos na sala se lembraria da camiseta; na verdade, apenas um em cada cinco se lembrava de ver o rosto de Barry Manilow. Uma foto malsucedida que atrai apenas três curtidas no Instagram é um pouco como a camiseta de Barry Manilow. É constrangedor para o dono, que presume que os demais usuários a estão vendo e gargalhando, quando na verdade estão bem mais preocupados com suas próprias fotos, ou pelo menos com a infindável sequência de fotos que vêm antes e depois da foto "Manilow".

A dor do feedback negativo é tão potente que muitos usuários tiram centenas de fotos antes de postar. Aplicativos como Facetune permitem a novatos em tecnologia retocar as falhas para obter "uma pele perfeita; um sorriso perfeito", remodelar o rosto e o corpo, remover manchas e colorir cabelos grisalhos. Essena O'Neill, uma jovem modelo australiana, tinha meio milhão de seguidores quando decidiu revelar a verdade por trás de seus glamorosos posts no Instagram.[4] O'Neill mudou o nome de sua conta para *Mídia Social Não é Vida Real*, deletou milhares de fotos antigas e editou as legendas de outras. Uma foto apresentava O'Neill na praia de biquíni:

NÃO É VIDA REAL — tirei mais de cem numa pose parecida tentando fazer minha barriga ficar legal. Não devo ter comido quase nada nesse dia. Devo ter gritado com a minha irmã pra continuar tirando fotos até me sentir orgulhosa desta. Então totalmente #metas.

Sob outra foto de O'Neill em um vestido de festa à beira de um lago:

NÃO É VIDA REAL — Não paguei pelo vestido, tirei infinitas fotos tentando parecer gostosa para o Instagram, o vestido fez com que eu me sentisse incrivelmente sozinha.

E uma terceira foto "sincera" de O'Neill usando biquíni:

Editar legenda real: Isso é o que gosto de chamar de foto sincera perfeitamente produzida. Não tem nada de sincera nela. Embora sair para dar uma corrida de manhã e dar um mergulho no mar antes da escola tenha sido divertido, senti um forte desejo de posar com as coxas um pouco separadas #vãodascoxas, peitos empinados #versustopenchimentoduplo e rosto virado, porque obviamente meu corpo é meu componente mais agradável. Gosto dessa foto pelo meu esforço de convencer você de que sou muito muito gostosa #celebridadefabricada.

O'Neill provocou reação. Antigos amigos acusaram-na de fazer "100% autopromoção" e outros chamaram sua campanha de "enganação". Mas dezenas de milhares de outras pessoas a elogiaram publicamente. "Leia as legendas — esta garota é o máximo", dizia uma. "Ah, muito bom, adorei o que ela está fazendo", dizia outra. O'Neill deu voz ao que milhares de usuários do Instagram sentiam no mundo todo: que a pressão por exibir perfeição em toda foto é implacável e, para muitas pessoas, insuportável. Em seu último post, O'Neill escreveu: "Passei a maior parte da adolescência sendo viciada em rede social, aprovação social, status social e minha aparência física. Rede social é um monte de imagem produzida e clipes editados comparados uns com os outros. É um sistema baseado em aprovação social, curtidas, validação, visualizações e número de seguidores. É o juízo autocentrado orquestrado com perfeição".

Em outubro de 2000, Jim Young contou ao amigo James Hong que conhecera uma garota numa festa. Segundo Young, a garota era "um perfeito dez". Young e Hong cresceram, fizeram o ensino médio e cursaram Stanford juntos e agora o comentário de Young os inspirava a criar um site. "Isso foi numa segunda", lembra Hong. "Não era para ser um projeto sério. A gente só estava matando o tempo. Jim mandou alguma coisa para mim na sexta ou no sábado, brinquei com aquilo no fim de semana e depois colocamos no ar na segunda seguinte. Então foi mais ou menos uma semana da ideia até o lançamento."

O site era a materialização on-line da conversa de Young e Hong. Às duas da tarde do dia em que o site foi para o ar, a dupla pediu a 42 amigos que visitassem a página com a foto de Hong e lhe dessem uma nota, que ia de 1 a 10. "Seja bonzinho", Hong disse aos amigos, que deveriam decidir se Hong era *hot or not* (isto é, sexy ou não). O site era apenas isto: os visitantes classificavam uma foto depois da outra, de 1 (não) a 10 (sexy). Após cada classificação, a tela era recarregada para incluir a classificação média da mesma foto. Desse modo, eles descobriam instantaneamente se sua escala de beleza interna combinava com a escala usada por outras pessoas. Quarenta mil pessoas visitaram o site um dia depois de lançado. Oito dias depois, o site atraía 2 milhões de acessos diários — tudo sem ajuda de Facebook, YouTube, Twitter e Instagram, que ainda só viriam a existir alguns anos depois. Os visitantes não estavam apenas dando notas para fotos; também postavam as suas, curiosos para saber se a comunidade on-line os considerava *hot* — ou não.

O site, que Hong e Young chamaram de Hot or Not, não era apenas viral; era viciante.[5] E não era viciante apenas para o grupo usual de adolescentes do sexo masculino. "Eu estava olhando para o site e meu pai entrou no quarto", lembrou Hong. "Você precisa entender que a essa altura da vida era para eu estar procurando um emprego, então falei: 'Ah, é só um negócio em que o Jim está trabalhando'." O pai ficou curioso, então Hong lhe mostrou como funcionava. Após uma rápida demonstração, o pai de Hong pegou o mouse e começou a dar notas. Hong recorda: "Foi bizarro, porque a primeira pessoa que vi ficando viciada em classificar as pessoas em função de serem ou não gostosas foi meu pai. Você não está entendendo, meu pai é um engenheiro asiático de sessenta anos com ph.D., que, pelo que eu sabia, era assexual — a não ser quando teve filhos: eu, meu irmão e minha irmã". O pai de Hong não estava sozinho; milhões de usuários passavam longos períodos no site, dispostos até a esperar trinta segundos entre uma foto e outra, que levavam um tempo excruciante para descarregar nos primeiros meses.

Hong e Young criaram o site por diversão, mas anunciantes on-line começaram a procurá-los com propostas sérias. Os dois amigos estavam prestes a ganhar milhares de dólares por dia, não fosse um porém: algumas fotos eram pornográficas, e os anunciantes só estavam dispostos a trabalhar com sites que selecionassem seu conteúdo. Os pais de Hong tinham acabado de se aposentar, então, constrangido, ele lhes pediu que ajudassem a peneirar a pornografia. Como haviam ficado ligeiramente viciados no Hot or Not, os dois aceitaram na hora. Pelo menos, seu filho lhes dera uma desculpa para passar mais tempo no site. No início, eles acompanhavam a maior parte do conteúdo novo sendo descarregado. "Ei, está indo bem! É divertido olhar as pessoas", comentou o pai de Hong. Mas quando o sr. Hong começou a lhe mostrar as fotos que censurara, Hong concluiu que precisava encontrar outras pessoas para fazer o serviço. Não conseguia imaginar os pais vendo pornografia o dia inteiro.

Hong e Young não tiveram problemas para recrutar moderadores entre alguns de seus usuários. Como os pais de Hong, eles ficaram felizes em passar horas navegando pelo site. Com o tempo, o Hot or Not se transformou num site de encontros — um precursor do Tinder e outras plataformas de encontros on-line que valorizavam mais a aparência do que a personalidade. Os usuários pagavam apenas seis dólares para se inscrever no site — preço escolhido por Hong e Young porque era o que custavam duas cervejas em um bar na região. Em seu auge, o site gerava 4 milhões de dólares de receita por ano, montante do qual 93% era lucro. As despesas para sua start-up enxuta e involuntariamente viciante eram muito baixas. Reza a lenda que o sucesso de Hong e Young inspirou Mark Zuckerberg a criar o FaceMash, site semelhante que pavimentou o caminho para o Facebook. Em 2008, a dupla vendeu o Hot or Not por 20 milhões de dólares para um magnata russo especializado em sites de encontros on-line.

Quando projetaram o empreendimento, James Hong e Jim Young tiveram a sacada de incluir o mesmo recurso que tornara o Instagram tão bem-sucedido: um mecanismo de feedback social. Após cada classificação, os usuários podiam comparar suas impressões com as de milhares de outros. Às vezes eram parecidas, às vezes não, e tanto um resultado quanto o outro satisfaziam motivações humanas básicas: a necessidade de confirmação social quando as notas combinavam e a necessidade de individualidade quando não combinavam. (Claro que não fazia mal algum que os usuários classificassem o grau de atração de um rosto, e não de diferentes paisagens, por exemplo. Com nosso impulso nato para esquadrinhar o ambiente em busca de parceiros e competidores potenciais, somos naturalmente interessados na atração física.)

A validação social, ou ver o mundo como os outros o veem, é um sinal de que você pertence a determinado grupo de pessoas que pensam de forma semelhante. Em termos evolucionários, os membros de um grupo tendiam a sobreviver, enquanto os solitários eram excluídos, um por um; então é muito tranquilizador descobrir que você se parece com outras pessoas. Quando privadas desses laços, as pessoas sofrem tão profundamente que o caso às vezes é chamado de "pena de morte social". Também tem longa duração — apenas se lembrar de uma época em que alguém isolou você já é o suficiente para reviver a mesma agonia, e as pessoas muitas vezes mencionam casos de exclusão social entre suas lembranças mais sombrias. Descobrir que você vê um rosto da mesma maneira que os outros é um caminho para o senso de pertencimento; uma confirmação de que outras pessoas compartilham de sua versão da realidade. A validação social é fugaz e precisamos de novas doses o tempo todo. Era esse desejo de validação repetida que levava os usuários do Hot or Not a dar nota em "só mais uma foto" sem parar. Um usuário que utilizava o apelido de Manitou2121 criou uma série de imagens mesclando a média de todos os rostos que receberam classificação similar.[6] Ele compartilhou essas imagens com outros usuários, de modo que pudessem ver se suas escolhas combinavam ou não com as do usuário médio do Hot or Not.

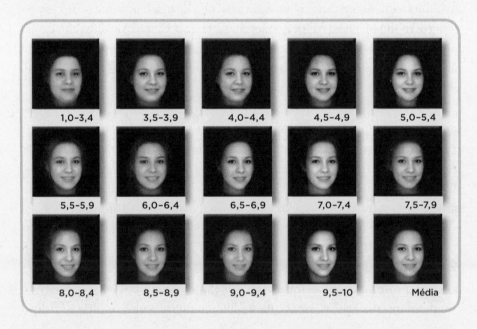

No entanto, a discordância ocasional também tem seus benefícios, porque serve para lembrá-lo de que você não é igual a todo mundo. Os psicólogos chamam esse equilíbrio perfeito de "distinção ótima", e tendemos a atingi-lo quando concordamos com outras pessoas na maioria das coisas, mas não em tudo.[7] Cada um atinge esse equilíbrio de maneira diferente, mas a maravilha do Hot or Not era que o site fornecia as duas formas de feedback. O Hot or Not era o Instagram dos sites de comparação de foto, mas poderia facilmente ter conhecido o mesmo destino do Hipstamatic, caso Hong e Young tivessem optado por desativar o mecanismo de feedback. Em vez disso, ele prosperou à medida que milhares de usuários eram impelidos a descobrir se sua versão de uma pessoa atraente espelhava a versão endossada por todos os demais.

Eu estava prestes a encerrar a ligação com o engenheiro de software Ryan Petrie quando ele disse: "É interessante, porque achei que a gente conversaria sobre meu vício em video games". Petrie cresceu projetando video games, então liguei para perguntar por que alguns jogos são mais viciantes que outros. Eu não havia considerado a possibilidade de que ele pudesse ser viciado nos jogos que ele próprio projetava. "Fiquei muito viciado por uns dezoito meses, quando estava na faculdade", contou Petrie. "Eu tentava passar o dia todo, todos os dias, on-line. Eu me conectava antes da aula, durante os intervalos na biblioteca da universidade, e assim que chegava em casa." Em média, Petrie passava de seis a oito horas por dia jogando e dias "bons" eram completamente perdidos por causa dos games. Ele se deu mal nas provas e ficou um semestre de dependência. Prestes a ser jubilado, Petrie se determinou a passar mais tempo nas aulas e menos tempo jogando, e seu hábito ficou sob controle outra vez.

Petrie é um designer da velha guarda. Quando criança, no início da década de 1980, viu o irmão passar um verão inteiro programando um clone da *Roda da Fortuna* em um Apple IIe. Para o jovem Ryan, era como mágica. "Meu irmão me mostrou uma impressão do código e eu não conseguia acreditar que aquele encantamento escrito produzia um video game. Eu ficava perguntando para que servia cada linha, sem parar, e logo estava fazendo meus próprios jogos." O primeiro foi um game de Indiana Jones que se desenrolava em três salas virtuais. Em suas lembranças, o jogo era "horroroso", mas Ryan começou a melhorar. Ele foi contratado pela EA Sports quando terminou a faculdade e mais recentemente também passou um tempo no Google e na Microsoft.

"Já ouviu falar em MUD?", perguntou Petrie. "Uma *multiuser dungeon?*" Eu nunca tinha ouvido falar, e, considerando o nome (masmorra multiusuário), não tinha certeza se queria saber o que era. Petrie ficara viciado em MUD durante a faculdade. MUDs são RPGs simples, baseados em texto, em que os jogadores digitam comandos no computador e assistem à tela sendo recarregada com feedback e novas instruções. Como exibem uma rolagem de texto, sem gráfico algum, as MUDs tradicionais são capazes de atualização rápida mesmo em redes lentas. Não contam com nenhum dos sons chamativos e gráficos que caracterizam a maioria dos games atuais, então o jogador só tem as palavras na tela e a imaginação. A MUD preferida de Petrie envolvia missões que ele completava com outros usuários pelo mundo. Esses usuários se tornaram seus amigos e ele se sentia culpado por abandoná-los sempre que não estava on-line. Era esse componente social do jogo que mantinha Petrie fisgado.

Há certa pureza nas MUDs, porque, ao contrário dos jogos modernos, não se baseiam em coisas chamativas e atrativas. Petrie ficou viciado somente pela sensação de estar jogando com outras pessoas. Podiam não estar no mesmo quarto que ele, mas todos partilhavam de um propósito comum. A MUD tinha uma função de chat, assim os jogadores podiam se parabenizar por um serviço bem-feito, ou lamentar quando eram derrotados por inimigos poderosos. Petrie me contou que as MUDs ainda existem, mas que foram engolidas pelos games de grande orçamento — a ostentação das produções hollywoodianas, comparadas a suas adoradas obras-primas indie. "Depois de todo esse tempo, aquela MUD ainda é o melhor game que já joguei. Sempre quis fazer um exatamente igual, mas, depois que superei meu vício, passei a questionar as implicações morais de criar esse tipo de jogo."

A MUD de Petrie era atrativa, mas não tinha nada a ver com os games viciantes de hoje em dia: *massively multiplayer online games* (ou MMOs), como World of Warcraft ou League of Legends. As MUDs ocupavam a periferia, atraindo um grupo relativamente pequeno e sofisticado de aficionados por computador. Por outro lado, 100 milhões de pessoas abriram contas do WoW. Os MMOs são mais sofisticados do que as MUDs, mas se abstrairmos seus impressionantes gráficos e efeitos sonoros, ficamos com a mesma estrutura básica: uma série de missões e interações remotas entre gamers que se tornam amigos, recorrendo uns aos outros tanto dentro quanto fora do jogo.

Duas semanas depois de conversar com Isaac Vaisberg, o ex-viciado em WoW que mencionei, visitei as dependências da reSTART no estado de Washington. Vaisberg obviamente sentia muito prazer com suas amizades on-line, de modo que não estava claro para mim por que os especialistas torciam o nariz para esse tipo de interação. Hilarie Cash, psicóloga clínica e cofundadora do reSTART, explicou que "não há nada errado em fazer amigos na internet, contanto que a pessoa também tenha amigos no mundo real. Se somos bons amigos e estamos juntos em algum lugar, essa interação, essa troca cheia de energia libera todo um leque de substâncias neuroquímicas que nos mantêm regulados emocional e fisiologicamente. E é nosso direito inato de animais sociais dispor à vontade desse tipo de interação segura e amorosa que nos mantém regulados. Não fomos feitos para sermos ilhas isoladas".[8] As amizades on-line viciantes que atraem jovens jogadores são perigosas não pelo que fornecem, mas pelo que não podem dar: uma chance de descobrir o que significa estar em uma conversa frente a frente com outra pessoa. O staccato das batidas no teclado — e até interações remotas pela webcam — obedece a um ritmo muito diferente e transmite informação por uma largura de banda muito mais estreita. "Até o cheiro de outra pessoa, o contato visual proporcionado por estar no mesmo lugar, é importante", disse Cash. Ela também me lembrou que pessoas que se comunicam por webcam parecem nunca se entreolhar, pois os olhos da outra pessoa estão perfeitamente alinhados com a webcam que transmite a imagem. "É muito parecido com dar açúcar para uma pessoa faminta", disse Cash. "A curto prazo é prazeroso, mas ela vai acabar morrendo de fome."

Cash me convidou para participar de uma sessão de discussão em grupo com os pacientes internados no centro. Quando a sessão começou, ela repetiu um mantra que eu já escutara algumas vezes: "Lembrem-se: depois que o seu cérebro de pepino virou um picles, nunca mais volta a ser pepino". A frase foi formulada para dissuadir os pacientes de fazer o que Vaisberg fizera quando deixou o centro: acreditar que podia jogar só mais um jogo sem que o vício voltasse. Cash tentava explicar que o cérebro dos pacientes era para sempre uma conserva, em certo sentido, e que seu vício estava sempre prestes a ser reaceso. O mantra era um jeito engraçado de dizer algo muito confrontador: é impossível escapar completamente dos efeitos posteriores ao vício. Cash também usou o mantra para explicar o que acontece quando o cérebro é privado de interações sociais fora da internet. Como ela afirmou, "passar o tempo todo on-line faz uma parte sua murchar".

Cash sugeriu que eu falasse com Andy Doan, neurocientista que estudara aprendizado e memória na Johns Hopkins.[9] Ela me contou que Doan era um especialista em vício em video game que podia me dizer mais coisas sobre os aspectos adversos de interagir com as pessoas na internet. Liguei para Doan assim que voltei para Nova York. Hoje ele trabalha como cirurgião ocular, mas estudou e escreveu extensamente sobre esse tipo de vício. Disse-me que jogos viciantes têm três elementos cruciais: "A primeira parte é a imersão — a sensação de que você está inserido no jogo. A segunda é a conquista — a sensação de que se está realizando algo. E a terceira — e de longe a mais importante — é o elemento social". O vício em jogo cresceu assustadoramente, disse Doan, porque a conexão de alta velocidade tornou mais fácil a comunicação em tempo real com outros jogadores. Lá se foram os dias de redes toscas e das adoradas, mas restritas, MUDs de Ryan Petrie, que viciavam um grupo de pessoas muito menor. Hoje Isaac Vaisberg e dezenas de milhões de outros gamers podem construir amizades simuladas que dão a sensação de ser verdadeiras.

Doan explicou por que um cérebro criado com amizades on-line nunca consegue se ajustar plenamente às interações no mundo real. Nas décadas de 1950 e 1970, em uma famosa série de experimentos, os pesquisadores da visão Colin Blakemore e Grahame Cooper demonstraram que o que um filhote de gato vê molda como seu cérebro funciona pelo resto de sua vida. Em um experimento, confinaram os gatos a uma sala escura até os cinco meses de idade. Uma vez por dia, tiravam metade dos gatos da sala e os punham em um cilindro coberto com listras horizontais pretas e brancas. Também tiravam a outra metade, que ia para um cilindro parecido, mas coberto com listras verticais pretas e brancas. Assim, metade dos gatos via apenas linhas verticais e a outra metade apenas linhas horizontais. Eles explicaram que, para todos os gatos, "não havia quinas nesse ambiente, e os limites superior e inferior de seu mundo ficavam muito distantes. Eles não podiam sequer ver o próprio corpo, pois usavam um largo colar preto que restringia seu campo visual". E acrescentaram, perturbando qualquer um remotamente preocupado com o bem-estar dos animais, que "os gatos não pareciam incomodados com a monotonia de seu ambiente e ficavam por longos períodos inspecionando as paredes do tubo".

Quando Blakemore e Cooper puseram os gatos em um quarto normal, os animais ficaram muito confusos. Todos eles, independentemente de terem sido expostos a linhas horizontais ou verticais, tinham dificuldades para estimar a que distância estavam dos objetos. Trombavam com as pernas da mesa, não recuavam quando o experimentador fazia menção de dar uma cutucada em seus focinhos e só conseguiam seguir objetos em movimento que emitissem ruído. (Se o leitor já viu a determinação com que gatos perseguem a luz de um laser, vai perceber como é estranho ignorarem uma bolinha rolando.) Quando examinaram a atividade no cérebro dos gatos, Blakemore e Cooper descobriram que os indivíduos criados em ambientes verticais não mostravam nenhuma reação a linhas horizontais, enquanto os criados em ambientes horizontais não reagiam a linhas verticais. Seus cérebros ficaram efetivamente cegos a tudo a que não tivessem sido naturalmente expostos durante seus meses iniciais de vida. Segundo Andy Doan, tratava-se de uma condição irreversível. O córtex visual daqueles pobres gatinhos se tornara um picles para sempre, e nem a exposição a ambientes normais pelo resto da vida deles foi suficiente para reverter muitos dos efeitos dos primeiros meses, cheios de limitações.

Doan traçou uma analogia com os pacientes de Hilarie Cash no reSTART. O termo técnico para o que Blakemore e Cooper induziram em seus animais se chama ambliopia (do grego, "vista embotada"). Doan me contou que crianças criadas com a internet sofrem de uma espécie de ambliopia emocional. As crianças desenvolvem atividades mentais distintas em diferentes idades, durante os assim chamados períodos críticos. Elas aprendem novas línguas com facilidade até os quatro ou cinco anos, e é necessário maior esforço após essa idade. Uma ideia semelhante funciona para as habilidades sociais em desenvolvimento — e para aprender a se situar no mundo complexo da sexualidade adolescente. Se os jovens deixam escapar a oportunidade de interagir pessoalmente, há uma boa chance de nunca virem a adquirir essas habilidades.

Cash conheceu dezenas de adolescentes, sobretudo meninos, mas também meninas, que não têm problema algum em interagir com os colegas on-line, mas que não conseguem manter uma conversa com alguém sentado diante deles. O problema piora quando encorajamos adolescentes de ambos os sexos a interagir entre si. "Como aprender a conversar, flertar, namorar e transar se você só tem contato com outras pessoas pela internet?", perguntou Cash. "Nossos rapazes se perdem e desenvolvem distúrbios de intimidade. Eles não têm as técnicas para juntar sexualidade com intimidade. Muitos recorrem à pornografia, em vez de formar relacionamentos reais, e parecem nunca compreender a verdadeira intimidade." Cash se referiu a "nossos rapazes" porque o centro não aceita mais mulheres.

> Durante quatro anos aceitamos mulheres, mas tivemos que repensar nossas diretrizes depois que uma série de pacientes ignorou a regra que proíbe intimidade física. Tínhamos muito mais pedidos de internação para homens naquele tempo, então decidimos parar de admitir mulheres. Hoje, com o aumento dos jogos não violentos e multiplayer on-line, há quase o mesmo número de pedidos para mulheres. Talvez tenhamos que reconsiderar nossas diretrizes.

Até viciados que, como Isaac Vaisberg, de algum modo ganharam na loteria do carisma, são suscetíveis a uma série de distúrbios psicológicos e sociais. Um estudo revelou que gamers entre dez e quinze anos que jogavam mais de três horas por dia eram menos satisfeitos com sua vida, menos propensos a sentir empatia e com menos chances de aprender a lidar com suas emoções de maneira adequada.[10] Três horas pode parecer um bocado, mas pesquisas recentes mostraram que os jovens passam em média de cinco a sete horas diante de uma tela diariamente. Quando os *millennials* de hoje se tornarem adultos, há uma boa chance de que seus cérebros de pepino tenham virado picles.

Parte 3

O futuro do vício comportamental (e algumas soluções)

10. Cortando vícios no berço

Um aluno entre oito e dezoito anos hoje em dia passa um terço de sua vida dormindo, um terço na escola e um terço envolvido com novas mídias, de smartphones e tablets a TVs e laptops. Ele passa mais tempo se comunicando por meio de telas do que diretamente com outras pessoas, frente a frente. Desde a virada do novo milênio, a taxa de entretenimento sem tela caiu 20%, enquanto a proporção contrária subiu em porcentagem semelhante. Essas estatísticas não são inerentemente ruins — o mundo muda de forma constante —, mas em 2012 seis pesquisadores demonstraram que o ser humano está pagando um preço por isso.

No verão de 2012, 51 crianças visitaram um acampamento de verão nos arredores de Los Angeles.[1] As crianças eram típicos alunos da escola pública do sul da Califórnia: uma mistura igual de meninos e meninas com idade entre onze e doze anos, de uma variedade de contextos étnicos e socioeconômicos. Todas tinham acesso a computador em casa e cerca de metade tinha celular. Passavam uma hora por dia trocando mensagens com amigos, cerca de duas horas e meia vendo TV e pouco mais de uma hora em jogos de computador.

Durante uma semana, as crianças deixaram celulares, TVs e video games para trás. Em vez disso fizeram caminhadas, aprenderam a usar uma bússola e praticaram arco e flecha. Aprenderam a fazer comida na fogueira e a diferenciar uma planta comestível de uma venenosa. Não havia instruções explícitas de olhar nos olhos umas das outras e a ficar frente a frente, mas na ausência de dispositivos eletrônicos foi exatamente o que aconteceu. Em vez de ficar lendo "rs" e olhar para emojis sorridentes, elas de fato riam e sorriam. Ou não, caso se sentissem tristes ou irritadas.

Na segunda de manhã, quando chegaram ao acampamento, as crianças realizaram um pequeno teste chamado DANVA2, acrônimo para Diagnostic Analysis of Nonverbal Behavior (Análise Diagnóstica de Comportamento Não Verbal). É um teste divertido — desses que viralizam no Facebook —, porque tudo o que você tem a fazer é interpretar os estados emocionais de alguns estranhos. Durante metade do teste, você olha o rosto deles em fotos e na outra metade os escuta lendo uma frase em voz alta. Depois decide se estão felizes, tristes, furiosos ou com medo. Pode soar trivial, mas não é. Alguns rostos e vozes são fáceis de interpretar — estão rotulados como de "alta intensidade" —, mas muitos têm características sutis. Como decidir se a Mona Lisa está rindo por dentro ou se está simplesmente entediada ou infeliz? Fiz o teste e errei algumas respostas. Um sujeito parecia levemente deprimido, mas o teste me mostrou que estava levemente assustado. As crianças do acampamento de verão passaram pela mesma experiência e cometeram uma média de catorze erros no teste com 48 questões.

Depois de quatro dias de camping e caminhadas, as crianças estavam prontas para subir nos ônibus e voltar para casa. Antes disso, os pesquisadores tornaram a fazer o teste do DANVA2. Seu raciocínio era de que uma semana de interação pessoal sem a intermediação de aparelhos eletrônicos podia deixá-las mais sensíveis a sinais emocionais. Há um bom motivo para crer que a prática leva à perfeição quando se trata de interpretar sinais emocionais. Crianças que crescem em isolamento — como o famoso menino selvagem de Aveyron, que foi criado por lobos em uma floresta francesa até os nove anos — nunca aprendem a ler esses sinais. E pessoas recém-saídas do isolamento forçado têm dificuldade para interagir com os outros, às vezes pelo resto da vida. Crianças que passam algum tempo juntas também aprendem a interpretar sinais emocionais por meio do feedback repetitivo: talvez você ache que seu colega está segurando um brinquedo porque quer compartilhá-lo, mas se olhar em seu rosto vai perceber que está prestes a usá-lo como arma.

Interpretar emoções é uma habilidade refinada que atrofia com a falta de uso e melhora com a prática, e foi isso que os pesquisadores descobriram no acampamento de verão. As crianças se saíram bem melhor da segunda vez que fizeram o DANVA2. Elas não receberam as respostas certas após fazer o teste da primeira vez, mas a taxa de erro caiu em 33%. Os pesquisadores também pediram a um grupo de controle da mesma escola que fizesse o teste duas vezes. Essas crianças não foram ao acampamento e fizeram o teste na segunda de manhã e na sexta à tarde, assim como as que foram acampar. A taxa de erro caiu um pouco também — 20% —, provavelmente porque alguns tiram proveito de fazer o mesmo teste duas vezes, mas essa taxa de melhoria foi muito menos contundente do que a mostrada pelas crianças que foram ao acampamento.

Há muita coisa que diferencia uma semana passada na cidade de uma semana no campo. Afora o acesso a gadgets e o tempo de contato presencial com os amigos, há um monte de outras diferenças que talvez expliquem as taxas de melhoria das crianças no DANVA2. Passar tempo na natureza melhora as funções mentais? Ou passar tempo com seus colegas o deixa mais inteligente? Ou estar longe dos gadgets faz toda a diferença? É impossível ter certeza, mas isso não muda a prescrição: as crianças se saem melhor numa tarefa que motiva a qualidade de suas interações sociais quando elas passam mais tempo com outras crianças em um ambiente natural do que gastando um terço da vida grudadas em telas brilhantes.

Crianças são especialmente vulneráveis a vícios, porque carecem do autocontrole que impede muitos adultos de desenvolver hábitos viciantes. Sociedades regradas reagem proibindo a venda de álcool e cigarro para menores — mas pouquíssimas sociedades regulam os vícios comportamentais. As crianças continuam podendo lidar com tecnologia interativa por várias horas e continuam jogando o máximo de video game que seus pais permitem. (A Coreia e a China têm flertado com as chamadas Leis de Cinderela, que proíbem crianças de jogar video games entre meia-noite e seis da manhã.)

Por que as crianças não devem ter permissão de usar tecnologia interativa por horas a fio?[2] E por que, como mencionei no prólogo deste livro, tantos especialistas em tecnologia proíbem os filhos de usar os próprios dispositivos que projetam e promovem em público? A verdade é que não sabemos como as crianças vão reagir ao abuso da tecnologia nos próximos anos. A primeira geração de usuários do iPhone tem apenas cerca de oito ou nove anos de idade e a primeira de usuários do iPad, de seis a sete. Eles nem chegaram à adolescência, de modo que não temos como saber exatamente até que ponto serão diferentes de seus colegas apenas um pouco mais velhos. Mas sabemos o que procurar. A tecnologia compreende algumas atividades mentais muito básicas que um dia foram universais. Crianças da década de 1990 e de antes guardavam dezenas de números de telefone na cabeça; elas interagiam entre si, mais do que com seus dispositivos; e encontravam as próprias maneiras de se divertir, em vez de obter diversão fabricada de aplicativos a 99 centavos.

Há alguns anos, interessei-me pelo que chamamos de "vacina contra dificuldades" (*hardship inoculation*). É a ideia de que o esforço para resolver um problema mental — lembrar um número de telefone ou decidir o que fazer numa longa tarde de domingo — previne a pessoa contra futuras dificuldades mentais assim como a vacinação protege contra doenças. Ler um livro, por exemplo, é mais difícil do que ver TV. (David Denby, crítico de cinema da *New Yorker*, recentemente escreveu que as crianças estão abandonando os livros à medida que crescem. "Livros têm cheiro de gente velha", escutou um adolescente dizer.)[3] Há boas evidências aparecendo que sustentam a ideia de que pequenas doses de dificuldades mentais são benéficas para nós. Jovens adultos se saem bem melhor em problemas mentais complicados quando solucionaram problemas difíceis antes. Atletas adolescentes também são bem-sucedidos em desafios: descobrimos, por exemplo, que times de basquete universitário se saem melhor quando sua pré-temporada é mais exigente. Esses esforços medianos prévios são cruciais. Privar nossos filhos desse trabalho dando-lhes um dispositivo que torna tudo mais fácil é perigoso — simplesmente não sabemos o quanto isso pode ser nocivo.

A dependência extrema da tecnologia também leva a um fenômeno conhecido como "amnésia digital". Em dois levantamentos, milhares de adultos norte-americanos e europeus tiveram dificuldade para se lembrar de um punhado de telefones importantes. Eles tiveram dificuldade para se recordar do celular dos filhos e do número principal de seu local de trabalho. Em outras questões, 91% dos entrevistados descreveram seu celular como uma "extensão de seu cérebro". A maioria afirmou que pesquisava respostas na internet para alguma dúvida antes de tentar lembrar e 70% disseram que ficariam tristes ou em pânico se perdessem o celular mesmo que por um breve período. A maioria disse que havia informação em seus celulares que não estava armazenada em sua cabeça nem em nenhum outro lugar.

A psicóloga do MIT Sherry Turkle argumentou ainda que a tecnologia transforma as crianças em comunicadores pobres.[4] Tomemos como exemplo o caso do WhatsApp, que muitas crianças (e adultos) preferem a uma ligação telefônica. Escrever o texto permite modular sua mensagem com mais precisão do que falar. Se você costuma responder "haha" a uma piada, pode escrever "hahaha" para sinalizar que determinada piada é especialmente engraçada — ou "HAHAHAHA" se for hilariante. Se estiver com raiva, pode responder com um "..." indiferente e se estiver furioso pode decidir nem responder. Para gritar, use um único "!", e para exclamações ruidosas use "!!!" ou até "!!!!". Há uma precisão matemática nesses sinais — podemos contar o número de "ha" ou "!" —, de modo que uma conversa por texto é ideal para o usuário avesso ao risco, que se preocupa com a possibilidade de ser mal interpretado. A significativa desvantagem é que nada é espontâneo, e pouquíssima coisa é ambígua quando seguimos as regras do texto. Não existem dicas não verbais; nada de pausas, cadências, risadas abruptas, pigarros para pontuar a mensagem. Sem esses sinais, as crianças não conseguem aprender a se comunicar pessoalmente.

Turkle ilustra as limitações da comunicação por celular recontando o comentário do comediante Louis C. K. no talk show de Conan O'Brien em 2013. Ele explicou que não criava as filhas; criava os adultos que elas iriam ser. Celulares, afirmou, são "tóxicos, especialmente para crianças".

Elas não olham para as pessoas quando estão falando no celular. E não geram empatia. Você sabe, crianças são cruéis. E isso acontece porque estão experimentando. Elas olham para uma criança e falam "você é gordo". E veem o rosto da criança se contrair e pensam *Uh, não é legal fazer uma pessoa ficar assim* [...] mas quando escrevem "você é gordo", só pensam *Humm, isso foi divertido. Gostei.*

Para Louis C. K., a comunicação cara a cara é essencial, porque é a única maneira de as crianças perceberem como suas palavras afetam outras pessoas.

Enquanto escrevo isto, duas semanas atrás minha esposa deu à luz nosso primeiro filho. Sam Alter nasceu em um mundo de telas. A tela de sua babá eletrônica leva nossas vozes e rostos para o quarto dele. A tela em meu iPad o apresenta a seus avós, tio e primos pelo mundo. A TV em nossa sala produz imagens em movimento e sons enquanto o fazemos pegar no sono. Com o tempo ele vai aprender a usar o iPad e a TV sozinho. Então vai aprender a usar computadores e celulares, bem como quaisquer dispositivos a serem inventados que definam sua geração como os computadores e smartphones definem a nossa. Em muitos aspectos, essas telas vão enriquecer sua infância: ele vai assistir a vídeos, jogar, interagir com pessoas de maneiras que seus ancestrais consideravam coisa de ficção científica. Mas há uma boa chance de que o privem de sua infância. Os mundos bidimensionais das telas são versões empobrecidas da realidade. As interações sociais são diluídas, há mais espaço para transmitir a informação mais mastigada e menos ensejo para a imaginação e a exploração. Como me contou Andy Doan, o tempo que as crianças passam com telas na infância influenciará como vão interagir com o mundo pelo resto da vida. É mais fácil encontrar o equilíbrio ideal no começo do que corrigir padrões insalubres depois.

Um subgênero de vídeos no YouTube mostra como crianças pequenas reagem ao contato com a tela: elas não sabem o que fazer com uma revista, por exemplo. Um desses vídeos tem mais de 5 milhões de visualizações. Mostra uma menina de um ano vendo imagens em um iPad como uma especialista. Ela passa de tela em tela e dá gritinhos de alegria quando o aparelho responde à sua vontade. O gesto de deslizar, ou *swipe*, que a Apple introduziu em seu primeiro iPhone, em 2007, é tão natural para ela quanto respirar ou comer. Mas quando se senta na frente de uma revista, continua a passar o dedo pela superfície, frustrando-se quando as fotos inertes diante de seus olhos se recusam a mudar. Ela está entre os primeiros seres humanos que compreendem o mundo dessa forma — a acreditar que possui um domínio ilimitado sobre o ambiente visual e a capacidade de superar o caráter ultrapassado de qualquer experiência invocando sua substituta com um deslizar de dedo. O vídeo é devidamente intitulado "A magazine is an iPad that does not work" (Uma revista é um iPad que não funciona), e os comentários sob o vídeo fazem perguntas como: "Você pode explicar por que deu um iPad para uma criança de um ano?".

Os iPads facilitam bastante o trabalho dos pais. Constituem uma fonte de distração renovável para crianças que gostam de vídeos e jogos, e são como um milagre para pais extenuados pelo excesso de trabalho e a falta de descanso. Mas também estabelecem um precedente perigoso que as crianças têm dificuldade para superar durante o crescimento. Hilarie Cash, do reSTART, tem opiniões fortes sobre o assunto. Ela não é conservadora, mas é testemunha ocular dos efeitos dessa superexposição. "As crianças não deveriam ser expostas a telas antes dos dois anos", diz. Cash defende que suas interações precisam ser diretas, sociais, em primeira mão, concretas. Esses dois primeiros anos estabelecem o padrão de como essas crianças vão interagir com o mundo quando tiverem três, quatro, sete, doze anos de idade, e assim por diante. "Assistir passivamente à TV pode ser permitido, até chegarem ao início do ensino fundamental — por volta dos sete —, para depois serem introduzidas à mídia interativa, como iPads e smartphones", alega Cash. Ela também sugere limitar o tempo de tela a duas horas diárias, até para adolescentes. "Não é fácil", admite. "Mas é crucial. As crianças necessitam de sono e atividade física, além de tempo com a família e tempo para usar a imaginação." Essas coisas não acontecem quando estão mergulhadas no mundo das telas.

A Academia Americana de Pediatras (AAP) concorda com Cash. "A televisão e outras mídias de entretenimento devem ser evitadas entre bebês e crianças com menos de dois anos", aconselhou a AAP em um relatório na internet. "O cérebro da criança se desenvolve rapidamente durante esses primeiros anos, e crianças pequenas aprendem mais interagindo com pessoas, não telas." Isso pode ser verdade, mas é muito difícil cortar todo o contato quando há telas por toda parte. Ainda em 2006 — quatro anos antes de a Apple introduzir o primeiro iPad —, a Fundação Kaiser revelou que 43% das crianças com menos de dois anos viam TV diariamente e 85%, ao menos uma vez por semana. Sessenta e um por cento das crianças com menos de dois anos passavam ao menos algum tempo por dia diante de uma tela. Em 2014, uma organização chamada Zero to Three informou que 38% das crianças com menos de dois anos tinham usado um dispositivo móvel (comparado a 10% em 2012). Aos quatro anos, 80% das crianças já tinham usado um dispositivo móvel.

A Zero to Three adota uma abordagem mais branda do que a AAP, admitindo que pelo menos algum tempo de tela é praticamente inevitável. Em vez de proibir telas, pura e simplesmente, a Zero to Three recomenda *tipos* específicos de tempo de tela. O relatório diz:

> Um corpus de pesquisa robusto mostra que o fator mais importante no desenvolvimento salutar de uma criança é o relacionamento positivo entre pais e filhos, caracterizado por interações afetuosas e dedicadas em que os pais e outros adultos responsáveis respondam com sensibilidade aos sinais da criança e forneçam atividades adequadas à idade, que incentivem a curiosidade e o aprendizado.

A AAP obviamente concorda: sua declaração sobre o uso infantil de mídia termina com "crianças pequenas aprendem mais interagindo com pessoas, não telas". A diferença entre as duas entidades é que a Zero to Three reconhece que crianças podem desenvolver interações saudáveis com telas, contanto que os pais também estejam envolvidos. Em vez de proibi-las, a organização lista as três principais qualidades do tempo de tela saudável.

Primeiro, os pais devem incentivar os filhos a fazer a conexão entre o que veem na tela e sua experiência no mundo real. Se um aplicativo pede às crianças que separem blocos de madeira pela cor, os pais podem, por exemplo, pedir a elas que digam a cor de cada item enquanto separam juntos a roupa para lavar. Se um aplicativo apresenta blocos de madeira e bolas, as crianças devem brincar com blocos de madeira e bolas de verdade logo depois. Nenhuma experiência deve ficar confinada a um mundo virtual projetado para imitar a realidade. Essa ponte entre tela e realidade é conhecida como *transferência de aprendizado* e melhora o ato de aprender por dois motivos: exige que as crianças repitam o que aprenderam e as estimula a generalizar o que aprenderam para além de uma única situação. Se um cachorro na tela é o mesmo que um cachorro na rua, a criança aprende que cachorros podem existir em muitos contextos.

Segundo, ter envolvimento ativo é melhor do que ser um espectador passivo. Um aplicativo que incite a criança a agir, lembrar, decidir e se comunicar com os pais é melhor do que um programa de TV que lhes permita absorver conteúdo de forma passiva. Programas de ritmo lento, como *Vila Sésamo*, incentivam a participação e o envolvimento, de modo que são melhores do que programas acelerados como *Bob Esponja* (que não foi feito para menores de cinco anos). Em um estudo, crianças de quatro anos que assistiam a *Bob Esponja* (em vez de um desenho animado educativo, mais lento) durante nove minutos tinham depois dificuldade de reter informação nova e resistir a uma tentação em seguida. Por conseguinte, a TV raramente deve estar ligada durante outra atividade e o seu tempo de uso deve ser separado do resto do dia.

Terceiro, o tempo de tela deve sempre se concentrar no conteúdo do aplicativo, mais do que na tecnologia em si. Crianças assistindo a uma história se desenrolar devem explicar o que acham que pode acontecer em seguida; apontar e identificar os personagens na tela; e seguir com calma o suficiente pelo processo de modo a não ficarem assoberbadas com o uso da tecnologia. Na medida do possível, uma história transcorrendo na tela deve imitar a experiência de um livro.

Assim como crianças pequenas, adolescentes tendem a ser vulneráveis ao vício. O reSTART utiliza as metáforas da dieta e da sustentabilidade ambiental para descrever quando e com que frequência crianças mais velhas devem interagir com telas. Cash me contou que preferia não usar o termo "vício", que implica todas as armadilhas da doença. Em vez disso, o centro adota o linguajar do movimento ambientalista. Sua homepage declara que o reSTART é um "Centro de Sustentabilidade da Tecnologia Digital" e que ele ensina às pessoas a levar um estilo de vida sustentável. O centro é mais um "retiro" do que uma instituição de tratamento. "É impossível evitar por completo a tecnologia, então nosso objetivo não é ensinar os clientes a largá-la de uma hora para outra", contou Cash. "Ensinamos às pessoas como solucionar problemas, o que não é uma forma tradicional de terapia." Cash explicou que a solução de problemas era crucial porque o plano de tratamento durava apenas 45 dias. Depois disso, os meninos tinham que se virar sozinhos.

O plano de tratamento do reSTART conta com três fases. Durante a primeira, os pacientes não têm permissão de usar nenhuma tecnologia. Eles passam por uma desintoxicação, que normalmente dura cerca de três semanas. "Alguns resistem muito, mas outros abraçam o processo", disse Cash. "Em geral conseguimos saber no fim da primeira fase quem vai se beneficiar do tratamento, e a maioria consegue." Pelo restante da primeira fase — mais três ou quatro semanas —, os jovens continuam morando no centro. Eles aprendem as habilidades de vida básicas que muitos não sabem, como fritar um ovo, limpar o banheiro, arrumar a cama e, o mais importante, lidar com as próprias emoções. (Um desses meninos me contou que disputara várias partidas de xadrez desde que entrara para o reSTART e que elas em geral terminavam com ele derrubando o tabuleiro num acesso de fúria.) Também aprendem a se exercitar e a conviver com a natureza, que é uma parte importante da filosofia da instituição: se você vai arrancar um componente importante de sua vida, precisa substituir isso por algo que o envolva e lhe permita escapar da tecnologia. A cofundadora do Cash, Cosette Rae, me contou que seu marido realiza caminhadas ao ar livre com os meninos. O reSTART fica no meio de uma floresta, mas além disso os rapazes também fazem trilhas no monte Rainier, que fica perto. Eles treinam na academia do centro todos os dias e muitos entram em forma. Cash citou um estudo independente revelando que de 78% a 85% dos meninos melhoram durante essa fase inicial.

Durante a segunda fase, os pacientes mudam-se para casas de reabilitação parecidas com as casas mantidas pelos Alcoólicos Anônimos. Lá descobrem como aplicar as habilidades que aprenderam no reSTART. Eles procuram emprego ou trabalho voluntário, ou frequentam a faculdade. As casas obedecem a regras estritas, e os pacientes recebem apoio do reSTART quando se apresentam regularmente após seus compromissos fora da instituição. Perguntei a Cash se o programa fora bem-sucedido e ela me disse que sim, mas que não tinha como fornecer números sólidos. O reSTART é pequeno e a natureza do problema de cada jovem é ligeiramente diferente, de modo que é difícil mensurar taxas de reincidência. Um aluno de pós-graduação começaria a trabalhar com Cash e Rae para implementar um plano de medição mais rigoroso.

A terceira e última fase começa quando ex-pacientes estão prontos para voltar à vida sem supervisão. Muitos deles ficam em Washington, perto do centro, o que lhes permite se apresentar regularmente com intervalos de semanas ou meses. Como são oriundos de todas as partes do país, e às vezes de fora dos Estados Unidos, também ficam menos propensos a cair na tentação de velhos hábitos se evitarem as pessoas e os lugares que caracterizavam seus antigos vícios. (Lembre-se dos veteranos do Vietnã que escaparam do vício em heroína quando voltaram da guerra.) Isaac Vaisberg descobriu isso da pior maneira quando voltou para casa após sua primeira internação no reSTART e não conseguiu resistir ao World of Warcraft. Da segunda vez, decidiu ficar por perto quando o programa terminou, e até hoje mora a uma pequena viagem de carro da clínica.

A maioria dos adolescentes não precisa passar um período em lugares como o reSTART, mas seus pais mesmo assim se preocupam com o modo como interagem com jogos e redes sociais. Catherine Steiner-Adair, psicóloga que mencionei no capítulo 1, entrevistou milhares de adolescentes e seus pais para formular um conjunto de princípios parentais básicos.[5] Ela explicou que adolescentes reagem mal a pais que são "amedrontadores, loucos e sem noção".

O amedrontamento vem na forma de uma intensidade rígida, crítica. À medida que os pais ficam mais preocupados, suas reclamações naturalmente aumentam. Frases como "você vai arruinar suas chances de ir para a faculdade!" ou "nunca mais traga esse amigo para casa!" são uma garantia de alienar os filhos. Pais loucos têm reação extremada quando os filhos lhes trazem problemas. Steiner-Adair descreve o caso de uma menina de doze anos que recebeu um e-mail ofensivo de uma amiga. "Ela não podia conversar sobre coisas como essa porque a mãe tinha mania de fazer o maior drama com tudo. 'Ela vai dizer *isso é horrível!*, daí vai começar a falar sem parar, e não vou ter só que me preocupar com a minha amiga, mas com a minha mãe louca também." É evidente que a mãe da menina se preocupa com ela — e quer que a filha se sinta melhor —, mas sua reação instintiva, descontrolada, agrava o problema. Pais sem noção, por outro lado, são objeto de pena. Eles não compreendem a vida que os filhos levam ou acham que é mais do que conseguem lidar. "Um pai ou mãe sem noção se esforça demais" para ficar amigo do filho, diz Steiner-Adair. "Ele deixa de perceber os sinais, muitas vezes se pegando em coisas superficiais, ao passo que não consegue ter uma conversa significativa sobre os valores da vida e as expectativas e consequências."

Ao contrário de pais amedrontadores, loucos e sem noção, há os pais "acessíveis, calmos, informados e realistas". Eles compreendem que a mídia social é parte do mundo real. Às vezes os filhos ficam infelizes, mas a reação exagerada só piora as coisas. Esses pais se esforçam para compreender como seus filhos interagem com plataformas de redes sociais. Fazem perguntas sem julgar e pesquisam por conta própria. Também impõem limites, criando o tipo de relação sustentável com a tecnologia que é promovida no reSTART. A família desfruta de conversas significativas frente a frente e em determinados momentos do dia todos ficam juntos, longe da internet. Alguns desses ideais podem parecer óbvios em termos abstratos, mas nem sempre são fáceis de conseguir no calor do momento. O mantra de Steiner-Adair — acessíveis, calmos, informados e realistas — é um princípio básico e útil quando as tensões aumentam.

* * *

Até o momento, o governo americano preferiu não intervir na relação entre os jovens e o vício comportamental. Não existem clínicas de tratamento financiadas pelo Estado, talvez porque uma porcentagem relativamente pequena de viciados necessite de auxílio psiquiátrico. A resposta do Leste Asiático ao vício comportamental, particularmente na China e na Coreia do Sul, tem sido muito mais ousada do que a dos Estados Unidos.[6] Em 2013, dois cineastas israelenses lançaram um documentário chamado *Web Junkie*. Durante quatro meses, Hilla Medalia e Shosh Shlam entrevistaram médicos, pacientes e pais em um centro de tratamento para vício em internet em Beijing, na China. Anos antes, o país se tornara o primeiro a declarar o vício em internet um problema médico, rotulando-o como a "ameaça número um à saúde pública" da população adolescente.

Há mais de quatrocentos centros de tratamento na China e, segundo a definição das autoridades chinesas de vício em internet, mais de 24 milhões de adolescentes viciados. Medalia e Shlam visitaram um desses centros, o Campo Daxing, no Hospital Militar de Beijing, onde conversaram com o decano do tratamento de vício em internet na China, professor Tao Ran. Ran é um psiquiatra de fala suave que, não obstante, desperta ódio entre os pacientes do centro. A maioria foi ludibriada ao visitar o lugar, onde passam três ou quatro meses como pacientes involuntários em tempo integral. Eles são obrigados a seguir um regime de comprimidos e a marchar em formação militar, mesmo com as baixas temperaturas em pleno inverno. Seus pais, muitos dos quais choram abertamente diante da câmera, internam os filhos (e às vezes as filhas) porque sentem não ter outra opção. No início do documentário, o professor Ran explica o problema e seu papel como diretor do centro:

> O vício em internet é um problema cultural entre adolescentes chineses, que ultrapassou todos os demais problemas. Como psiquiatra, meu papel é determinar se isso é uma doença. Notamos que esses jovens são propensos à realidade virtual. Eles acham que o mundo real não é tão bom quanto o virtual. Nossa pesquisa mostra que viciados passam mais de seis horas por dia on-line, não para fins de trabalho ou estudo [...] alguns jovens estão tão vidrados em games que acham que ir ao banheiro pode prejudicar seu desempenho. Então usam fralda. São como

viciados em heroína — aguardam ansiosamente pelo momento de jogar todos os dias. É por isso que as pessoas chamam esses jogos de "heroína eletrônica".

Mais tarde, o professor Ran dá a entender que o problema é estrutural — não uma doença e que é culpa da sociedade. Ele se reúne com um grupo de pais em uma salinha deprimente no centro. "Um dos maiores problemas entres esses jovens é a solidão. Solidão. Sabiam que eles se sentem sozinhos?", pergunta, falando em um microfone que reverbera de modo estranho e parece mais indicado para uma arena. Um pai responde: "Acho que é porque são filhos únicos. E como pais fracassamos em fazer amizade com nossos filhos. Só ficamos pedindo para se esforçarem ao máximo nos estudos. O estresse, as preocupações, o sofrimento deles — não percebemos nada disso. Só nos preocupamos com os estudos". Ran concorda. "Então onde eles procuram amigos? Na internet. O mundo virtual tem todo tipo de distrações audiovisuais espetaculares. Simulações que não encontramos em nenhum outro lugar. Esse mundo se torna o melhor amigo dos jovens." Fica clara a ambivalência do professor Ran quanto à natureza do vício em internet. Por um lado, ele obriga seus pacientes a usar medicamentos psicotrópicos, e por outro dá a entender que isso não é uma doença. Quando uma sociedade gera milhões de jovens solitários e sobrecarregados, como eles poderiam deixar de recorrer a uma fonte incessante de companhia e escapismo? Parece uma reação racional a sua alienação. O que ocasiona sua derrocada não é sofrerem de alguma doença, e sim que esse mundo digital seja tão claramente superior ao mundo real que deveriam estar habitando.

Os próprios adolescentes admitem isso. São sofisticados de maneiras que escapam a adultos que cresceram num mundo relativamente primitivo. Um grupo de meninos no centro fala sobre o vício, numa típica demonstração masculina de contar vantagem. Um diz que jogou video game por dois meses sem parar — toda a duração de suas férias de verão. Outro afirma que jogou trezentos dias seguidos, parando rapidamente para comer, dormir e ir ao banheiro. Um terceiro afirma que a definição de vício do professor Ran é "besteira". Seis horas por dia lhe parecem uma coisa normal. "Se olhar a definição deles de vício em internet, você vai ver que 80% dos chineses devem ser viciados." Um quarto diz: "A maioria de nós não acha que tem vício em internet. Não é uma doença de verdade. É um fenômeno social". Os meninos tentam minimizar a questão, mas fica claro que o vício em internet na China é um problema gigantesco que não para de crescer.

A abordagem ocidental para o vício de comportamento é tão difusa quanto a do professor Ran. O *Diagnostic and Statistical Manual* atualmente reconhece que jogar é um vício comportamental genuíno, e o uso excessivo da internet quase foi incluído em sua quinta edição, publicada em 2013. Há hoje mais de duzentos artigos acadêmicos sobre o tema, de modo que a Associação Psiquiátrica Americana optou por mencioná-lo brevemente no apêndice do manual. Por outro lado, o *DSM* omitiu outros vícios comportamentais, como malhar, usar o celular e trabalhar em excesso, porque essas práticas ainda não atraíram interesse acadêmico o suficiente. No entanto, isso não torna a experiência desses vícios menos tangível, como descobri quando falei com especialistas em tratamento de vício comportamental. Mesmo que a APA não os considere doenças ou distúrbios, eles ainda assim afetam milhares de vidas. E talvez não devessem ser considerados distúrbios clínicos — talvez, como milhões de adolescentes chineses que tratam a solidão recorrendo à internet, os viciados comportamentais estejam apenas reagindo às coerções do mundo em que calharam de viver.

Ao contrário do modelo médico do professor Ran, com seus comprimidos e suas sessões de tratamento psiquiátrico, o reSTART antes de mais nada trata o problema como uma questão estrutural: restaure a estrutura da vida da pessoa afetada e o problema se resolve. As sessões de terapia constituem uma pequena parte do plano de tratamento do reSTART — muito menor do que treinamento para a vida e habilidades em lidar com o problema, por exemplo. Mas isso não é verdade em todos os estabelecimentos norte-americanos. Há um hospital que trata o vício de comportamento de um modo muito parecido com o que a medicina ocidental trata o vício em substâncias. Em 2013, o Bradford Regional Medical Center, na Pensilvânia, lançou um programa de tratamento integral de dez dias para viciados em internet. Kimberly Young, a psicóloga que o fundou, interessou-se pelo assunto em meados da década de 1990.[7] "Em 1994 ou 1995, uma amiga me contou que o marido estava passando entre quarenta e sessenta horas semanais em salas de bate-papo da AOL", disse Young. "O acesso à internet era caro na época, 2,95 dólares por hora, então o hábito virou um fardo para as finanças da família. Por isso me perguntei se as pessoas podiam desenvolver vício em internet." Young criou o Questionário Diagnóstico de Vício em Internet, ou IADQ, e o postou na rede. Assim como questionários de vício em jogo e álcool, o IADQ pedia que a pessoa apontasse quais das oito afirmações se aplicavam a ela. "Qualquer um que dissesse que pelo menos cinco se aplicavam a seu caso era considerado 'viciado'", contou Young.

No dia seguinte, dezenas de pessoas lhe enviaram e-mails expressando preocupação. Muitas assinalaram mais de cinco questões em sua escala. Nos quatro anos seguintes, Young refinou e validou o questionário, acrescentou doze novos itens e o rebatizou de Internet Addiction Test. (Incluí uma amostra de questões do teste no primeiro capítulo deste livro.)

Young começou a tratar uma lista cada vez maior de viciados em internet, alimentada por dois acontecimentos específicos, primeiro em 2007 e depois em 2010: a chegada do iPhone e depois do iPad, da Apple. "Meu foco no vício em internet explodiu quando a internet ficou móvel", contou Young. O contexto do vício não era mais limitado ao lar — agora estava por toda parte. Em 2010, Young reconheceu a necessidade de um centro de tratamento específico para o problema. Um estudo há muito ultrapassado de 2006 sugeria que um em cada oito americanos era viciado em internet, mas Young estava convencida de que o número era bem maior — e crescia. Ela conseguiu arranjar dezesseis leitos em Bradford, que ficaram reservados para um centro de tratamento para vício agudo em internet. Embora tenha falado com Cash no reSTART, Young preferia uma abordagem diferente, mais intensiva. Em vez de 45 dias, os pacientes ficariam em suas dependências por apenas dez. "A maioria não tem tempo para passar mais do que dez dias conosco", disse. Muitos haviam passado por outros médicos que não puderam ajudá-los, de modo que estavam desesperados quando chegavam ao hospital. Os pacientes seriam submetidos a uma desintoxicação rápida de três dias e depois por mais sete dias de terapia comportamental cognitiva. A abordagem de Young, conhecida como Terapia Comportamental Cognitiva para Vício em Internet, ou CBT-IA, na sigla em inglês, tomava emprestadas técnicas que haviam sido bem-sucedidas no tratamento de outras compulsões. Muitos pacientes seus não acreditam ter um problema, então ela tem que ensiná-los a reconhecer que estão, na verdade, viciados. Depois ela os orienta a ver sob uma nova luz algumas ideias prejudiciais que os levaram ao uso excessivo de internet — por exemplo, a ideia de que eram incapazes de fazer amizade no mundo real. A CBT-IA também encoraja os pacientes a se reconectar com o mundo off-line, que muitos abandonaram em prol de uma existência virtual, que parece mais generosa.

Em 2013, Young publicou um artigo descrevendo os efeitos da CBT-IA em 128 viciados em internet. Ela mensurou o progresso deles imediatamente após doze sessões de tratamento, e de novo um mês, três meses e seis meses após o fim do tratamento. Os resultados foram animadores: logo após o tratamento, os pacientes de Young estavam menos preocupados com a internet, mais capacitados a gerenciar o próprio tempo e menos propensos a viver consequências nocivas pelo uso excessivo. Seis meses depois, alguns benefícios do tratamento haviam diminuído, mas os padrões eram similares: a CBT-IA parecia estar funcionando, pelo menos nessa amostragem limitada.

Programas como o reSTART, a CBT-IA de Kimberly Young e a academia militar do professor Ran são tentativas desesperadas de lidar com os casos mais graves de vício comportamental — e estão restritas à internet e aos games. Não são perfeitas, porém as primeiras evidências sugerem que essas iniciativas rendem benefícios discretos e moderados. Mas o que poderíamos fazer em relação aos milhões que não estão preparados ou não podem se internar — os milhões que vão excessivamente à academia, trabalham mais tempo do que deveriam e não conseguem se controlar quando fazem compras on-line?

A resposta não é medicar essas formas moderadas de vício, mas alterar a estrutura de como vivemos, tanto no nível social como de forma mais estrita, à medida que construímos nossas vidas cotidianas. É bem mais fácil impedir as pessoas de desenvolver vícios do que corrigir maus hábitos instaurados. Sendo assim, essas mudanças não devem começar com adultos, mas com crianças novas. Os pais sempre ensinaram os filhos a comer, quando dormir e como interagir com outras pessoas, mas a educação hoje é incompleta se não tiver lições sobre como interagir com a tecnologia e por quanto tempo.

Assim como os Alcoólicos Anônimos, muitos programas clínicos promovem a abstinência: ou você se abstém de determinado comportamento ou nunca se livrará do vício. Uma vez que a abstinência não é uma opção viável para muitos comportamentos modernos, uma intervenção alternativa lança mão de uma abordagem diferente. Enquanto os Alcoólicos Anônimos indicam que os dependentes estão muito à mercê de seu vício para conseguir superá-lo, a *entrevista motivacional* reside na ideia de que as pessoas têm maior probabilidade de se manter em suas metas se estiverem ao mesmo tempo motivadas e se sentindo empoderadas para triunfar. Os orientadores começam fazendo perguntas que incentivam seus clientes a considerar se querem mudar seus comportamentos viciantes. O que torna a abordagem radical é que os clientes podem decidir que não têm a menor vontade de mudar seus comportamentos.

Carrie Wilkens, cofundadora e diretora clínica do Center for Motivation and Change (Centro de Motivação e Mudança), em Nova York, explicou o processo:[8]

> A chave da entrevista motivacional é pôr não só os custos, mas também os benefícios do comportamento viciante em cima da mesa. Todo mundo sabe como o vício é uma coisa horrível, mas ele também tem seus benefícios, e isso costuma ser a parte mais significativa do quebra-cabeça. É ótimo desvelar os benefícios do comportamento porque assim podemos compreender as necessidades subjacentes a que ele atende.

> Se, por exemplo, uma garota de dezesseis anos verifica sua conta no Instagram dezenas de vezes por dia, ela pode dizer que o benefício é se sentir conectada aos amigos. Ela posta três ou quatro fotos diariamente e se sente compelida a checar se os posts estão atraindo curtidas. Dessa forma, a chave para tratar seu vício é assegurar que se sinta conectada por outros meios e legitimada mesmo sem essas curtidas. Uma sessão típica pode começar com algo chamado *regra da prontidão*:

> Em uma escala de 0 a 10, com 0 sendo nem um pouco pronto para mudar seu comportamento e 10 sendo mais motivado do que nunca, onde você se encontra?

> A primeira pergunta na intervenção principal investiga a resposta da jovem a essa questão. Por que o número é tão alto ou tão baixo? Isso lhe dá a chance de expressar sua predisposição à mudança. Se a resposta for um número baixo, ela pode dizer que não vê necessidade de mudar seu comportamento; quando for alta, pode admitir que o Instagram está lhe trazendo infelicidade. A partir daí, o clínico faz uma série de perguntas mais elaboradas:

Quais os benefícios de seu uso do Instagram?

Até que ponto você gostaria que as coisas fossem diferentes?

Como o uso do Instagram afeta seu bem-estar?

De que maneiras você sente que poderia se sair melhor?

Os orientadores que praticam a entrevista motivacional concluem rigorosos seminários de treinamento, mas a abordagem geral é repleta de benefícios para pais e até para adultos que estão tentando mudar seu próprio comportamento. Ela é, por natureza, avessa aos juízos de valor, de modo que os viciados são menos propensos a ficar na defensiva. Um roteiro, por exemplo, sugere a seguinte abertura:

Não estou aqui para fazer sermão nem lhe dizer o que você "deve" fazer; como eu saberia? A vida é sua, não minha! Acredito que as pessoas sabem o que é melhor para elas.

Não tenho segundas intenções, apenas uma meta: saber se existe alguma coisa na maneira como você cuida de sua saúde que gostaria de mudar, e, se quiser, ver se posso ajudá-lo a fazer isso.

Que tal lhe parece?

Os orientadores tradicionalmente utilizavam a abordagem para tratar do abuso de substâncias, mas Wilkens diz que funciona tão bem quanto para comportamentos. Pelo menos um estudo confirmou essa convicção. Ela funciona porque motiva as pessoas a mudar e lhes dá uma sensação de propriedade sobre o processo. Os pacientes não estão sendo convencidos ou pressionados a mudar por alguma outra pessoa; escolheram mudar de maneira voluntária. A abordagem reconhece também que pessoas diferentes são impelidas a superar seus vícios por motivos distintos. Para alguns, vícios são uma barreira à produtividade; para outros, uma barreira à saúde; e para muitos, uma barreira à consumação de relacionamentos sociais. A entrevista motivacional revela qual é o motivo e leva a pessoa viciada a mudar.

A eficácia da técnica é explicada por uma das teorias dominantes na pesquisa de motivação: a Teoria da Autodeterminação (SDT, na sigla em inglês).[9] A SDT explica que as pessoas são naturalmente proativas, sobretudo quando um comportamento ativa uma de três necessidades humanas centrais: a de se sentir no controle da própria vida (autonomia); a de formar laços sociais sólidos com a família e os amigos (ligação); e a de se sentir eficaz ao lidar com o ambiente externo, aprendendo novas habilidades e superando desafios (competência). Embora sejam destinados a aplacar o desconforto psicológico, comportamentos viciantes também tendem a frustrar uma ou mais dessas necessidades. Uma entrevista motivacional torna essa frustração clara: ao ser questionado sobre como o uso do Instagram afeta seu bem-estar, você vai perceber que isso está comprometendo sua produtividade, seus relacionamentos, ou as duas coisas. Longe de deixar a pessoa impotente perante o vício, a técnica faz com que ela se sinta não só motivada como capaz de mudar para melhor.

A SDT surgiu em meio às extravagâncias dos anos 1980. Os exageros de Wall Street haviam chegado ao auge e as empresas acreditavam que os trabalhadores respondiam melhor a contracheques maiores e bonificações generosas. A SDT sugeriu que essas formas de compensação — conhecidas como recompensas extrínsecas — não conseguiriam sustentar a motivação no longo prazo. Os trabalhadores precisavam de recompensas intrínsecas: um trabalho que os fizesse se sentir eficazes e competentes em uma empresa que respeitavam. Às vezes, as recompensas extrínsecas eram na verdade contraproducentes, pois privavam os trabalhadores de uma motivação intrínseca genuína. Em um experimento, os alunos se divertiam para completar uma série de quebra-cabeças — até começarem a receber uma remuneração dos pesquisadores. A partir do momento em que passaram a ganhar dinheiro por isso, os alunos concluíram que os quebra-cabeças não eram tão divertidos, no fim das contas. Quando tiveram a oportunidade de continuar a montar quebra-cabeças, os alunos preferiram outras atividades. A SDT mostra a importância de projetar o tipo correto de ambiente, independentemente de sua intenção de promover ou refrear um comportamento. O segredo é compreender como as diferentes características do ambiente — incentivos financeiros e barreiras físicas, por exemplo — moldam a motivação. Um ambiente bem projetado encoraja bons hábitos e comportamentos saudáveis; o ambiente errado acarreta excessos e — nos extremos — vício comportamental.

11. Hábitos e arquitetura

Nos Estados Unidos, política e religião andam de mãos dadas.[1] Estados conservadores tendem a ser religiosos e estados liberais tendem a ser seculares. A primeira categoria inclui Mississippi, Alabama, Louisiana, Carolina do Sul e Arkansas. Os cinco são estados sulistas e estão compreendidos dentro do Cinturão Bíblico — o epicentro do protestantismo evangélico conservador. Por outro lado, Massachusetts, Vermont, Connecticut, Oregon e New Hampshire são relativamente liberais e seculares. Esses dois grupos de estados diferem em inúmeros aspectos e um dos mais proeminentes é a atitude em relação ao sexo. Estados conservadores e religiosos costumam endossar valores sexuais tradicionais e desencorajar atitudes abertas e hedonistas com a sexualidade, que são bem mais aceitas em estados liberais e seculares.

Uma consequência de condenar em público a sexualidade é que a expressão sexual passa a ocorrer às escondidas. Por exemplo, a tendência ao sexo sem proteção entre adolescentes é maior nos estados conservadores — mesmo quando removemos da equação as diferenças de renda, educação e acesso ao aborto assistido. A repressão religiosa não é páreo para o impulso sexual — e, se influencia em alguma coisa, parece servir para exagerar a pulsão. Isso não é nenhuma surpresa para os psicólogos, que sabem há décadas que a repressão não funciona. É quase impossível superar um vício pela pura força de vontade. Em 1939, Sigmund Freud foi o primeiro a argumentar que pessoas que criticam uma ideia são subconscientemente atraídas por essa ideia, e dois discípulos seus, Seymour Feshbach e Robert Singer, provaram que o psicanalista tinha razão.

Feshbach e Singer eram professores na Universidade da Pensilvânia no fim da década de 1950.[2] Como a legislação sobre a ética com experimentação era frouxa na época, os dois conceberam um experimento desagradável usando choques elétricos. Um por um, alunos de psicologia assistiam a um curto vídeo de um homem resolvendo desafios mentais e físicos. Um assistente de pesquisa prendia no tornozelo de cada aluno um pequeno eletrodo que descarregava uma série de oito choques conforme assistiam ao vídeo. O assistente explicou que a intensidade dos choques aumentaria e que era normal os alunos ficarem apreensivos. Metade foi instruída a expressar seus medos — "ficar ciente de seus sentimentos e admiti-los". A outra metade deveria reprimi-los — "manter a cabeça longe de suas reações emocionais e não pensar a respeito [...] esquecer seus sentimentos". Quando o vídeo terminava, os pesquisadores perguntavam se o homem que tinham visto no vídeo estava assustado. Como Freud previra vinte anos antes, os estudantes instruídos a reprimir seus medos acreditaram que o homem estava com medo. Eles projetavam no mundo ao redor as mesmas emoções que deveriam reprimir. Os que, pelo contrário, foram incentivados a expressar seus medos, mostraram tendência bem menor a acreditar que o homem no vídeo estava assustado. Ao expressarem seus próprios medos, os alunos ficaram livres da preocupação com o sentimento, ao contrário do outro grupo.

Seria lógico imaginar que os habitantes dos estados liberais do Nordeste e do Noroeste dos Estados Unidos passam mais tempo consumindo pornografia na internet. No entanto, como Freud previu há muito tempo, ocorre o contrário. Pessoas de estados conservadores com visão tradicional da sexualidade são mais propensas a procurar sites de pornografia. E, segundo dois psicólogos canadenses, são pessoas de estados religiosos e conservadores que fazem buscas de termos relacionados à pornografia com mais frequência. Quando coletaram dados do Google Trends para examinar o padrão de buscas em cada estado norte-americano, Cara MacInnis e Gordon Hodson descobriram fortes correlações entre crença religiosa e conservadorismo e buscas on-line de termos relacionados à pornografia. Nas palavras de MacInnis e Hodson, "embora caracterizadas por uma oposição ostensiva e sem rodeios à liberdade sexual, regiões caracterizadas por orientações políticas de direita eram relativamente associadas a uma atração subjacente maior ao conteúdo sexual".

Essa discrepância entre o comportamento público e o privado contradiz o mito de que nosso fracasso em interromper hábitos viciantes se deve a nossa falta de força de vontade. Na verdade, são as pessoas obrigadas a exercer a força de vontade que cedem antes. Os que evitam a tentação, antes de mais nada, tendem a se sair muito melhor. Foi por isso que veteranos do Vietnã viciados em heroína se saíram tão bem quando regressaram aos Estados Unidos e escaparam completamente do contexto de consumo da droga, e por isso é tão importante construir seu ambiente de modo que as tentações fiquem longe. Segundo Wendy Wood, psicóloga da Universidade do Sul da Califórnia que estuda hábitos, "a força de vontade é [...] olhar para apetitosos cookies de chocolate e recusá-los. Um bom hábito assegura que, antes de tudo, a pessoa raramente se veja por perto desses cookies".[3] Uma combinação de abstinência e força de vontade simplesmente não funciona. Em um estudo, Xianchi Dai e Ayelet Fishbach, na Universidade de Chicago, pediram a alunos em Hong Kong que ficassem sem usar o Facebook por três dias.[4] A cada dia, eles sentiam mais falta da rede social, e desse modo inferiam que gostavam ainda mais dela, afirmando que queriam usá-la com mais frequência. (Estudantes que usavam outros sites parecidos como substitutos mostraram-se imunes a esse efeito — mas só porque encontraram outra maneira de satisfazer a mesma necessidade de uma rede social.)

Para compreender a ineficácia da abstinência, tente esse exercício simples. Durante os próximos trinta segundos, faça o máximo para evitar pensar em sorvete de chocolate. Toda vez que sua imaginação evocar o alimento proibido, balance o dedo indicador. Se você é como eu — e como praticamente todo mundo —, vai fazer "não" com o dedo pelo menos uma ou duas vezes. O problema está embutido na tarefa: como você pode saber se está pensando em sorvete de chocolate a menos que compare a todo instante seus pensamentos com o pensamento que não pode ter? É preciso pensar em sorvete de chocolate para saber se você estava pensando nele um segundo antes. Agora substitua sorvete de chocolate por compras, e-mails, Facebook, video games ou seja lá o vício que estiver tentando reprimir e você entenderá o problema.

Um psicólogo chamado Dan Wegner descreveu esse paradoxo pela primeira vez no fim da década de 1980.[5] O problema, percebeu Wegner, era a ausência de foco na repressão. Nós sabemos o que evitar, só não sabemos o que pôr no lugar disso, em nossa mente. Quando Wegner pedia às pessoas que tocassem uma campainha toda vez que pensassem num urso branco (o tema proibido no experimento), as campainhas não paravam de soar. Mas quando ele lhes disse que talvez ajudasse substituir esse pensamento pelo de um fusca vermelho, os toques na campainha caíram pela metade. Só a repressão do pensamento não funciona — mas a repressão combinada a uma distração funciona muito bem. E, além do mais, quando recebiam permissão de pensar num urso branco depois, os que haviam se esforçado para reprimir seus pensamentos antes foram consumidos pela imagem do urso branco. Não conseguiam pensar em outra coisa. Enquanto isso, aqueles que receberam uma distração na forma de um fusca vermelho pensaram no urso de vez em quando — mas tiveram um monte de outros pensamentos também. A repressão não está fadada ao fracasso apenas no curto prazo; como Freud esperava, a longo prazo também representa um tiro pela culatra.

Assim, o segredo para superar comportamentos viciantes é substituí-los por alguma outra coisa.[6] Essa é a lógica por trás dos chicletes de nicotina, que servem de ponte entre fumar e largar. Uma das coisas que os fumantes sentem falta é a sensação reconfortante de ter o cigarro preso entre os lábios — sinal de que a nicotina vai chegar em breve. Essa sensação continua a proporcionar conforto por algum tempo depois que a pessoa para de fumar, e é por isso que podemos identificar um ex-fumante por seu rastro de canetas esferográficas mordidas. O chiclete de nicotina é uma ponte eficaz em parte porque administra a nicotina em doses menores, mas também por ser uma distração oral.

A distração também funciona bem se você estiver tentando superar um vício comportamental — se não for até mais eficaz, porque você não está lutando também contra a abstinência de uma substância. Tomemos como exemplo o caso de pessoas que roem unhas. Milhões têm esse hábito e muitos tentam uma série de remédios que simplesmente não funcionam. Algumas pintam as unhas com um esmalte que deixa gosto ruim na boca e outras tentam se livrar do mau hábito apenas pela força de vontade. O problema com ambas as abordagens é que não oferecem um comportamento substituto. A curto prazo, você pode evitar roer as unhas porque deixam um gosto horrível na boca, mas na realidade está apenas se obrigando a reprimir o anseio de fazê-lo.

Sabemos que a repressão não funciona, então assim que você parar de pintar as unhas, vai voltar a roê-las tanto quanto fazia antes, senão mais. O impulso é tão forte em algumas pessoas que elas roem as unhas mesmo com o esmalte, formando uma associação positiva muito estranha entre o gosto ruim e o alívio de satisfazer a vontade.

Uma distração, por outro lado, funciona muito bem. Algumas pessoas mantêm uma bola antiestresse, um chaveiro ou um pequeno jogo de montar sempre por perto, de modo que as mãos sejam redirecionadas para alguma outra atividade sempre que sentem a necessidade de roer unha. Em seu livro *O poder do hábito*, Charles Duhigg descreveu essa forma de mudança de hábito como a Regra de Ouro. Segundo a Regra de Ouro, hábitos consistem de três partes: uma *deixa* (o que incita o comportamento); uma *rotina* (o comportamento em si); e uma *recompensa* (uma compensação que treina nosso cérebro para repetir o hábito no futuro). A melhor maneira de superar um mau hábito ou um vício é manter a deixa e a recompensa, mas mudar a rotina — substituindo o comportamento original por uma distração. Para quem rói a unha, a deixa talvez seja a inquietação que ocorre logo antes de levar os dedos à boca — uma procura sutil por unhas lascadas que podem ser aparadas com os dentes. Em vez de roer nesse momento, a pessoa pode adotar uma nova rotina de brincar com a bola antiestresse. E, finalmente, uma vez que a recompensa talvez seja a sensação de completude que advém de roer as unhas lascadas, quem tem esse hábito pode apertar dez vezes a bola antiestresse, completando uma atividade. Assim a deixa e a recompensa permanecem as mesmas, mas a rotina passa de roer as unhas para apertar a bola antiestresse dez vezes.

Uma agência de inovação chamada The Company of Others parece compreender o valor de substituir as rotinas ruins por boas.[7] Ela explica em seu site que "vivemos e pensamos à frente do que é tendência", e uma dessas tendências é o crescimento do vício em celulares. Em 2014, The Company of Others lançou um produto chamado Realism. Anunciado como "o dispositivo inteligente para o bem da humanidade", o Realism foi projetado para tratar o vício em smartphone. Esse recurso simples é uma elegante moldura de plástico que parece um celular sem tela. Em certo sentido, é uma crítica amarga ao modo como os celulares nos afastam do momento presente. Em vez de olhar para uma tela, você pode olhar por uma moldura do tamanho da tela do celular para o que está de fato na sua frente. E é assim que muitas pessoas reagem quando veem o objeto pela primeira vez. Em um vídeo no site do produto, um homem diz: "Celulares e outros dispositivos atrapalharam meu relacionamento com minha esposa, meus filhos e meus amigos". Uma mulher diz: "Não precisamos postar nossa sobremesa no Instagram. Ninguém se importa com o nosso cheesecake".

Mas, num nível mais profundo, o Realism é para os viciados em celular o que o chiclete de nicotina é para os fumantes e o que as bolas antiestresse são para quem rói unha. Um substituto adequado para um smartphone de verdade, porque é mais ou menos do mesmo tamanho, cabe no bolso e lhe dá muitas das mesmas deixas de feedback físico proporcionadas pelo smartphone. O que torna o Realism atrativo é a obediência à Regra de Ouro: a deixa que o leva a pegar o celular o impele, em vez disso, a segurar a moldura de plástico, propiciando-lhe muitas das mesmas recompensas físicas, uma vez que ela parece muito com um celular, tanto pela textura quanto pelo visual. A deixa e a recompensa estão intactas, mas a rotina de se deixar levar por um smartphone é substituída por uma alternativa melhor.

Embora a Regra de Ouro seja um guia útil, vícios diferentes exigem diferentes alterações da rotina. O que funciona para pessoas que não conseguem parar de checar os e-mails na hora do almoço talvez não funcione para viciados em WoW. A chave é descobrir o que torna o vício original compensador.[8] Às vezes o mesmo comportamento viciante pode ser motivado por necessidades muito diferentes. Ao refletir sobre seu vício em WoW, Isaac Vaisberg percebeu que interagir com outros jogadores apaziguava sua solidão. Assim Vaisberg superou seu vício, no longo prazo, cultivando uma vida social vibrante e se dedicando a um novo trabalho que lhe proporcionou relacionamentos duradouros e significativos. Vaisberg era um atleta de destaque, portanto não ficava especialmente atraído pelo aspecto "destrua seus inimigos" do WoW.

Outros viciados em WoW, principalmente gamers mais pobres ou da classe trabalhadora, ficam atraídos pelo elemento de fantasia que lhes permite "viajar" para lugares novos. Outros, ainda, são vítimas de bullying na escola, então para eles o vício preenche a necessidade de vingança ou dominação física. (Muitos desses motivos não são psicologicamente saudáveis; também é válido consultar um terapeuta para tratar das causas subjacentes.) Cada motivo subjacente implica uma solução distinta. Uma vez que compreendemos por que o viciado joga durante horas seguidas, podemos sugerir uma nova rotina que satisfaça seu motivo subjacente. A vítima de bullying pode se beneficiar de aulas de artes marciais; o viajante frustrado, da leitura de livros sobre lugares exóticos e de assistir a documentários; e o jogador solitário, de cultivar novos laços sociais. Mesmo que a solução seja fácil, o primeiro passo é compreender, antes de mais nada, por que o vício foi compensador e quais necessidades psicológicas ele estava frustrando no processo.

Criar um novo hábito é difícil. Sabemos disso porque as mesmas pessoas parecem fazer as mesmas resoluções todo fim de ano. Segundo um estudo, mais ou menos metade dos americanos faz promessas no Ano-Novo — a maioria, de perder peso, exercitar-se com mais frequência ou parar de fumar. Três quartos cumprem suas resoluções durante o mês de janeiro, mas por volta de junho metade assume ter desistido.[9] Quando chega dezembro seguinte, a maioria está de volta às mesmas promessas feitas no ano anterior.

Um grande desafio é que o hábito não se torne rotineiro durante as primeiras semanas ou até os primeiros meses. Durante esse frágil período inicial, é necessário ficar vigilante para proteger o que já foi conquistado. Isso é complicado porque formar hábitos leva mais tempo para uns do que para outros. Não existe um número mágico. Anos atrás, quatro psicólogos ingleses acompanharam a formação de hábitos no mundo real. Eles ofereceram trinta libras a um grupo de universitários para passar doze semanas tentando adquirir um novo hábito. Na primeira reunião, cada aluno optava por um novo comportamento saudável de comer, beber ou se exercitar que pudesse resultar em uma deixa diária. Por exemplo, uns decidiram comer uma maçã no almoço; outros, correr por quinze minutos uma hora antes de jantar. Os alunos seguiam esse mesmo comportamento durante 84 dias e se apresentavam diariamente para informar se completaram a ação e até que ponto isso se deu de forma automática.

Em média, os alunos criavam novos hábitos após 66 dias. Mas a média eclipsa a variação desse número. Um aluno levou apenas dezoito dias para consolidar seu hábito, enquanto os autores calcularam que outro precisaria de 254 dias. Poucos hábitos exigiam demais dos alunos. Além disso, eles não foram concebidos para a superação de maus hábitos preexistentes, então esses números são menores do que poderia ocorrer entre viciados que estão tentando largar vícios crônicos. Mesmo que 66 dias seja uma estimativa razoável, ainda assim é um tempo longo para manter um novo hábito no lugar de um comportamento enraizado e profundamente compensador.

Há uma sutil alavanca psicológica que parece acelerar a formação do hábito: a linguagem usada para descrever seu comportamento. Suponhamos que você esteja tentando evitar o Facebook. Toda vez que se sentir tentado, pode dizer a si mesmo "Não posso usar o Facebook" ou "Eu não uso Facebook". As duas frases soam parecidas e a diferença talvez pareça trivial, mas não é. "Não posso" tira o controle das suas mãos e o entrega a um agente externo anônimo. É desempoderador. Você é o filho em um relacionamento invisível, obrigado a deixar de fazer uma coisa que gostaria de fazer e, como as crianças, muitas pessoas são atraídas ao que não têm permissão de fazer, seja lá o que for. Por outro lado, "eu não uso" é uma declaração empoderadora de que isso é uma coisa que você não faz. Transfere o poder para suas mãos e indica que você é um tipo de pessoa particular — o tipo de pessoa que, por princípio, não usa Facebook.

Sabemos que isso funciona porque Vanessa Patrick e Henrik Hagtvedt, dois pesquisadores de comportamento do consumidor, realizaram um experimento usando a técnica.[10] Eles pediram a um grupo de mulheres que pensassem numa meta salutar significativa a longo prazo, como exercitar-se três vezes por semana ou se alimentar de maneira mais saudável. Os pesquisadores explicaram que as mulheres enfrentariam desafios em sua busca por uma vida mais saudável e que deveriam lidar com a tentação conversando mentalmente com elas mesmas. Diante da perspectiva de se exercitar após um longo dia de trabalho, por exemplo, o grupo foi instruído a dizer "Não posso perder meus treinos", enquanto outro deveria dizer "Não perco meus treinos". Após dez dias as mulheres voltaram ao laboratório e relataram seu progresso. Apenas 10% delas persistiram com seu objetivo quando tiveram que dizer "não posso perder", enquanto 80% persistiram ao dizer "não perco". A linguagem escolhida as empoderou, em vez de sugerir que eram presas de uma força externa além de seu controle. Esse estudo acompanhou o comportamento por apenas dez dias, então é difícil extrair conclusões sólidas. As palavras certas parecem ajudar, mas superar um vício é sem dúvida mais complicado do que dizer "não vou" sempre que houver tentações a voltar atrás.

Mesmo quando novos hábitos úteis superam os prejudiciais preexistentes, há uma chance de que se tornem igualmente viciantes. Foi o caso de John

Pemberton, veterano da Guerra Civil, que tentou sem sucesso tratar seu vício em morfina com o uso de cocaína. A longo prazo, o objetivo é ficar completamente livre dos maus hábitos — e não substituir um hábito nocivo por outro. Com todos os benefícios da distração, é uma solução a curto prazo que raramente elimina o vício por conta própria. A peça que completa o quebra-cabeça do tratamento é reelaborar seu ambiente de modo a livrá-lo ao máximo de tentações. Essa é a ideia por trás da técnica da *arquitetura comportamental*.[11]

A que distância você está de seu celular neste momento? Consegue alcançá-lo sem mexer os pés? E, quando dorme, consegue pegar o celular sem levantar da cama? Se você for como muitas pessoas, essa é a primeira vez que considerou essas questões, e sua resposta para uma ou para as duas será "sim". A localização do seu celular pode parecer algo corriqueiro — o tipo de coisa que você nunca se dá ao trabalho de considerar em meio a uma vida ocupada —, mas é uma ilustração vívida do poder da arquitetura comportamental. Como um arquiteto projetando um prédio, consciente ou inconscientemente você projeta o espaço que o circunda. Se o seu celular estiver por perto, é muito mais provável você pegá-lo ao longo do dia. Pior ainda: é mais provável interromper seu sono se você o deixar perto da cama. Ninguém sabe disso mais do que Cosette Rae, do reSTART, cuja predileção pelo Myst, o RPG eletrônico meio tosco da década de 1990, mencionei anteriormente neste livro. "Eu perdia meu celular 'de propósito' durante o dia", contou Rae quando visitei o reSTART. "Preciso de um para trabalhar, mas me recuso a tirá-lo do silencioso." Tentei contatar Rae por meses até finalmente encontrá-la no telefone fixo do trabalho, no reSTART. Ela se desculpou e disse que era a única maneira de superar seu vício em celular.

A arquitetura comportamental reconhece que não se pode fugir completamente da tentação. Não é possível parar de usar o celular de uma vez por todas, mas você pode tentar usar com menos frequência. Não dá para abrir mão de checar os e-mails, mas a vida deve estar distribuída de modo que abrir sua caixa de mensagens o tempo todo nem sempre seja uma opção. Há uma hora para trabalho e para consumir tecnologia e outra para férias despreocupadas e interações sociais. Muitas ferramentas que impulsionam nossos vícios são profundamente invasivas, de modo que temos que permanecer vigilantes. Os smartphones estão por toda parte; se você possui algum acessório tecnológico de vestir, ele vai permanecer em seu corpo durante todo o seu tempo acordado (e, às vezes, durante o sono). O trabalho o acompanha ao voltar para casa na forma de celulares, tablets e laptops, e fazer compras on-line está à distância de um clique. É tentador dormir com o smartphone por perto, "só por precaução", e estudos recentes demonstram que um mero contato visual com uma tela iluminada um pouco antes de dormir perturba seriamente sua capacidade de sono profundo. Esses dispositivos são feitos para permanecer conosco o tempo todo — é um dos principais motivos para os comprarmos —, então é fácil permitirmos que confundam os limites dos aspectos com e sem tecnologia de nossa vida.

Sendo assim, o primeiro princípio da arquitetura comportamental é muito simples: o que estiver por perto tem um impacto maior em sua vida mental do que o que estiver longe. Cercar-se de tentações é uma receita para ser tentado; remova a tentação de seu alcance e você achará reservas extras de força de vontade. A proximidade é tão poderosa que determina até com que estranhos fazemos amizade.

Quando a Segunda Guerra Mundial terminou, as universidades tiveram que lidar com uma quantidade recorde de novos alunos.[12] Como muitas instituições, o Instituto de Tecnologia Massachusetts construiu um conjunto de moradias para os homens que voltavam do serviço militar e suas jovens famílias. Uma dessas se chamava Westgate West. Os prédios funcionaram também como laboratório de pesquisa para três dos maiores cientistas sociais do século XX e viriam a remodelar o modo como pensamos em arquitetura comportamental.

No fim da década de 1940, os psicólogos Leon Festinger e Stanley Schachter e o sociólogo Kurt Back se perguntavam como as amizades começam. Por que alguns constroem amizades duradouras enquanto outros têm dificuldade em ir além das amenidades básicas? Alguns especialistas, incluindo Sigmund Freud, explicaram que a formação da amizade remontava à infância, quando as crianças adquiriam os valores, as convicções e as atitudes que os uniriam ou separariam mais tarde na vida. Mas Festinger, Schachter e Back formularam uma teoria diferente.

Os pesquisadores acreditavam que o espaço físico era a chave para a formação de amizades; que "a amizade tende a se desenvolver com base em contatos breves e passivos na ida e na volta para casa ou passeando pela vizinhança".

Na opinião deles, atitudes semelhantes não eram o elemento principal que fazia dois indivíduos se tornarem amigos, e sim o breve contato que pessoas tinham durante o dia. Elas tendiam a ficar amigas e, desse modo, passavam a adotar atitudes similares com o tempo.

Festinger e os colegas abordaram os alunos alguns meses após terem se mudado para Westgate West e lhes pediram que listassem seus três amigos mais próximos. Os resultados foram fascinantes — e tinham pouca coisa a ver com valores, convicções e atitudes.

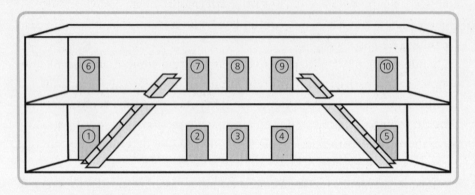

Quarenta e dois por cento dos entrevistados eram vizinhos diretos; assim, o morador do apartamento 7 tinha grande probabilidade de apontar como amigos os moradores dos apartamentos 6 e 8 — e menos probabilidade de listar os moradores dos apartamentos 9 e 10. O mais surpreendente foi que os afortunados moradores dos apartamentos 1 e 5 se revelaram os mais populares, não porque calhavam de ser mais gentis ou mais interessantes, mas porque moravam no começo das escadas que seus vizinhos de cima eram obrigados a usar para chegar ao segundo andar do prédio. Algumas dessas interações acidentais não davam em nada, é claro, mas ao contrário dos moradores isolados dos apartamentos 2, 3 e 4, os dos apartamentos 1 e 5 tinham maior chance de conhecer uma ou duas almas gêmeas.

Assim como tendemos a ficar amigos de estranhos que moram perto, também somos atraídos por qualquer tentação que por acaso esteja ao nosso alcance. Muitos tratamentos para vício comportamental envolvem o estabelecimento de uma distância psicológica ou física entre o usuário e o gatilho para o comportamento. O estúdio de design holandês Heldergroen projetou um mecanismo para fazer a mobília do escritório subir automaticamente até o teto às seis da tarde todos os dias. As escrivaninhas, as mesas e os computadores estão ligados a cabos de aço puxados por um sistema de polias que funciona com um poderoso motor. Depois das seis, o espaço se torna um estúdio de ioga ou uma pista de dança — ou qualquer outra atividade apropriada a um ambiente espaçoso e vazio. A fabricante de automóveis alemã Daimler conta com política semelhante para administrar o uso de e-mail. Os 100 mil empregados da fábrica podem ajustar sua caixa de correio para deletar de forma automática os e-mails que chegam quando estão de férias. Um assistente chamado *mail on holiday* (correio nas férias) envia uma resposta automática para o remetente, explicando que o e-mail não foi entregue e indicando outro funcionário da Daimler, caso a mensagem seja urgente. Quando os trabalhadores voltam das férias, sua caixa de mensagens está exatamente como o momento em que saíram, semanas antes.

Ao programarmos nossos e-mails para serem deletados automaticamente, ou nosso escritório para desaparecer, estamos admitindo que somos pessoas diferentes quando passamos pela tentação de checar os e-mails ou trabalhar até mais tarde. Você pode ser adulto hoje, mas essa futura versão sua está mais para uma criança. A melhor maneira de tirar o controle das mãos de seu eu futuro pueril é agir enquanto ainda for um adulto — projetar um mundo que influencie, convença ou até obrigue seu eu futuro a fazer a coisa certa. Um relógio despertador chamado SnūzNLūz ilustra maravilhosamente essa ideia. O SnūzNLūz fica conectado a sua conta bancária. Toda vez que você aperta o botão de soneca, ele automaticamente deduz um valor pré-combinado e doa para uma causa que você abomina. Se você for democrata, doará dez dólares, digamos, para o Partido Republicano. Se for republicano, doará seu dinheiro para o Partido Democrata. Essas doações são o modo que seu eu atual encontra de manter o futuro eu na linha.

O SnūzNLūz molda seu comportamento com pequenas punições, prometendo uma dose de dor por um mau comportamento em vez de prazer por fazer o certo. É uma escolha ajuizada. Recompensas são bem mais divertidas do que punições, mas se você estiver tentando mudar um hábito, pequenas punições ou inconvenientes são com frequência mais eficazes.[13] Essa é uma antiga ideia que permeia a ciência psicológica: que somos muito mais sensíveis a perdas e acontecimentos negativos do que a vitórias e eventos positivos. Para dar uma ideia de como funciona, suponha que você está em um game show e o apresentador oferece uma chance de disputar o jogo. Ele pega uma moeda e lhe diz que você ganhará 10 mil dólares se a moeda der cara, mas que você terá que lhe pagar 10 mil dólares se a moeda der coroa. Você aceitaria o desafio? Pouquíssimas pessoas aceitariam, ainda que seja um jogo justo — muito mais justo do que a maioria dos jogos de cassino, que são manipulados em favor da casa. Mas o temor de perder 10 mil dólares é muito maior do que o apelo de ganhar essa mesma quantia. Sua mente vai girar em torno da perda, focando muito mais no sofrimento potencial de perder do que na felicidade potencial de ganhar. As perdas estão em todos os aspectos de sua vida, e fazemos o possível para evitá-las. (Perguntei a centenas de pessoas se elas fariam parte desse jogo teórico, e apenas algo entre 1% e 2% respondeu que sim. Para fazer metade das pessoas jogar, o ganho potencial tem que ser mais ou menos duas vezes e meia maior do que a perda potencial.)

Um empreendedor chamado Maneesh Sethi projetou um produto chamado Pavlok, que usa o poder do feedback negativo para desencorajar hábitos viciantes. "Há dois tipos de pessoas", contou-me Sethi. "As que produzem um monte de ideias e as que executam essas ideias." Sethi se descreve como um homem de ideias. "Há alguns anos, contratei uma garota para me dar um tapa na cara toda vez que eu entrava no Facebook." A iniciativa funcionou bem por algum tempo, mas Sethi desenvolveu uma solução mais permanente na forma do Pavlok, uma pulseira que fornece o feedback sempre que o usuário se entrega a algum mau hábito proibido. Isso é conhecido como terapia de aversão: equiparar uma ação que a pessoa gostaria de mudar com uma sensação desagradável ou aversiva. No extremo mais sutil do espectro, o Pavlok emite um bipe ou uma vibração quando você faz algo que prometeu não fazer, e no extremo mais invasivo dá um choque elétrico moderado, chamado *zap*. Os usuários podem gerenciar o feedback negativo manualmente ou sincronizar o dispositivo com um aplicativo que fornece de forma automática o feedback em resposta a sinais predeterminados.

Sethi generosamente me mandou um Pavlok depois de nossa conversa (o preço do aparelho é quinhentos dólares). Testei a função *zap* assim que abri a caixa. Era surpreendentemente forte e percebi como uma dose regular de *zaps* pode desencorajar hábitos ruins. Richard Branson conta que, ao testar o dispositivo, deu um soco na barriga de Sethi quando foi surpreendido com a potência do choque. Entre os usuários, estão o empreendedor e escritor Tim

Ferriss, o ator Ken Jeong, o empresário Daymond John e o congressista Joe Kennedy.

O Pavlok inicialmente parece promissor, mas é cedo demais para dizer se vai se tornar popular. (Um psiquiatra em Nova York começou a usar o produto, que continua a ser considerado experimental.) Assim como a primeira geração do iPad ainda não chegou à idade adulta, os recursos concebidos para combater os vícios comportamentais continuam imaturos. Todas essas soluções propostas são até certo ponto exploratórias, e Sethi e sua equipe estão sempre ajustando o Pavlok e seu aplicativo. Mesmo assim, a campanha de crowdfunding do dispositivo no Indiegogo foi um imenso sucesso, levantando quase 300 mil dólares — mais de cinco vezes a quantia que Sethi esperava quando iniciou a campanha.

Parte do motivo para o sucesso do Pavlok são a simplicidade do produto e os depoimentos entusiasmados em seu site. Eis como Sethi o descreve em sua página:

Ele funciona assim:

1. Baixe o aplicativo e escolha o hábito que você quer largar.
2. Coloque seu Pavlok e escute as sessões de treinamento de cinco minutos. O aplicativo acionará o Pavlok automaticamente, você só precisa prestar atenção.
3. Use o *zap* do Pavlok quando incorrer no mau hábito. O Pavlok pode ser acionado por sensores e aplicativos, controle remoto e manualmente. Ele é tão eficaz manual quanto automaticamente.
4. Pode parecer que seu hábito foi quebrado em três ou quatro dias. Continue incorrendo no mau hábito (com o *zap*) por pelo menos cinco dias, devotando-se ao mau hábito deliberadamente, se necessário. Quanto mais tempo fazendo isso, mais permanente será a quebra do hábito.

Sethi diz que os resultados iniciais são promissores. Apenas uma pequena porcentagem de fumantes consegue largar o cigarro de uma hora para outra, mas Sethi alega que 55% de uma amostra de fumantes regulares larga o cigarro após seguir o processo de treinamento de cinco dias do Pavlok. O mesmo se dá com outros comportamentos. Em vídeos sobre o aplicativo, a usuária Nagina explica como parou de roer as unhas, David narra como parou de ranger os dentes e Tasha conta como parou de ingerir açúcar. Escrevendo para o Yahoo Tech, Becky Worley explicou que os choques do Pavlok a desencorajaram de entrar no Facebook, que ela percebia usar com frequência excessiva. É cedo demais para saber se o Pavlok vai funcionar para todo mundo tão bem quanto funcionou para Becky, Nagina, David e Tasha, mas a ciência por trás do dispositivo é sólida. Mesmo sem um Pavlok, é possível projetar o ambiente de modo a incorrer nos maus hábitos com punições moderadas — tarefas que preferiria evitar ou experiências que julga desagradáveis.

Um dos pontos fortes do Pavlok é que faz o trabalho duro no seu lugar. Você não precisa se lembrar de fazer a coisa certa, porque o dispositivo vai lembrá-lo com um *zap* quando você falhar. Mas ele também tem um ponto fraco: você pode parar de usá-lo quando bem entender. Punições são eficazes se forem genuinamente desagradáveis, mas algumas pessoas talvez parem de usar um dispositivo que as faça se sentir mal. O segredo para elas é encontrar um método que não cause aversão.

Eu estava completando meu doutorado na Universidade de Princeton em 2008 quando o prêmio Nobel Daniel Kahneman me convidou a visitar sua sala. "Me conte sobre sua pesquisa", disse ele. Fiquei empolgado. Kahneman e seu colega Amos Tversky haviam sido pioneiros no campo do juízo e da tomada de decisão e agora, quarenta anos depois, eu era um jovem pesquisador na mesma área. Contei para Kahneman que queria inventar um minúsculo alarme portátil que tocaria sempre que estivéssemos prestes a tomar uma decisão importante. Ele e Tversky haviam passado décadas estudando a preguiça na tomada de decisão, de modo que ele compreendeu o que eu estava pensando. "Quer dizer que o alarme vai dizer às pessoas quando prestar mais atenção?", perguntou ele. "Você precisa do equivalente mental de uma placa que pisque com as palavras PRESTE ATENÇÃO AGORA! diante dos olhos da pessoa no momento exato."

Ainda não inventei esse alarme, mas uma empresa chamada MOTI está testando um dispositivo (também chamado MOTI) que chega perto. A fundadora da empresa, Kayla Matheus, notou que, com o tempo, as pessoas costumavam abandonar o uso de acessórios tecnológicos de vestir. "Quando você olha para a pesquisa em *wearables*", disse ela numa entrevista com FastCoExist, "o índice de desistência é imenso. Os dados sozinhos não são suficientes. Somos seres humanos — precisamos de mais do que isso." Matheus falava por experiência.

Ela torcera o ligamento cruzado anterior e estava fraquejando na fisioterapia. Muita gente tem a mesma experiência com tecnologia de acompanhamento de exercícios: as pessoas compram e logo depois abandonam no fundo da gaveta. Esses dispositivos fitness são passivos: é preciso optar por usá-los, de outro modo são inúteis.

Matheus projetou o MOTI para reforçar bons hábitos da mesma maneira que o PRESTE ATENÇÃO AGORA! de Kahneman reforça o pensamento cuidadoso. É um simples gadget para acompanhar o comportamento ao longo do tempo, como os usados em animais. "Ele vai basicamente aprender o que é normal para você", diz Matheus. "Se você começar a se dispersar, ele envia um lembrete. Em lugar de uma notificação que podemos eliminar facilmente com um toque na tela, o MOTI fica triste ou irritado." Há um pequeno botão na frente do dispositivo que a pessoa aperta quando faz a coisa certa. Para uns, isso é a fisioterapia por conta de uma torção no pé; para outros, correr uma vez por dia, ou desligar o celular e o notebook e ir para a cama antes das dez da noite. O MOTI pisca um arco-íris colorido e emite uma série de trinados alegres quando fazemos a coisa certa; quando o deixamos de lado por um tempo, o aparelho pisca uma luz vermelha e o lembrete vira uma série de trinados e zumbidos menos alegres. Ao contrário de aplicativos passivos, o MOTI fica à vista. Você não pode ignorá-lo — e testes iniciais sugerem que as pessoas criam um vínculo com o dispositivo, então não o abandonam. Um dos primeiros a testá-lo para Matheus precisava se lembrar de tomar mais água durante o dia. "Ele costuma ficar preso em sua mesa e se esquecer de se hidratar", diz Matheus. "Por ser um objeto físico, o MOTI acaba se tornando uma deixa no ambiente. Sempre que o indivíduo está digitando em seu computador, seus olhos passam pelo MOTI, que está bem ali, e ele vai se lembrar." Os que testaram o MOTI pareceram ficar com uma sensação de dever em relação ao pequeno objeto — como se pudessem deixá-lo decepcionado ao fazer algo errado.

Na verdade, escolher recompensas e punições que também afetem alguma outra pessoa do seu círculo social é uma forma muito eficaz de criar bons hábitos. Essa é a ideia por trás de uma técnica chamada de motivador Não Desperdice Seu Dinheiro. Para começar, você estabelece uma meta. Digamos que você tem usado seu celular em média três horas por dia e, ao longo do mês seguinte, gostaria de diminuir esse número em quinze minutos a cada semana.

No fim do período total, você gostaria de estar usando seu celular, em média, não mais que duas horas por dia. Toda semana, você guarda algum dinheiro em um envelope — cinquenta dólares, por exemplo. A soma precisa parecer significativa, mas não tão grande a ponto de ser financeiramente preocupante abrir mão dela por quatro semanas seguidas. Você cola selos no envelope e o endereça a uma organização tola qualquer ou a alguma causa que não apoia. (Pense no SnūzNLūz, em que republicanos doam para o Partido Democrata e vice-versa.) Entre outras organizações, um manual sugere o seguinte:

Associação Americana de Ioiô
12106 Fruitwood Drive
Riverview, FL 33569

Fã-Clube Internacional de Fabio Lanzoni
Donamamie E. White, President
37844 Mosswood Drive
Fremont, CA 94536

Se, por outro lado, sua meta de uso diário for alcançada, você pode abrir o envelope e gastar o dinheiro com entes queridos; levar um amigo para almoçar, comprar um sorvete para o filho ou um presente para a esposa. Esse tipo de gasto tem duas vantagens: confere responsabilidade, de modo que fracassar ao atingir a meta atinge também outra pessoa; e é uma forma superior de recompensa, porque gastar com os outros deixa a pessoa mais feliz do que gastar consigo mesma ou apenas pagar contas.

A arquitetura comportamental admite que não se pode evitar a tentação completamente. Em vez de abstinência, há muitas soluções na forma de ferramentas destinadas a embotar o imediatismo psicológico das experiências viciantes. Benjamin Grosser, um desenvolvedor de web, criou uma dessas ferramentas inteligentes. Grosser explica em seu site:[14]

A interface do Facebook é cheia de números. Esses números, ou métricas, mensuram e apresentam nosso valor e nossas atividades sociais, enumerando amigos, curtidas, comentários etc. O Facebook Demetricator é um navegador *add-on* que oculta essa métrica. O foco não é mais em quantos amigos você tem ou em quanto eles gostam das suas publicações, mas em quem eles são e o que disseram. Contagens de amigos desapareceram. "dezesseis pessoas curtiram isso" se transforma em "pessoas curtiram isso". Mediante alterações como essa, o Demetricator convida os usuários do Facebook a testar o sistema sem os números, a ver como sua experiência é alterada pela ausência deles. Com esse trabalho pretendo combater a sociabilidade prescrita que essas métricas fomentam, possibilitando uma sociedade em rede que não seja dependente da quantificação.

Com o Demetricator, é impossível verificar quantas curtidas, comentários ou amigos o usuário tem. A seguir, temos uma captura de tela com a métrica regular do Facebook:

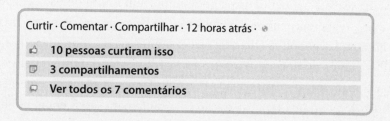

Tudo é medido numericamente e atualizado com o decorrer do tempo. Sempre há alguma coisa para checar, pois o feedback muda a cada nova curtida ou novo comentário. Por outro lado, aqui está o mesmo feedback filtrado no Demetricator de Grosser:

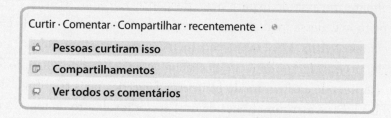

O usuário descobre que as pessoas gostam do seu post, que ele foi compartilhado e que há comentários, mas sem a obsessão com os números, porque eles sumiram. O Demetricator faz exatamente o contrário de um Fitbit ou Apple Watch. Quando compramos esses dispositivos, optamos por injetar novas métricas em nossa vida — medir que distância caminhamos, a profundidade do sono, os batimentos cardíacos etc. São processos que, por milênios, aconteceram sem medição nem acompanhamento.

O Demetricator de Grosser é relativamente discreto. Ele enfraquece as deixas de feedback que tornam o Facebook viciante, em vez de impedir por completo o seu uso. Se a demetricação não for eficaz o bastante, o programa WasteNoTime é uma alternativa mais agressiva. O WasteNoTime monitora quanto tempo você passa em sites que adicionou a uma Lista de Bloqueados. Podemos adicionar Facebook, Twitter e YouTube a sua Lista de Bloqueados, por exemplo. É possível pura e simplesmente proibir seu navegador de acessar alguns desses sites, e para outros pode impor um limite de uso. O usuário pode usar a regra "entre nove da manhã e cinco da tarde vou passar no máximo meia hora no Facebook". Pode estabelecer limites rígidos durante as horas de trabalho e antes de dormir, e restrições mais brandas durante o período de lazer. Há maneiras de contornar o WasteNoTime em casos de emergência, mas fugir do programa traz frustração o bastante para servir como um impedimento contundente.

Arquitetos comportamentais inteligentes fazem duas coisas: projetam ambientes livres de tentação e entendem como amainar tentações inevitáveis. Esse processo é um pouco como desmontar um computador: fazendo a engenharia reversa da experiência, descobre-se o que a torna viciante antes de tudo e, desse modo, como neutralizá-la. Considere o caso do *binge-watching* na Netflix. Você talvez não queira evitar de vez ver Netflix, então como lutar contra a tendência dos *cliffhangers* no fim dos episódios? Se você compreende a estrutura do *binge-watching*, fica mais fácil fugir dessa armadilha.[15] Eis a estrutura básica de dois episódios dentro de uma série (e o início de um terceiro):

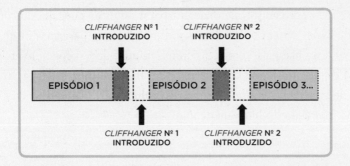

Um episódio dura em média 42 minutos (com mais ou menos dezoito minutos de comerciais, em uma faixa de uma hora na TV). Os últimos minutos do primeiro episódio são dedicados a preparar e apresentar o primeiro *cliffhanger*: alguém leva um tiro e nos perguntamos se continua vivo, ou o assassino é desmascarado, mas não conseguimos ver sua identidade. Então, os primeiros minutos do segundo episódio são destinados a resolver esse primeiro *cliffhanger*, assim o telespectador pode passar ao conteúdo do segundo episódio, antecipando — você adivinhou — o segundo *cliffhanger*, que acontece perto do fim do segundo episódio. Para o público, isso é como um entorpecente. Presumindo que você goste da série, obedecer à estrutura dos episódios como idealizada pelos roteiristas traz dificuldades para escapar do *binge-watching*. No entanto, o que você pode fazer em vez disso é sabotar o suspense antes que seja introduzido ou depois de ser resolvido. Há duas maneiras de fazer isso. Em vez de assistir cada episódio de 42 minutos do começo ao fim, você pode ver os primeiros 37 minutos de cada um, saindo do episódio antes que o *cliffhanger* apareça. (Se procurar direito, você vai perceber a chegada furtiva desse momento de *cliffhanger*.)

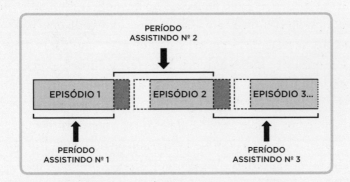

Ou, se tiver certeza se vai conseguir parar antes da chegada do *cliffhanger*, você pode assistir ao começo do episódio seguinte e parar assim que ele for resolvido. Dessa maneira, vemos do quinto minuto de um episódio até o quinto minuto do seguinte. Essa abordagem não diminui o prazer de assistir — você ainda pode apreciar o *cliffhanger* e sua resolução —, mas limita suas chances de ceder à tentação do *binge-watching*.

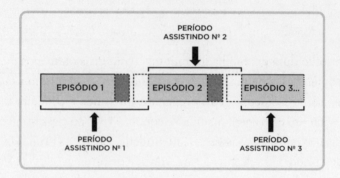

O problema para a maioria de nós na maior parte do tempo é que essas experiências são tão novas que ficamos sem saber por onde começar. Mas uma vez que entendemos como os *cliffhangers* — ou qualquer outro recurso viciante — funcionam, podemos encontrar maneiras de driblá-los. Às vezes a melhor coisa é ver o que um especialista faz. Quando me contou que não jogaria mais o World of Warcraft, Bennett Foddy estava tomando uma decisão difícil e cuidadosa. Um teste clássico para decidir se você vai iniciar um novo jogo ou atividade é se perguntar se poderia dispor de seu tempo para a experiência *nesse mesmo dia*. Segundo um fenômeno conhecido como falácia do planejamento, mesmo que não tenhamos tempo hoje, presumimos que vamos ter mais tempo no futuro. É por isso que as pessoas dizem "não" a muitos compromissos que caem na semana seguinte, mas "sim" para compromissos semelhantes que estão meses à frente. Isso é um equívoco, porque sua quantidade de tempo livre hoje é um indicativo excelente de quanto tempo você terá daqui a alguns meses. Se estiver preocupado que o WoW possa tomar muito do seu tempo hoje e amanhã, deveria ter a mesma preocupação sobre como pode afetá-lo daqui a dois meses, um ano ou dois anos. Era por isso que Foddy tinha razão em evitar o WoW e que dizer "não" para uma experiência potencialmente viciante e que consumiria seu tempo foi uma atitude ajuizada.

Um dos problemas com o WoW é que ele atropela seus horários. O jogador tem que estar lá quando os amigos estiverem também; assim, tarefas mais urgentes são ignoradas. Por outro lado, o advento dos programas on-demand e dos DVRs (gravadores de vídeo digital) garante que você pode adiar a hora de assistir a um programa de TV até o momento em que não tiver nada mais importante para fazer. Os DVRs parecem uma dádiva divina, mas na verdade são aparelhos poderosamente viciantes. As redes de televisão sempre reservaram seus programas mais importantes para o cobiçado horário nobre e, embora as pessoas pudessem gravá-los em um videocassete, o processo era bem mais trabalhoso do que usar um DVR ou um serviço on-demand. Hoje em dia, podemos encontrar uma série de programas importantes entre duas e seis da manhã, faixa em que a audiência cai para seu nível mais baixo. *Mad Men*, uma das principais séries da última década, começou a passar antigas temporadas no meio da noite, para que um novo público alcançasse a temporada atual. O resultado foi que milhares de pessoas que talvez tivessem deixado de acompanhar o programa podiam decidir se queriam investir em ver o seriado desde o começo. Muitas dessas pessoas são um caso clássico de adeptos do *binge-watching* que esperam os programas de TV serem avaliados pelos primeiros telespectadores antes de decidir assistir. Em vez de perder completamente o programa — e passar seu tempo fazendo outras coisas —, embarcam na aventura e se entregam ao *binge-watching* para conseguir acompanhar os episódios atuais da série. A solução aqui talvez não seja fazer promessas de nunca mais usar o DVR, mas usá-lo com parcimônia e critério. Ou usar o teste de Bennett Foddy: se vai tomar muito do seu tempo agora, convém não gravar para assistir daqui a uma semana ou a alguns meses.

Também é fácil dizer a si mesmo que vai assistir apenas a um ou dois episódios e, a menos que o seriado seja realmente digno do seu interesse, resistir à tentação de acompanhá-lo até o fim. Mas em um estudo recente, a Netflix mediu quanto tempo levou para seus telespectadores ficarem viciados em cada seriado. Para cada programa, a Netflix calculou quantos episódios eram necessários para 70% de seus telespectadores continuarem assistindo até o fim da primeira temporada ou além.[16] A maioria das séries não era muito viciante após o piloto, mas algumas passaram a ser para uma grande maioria dos usuários nos episódios 2, 3 ou 4.

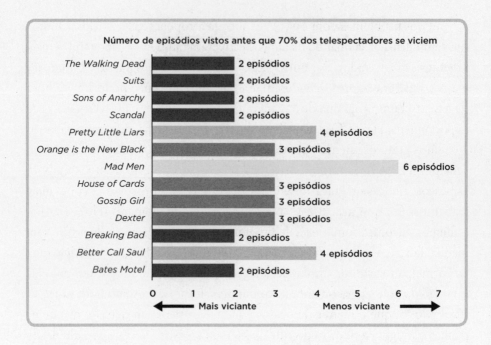

Isso nos deixa três opções: evitar completamente o seriado, começar a assistir quando puder dispor de várias horas para um *binge-watching* ou — o melhor de tudo — usar a técnica de sabotagem do *cliffhanger* para desarmar seu efeito no fim do episódio. Se projetar seu ambiente com inteligência, você tem maior chance de evitar vícios prejudiciais de comportamento.

Mas nem toda experiência viciante é ruim. Na teoria, os mesmos ganchos que levam ao vício também podem ser aproveitados para motivar alimentação saudável, exercícios físicos regulares, economia para a aposentadoria, doações para a caridade e comprometimento com os estudos. Às vezes, o problema não é o vício nos tipos errados de comportamentos, mas abandonar os corretos. A arquitetura comportamental não é apenas uma ferramenta para reduzir a quantidade de coisas erradas que fazemos; é também uma ferramenta para fazer mais coisas certas.

É aí que entra a gamificação.

12. Gamificação

No fim de 2009, a DDB Stockholm, uma agência de publicidade sueca, lançou uma campanha on-line para a Volkswagen. A companhia estava lançando um carro ecológico que era projetado para tornar a experiência de dirigir mais divertida, então a DDB batizou a campanha de Teoria da Diversão.[1] "A diversão pode mudar o comportamento das pessoas para melhor", explicou um executivo, assim talvez uma dose de diversão fosse o empurrão de que as pessoas precisavam para experimentar o novo carro. Para criar burburinho, a DDB lançou uma série de experimentos inteligentes nos arredores de Estocolmo. Eles tornavam experiências mundanas em jogo.

O primeiro experimento ocorreu na estação de metrô de Odenplan. Os usuários tinham duas opções para sair da estação: subir uma escadaria de 24 degraus ou pegar a estreita escada rolante. As câmeras de segurança revelavam que os usuários eram preguiçosos por natureza, espremendo-se na escada rolante lotada em vez de usar a escada vazia. O problema, explicava a DDB, é que subir uma escada não é divertido. Assim, certa noite, uma equipe converteu a escada num piano elétrico. Cada degrau passou a ser uma tecla que emitia uma nota quando pressionada. Pela manhã, as pessoas seguiram para a saída da estação como sempre faziam. A princípio, a maioria usou a escada rolante, mas alguns acabaram indo pela escada normal, compondo, de modo involuntário, breves melodias ao deixar a estação. Outros usuários perceberam, e logo a escada se tornou mais popular que a escada rolante.

Segundo o vídeo, "66% mais pessoas do que o normal preferiram a escada à escada rolante". As pessoas afluem quando tornamos uma experiência trivial em um jogo.

A DDB fez outras experiências à medida que a campanha ganhava projeção. Em um parque popular, um especialista em eletrônica criou a "lata de lixo mais funda do mundo" — um dispositivo emite um eco para dar a impressão de que as coisas jogadas ali dentro tiveram uma queda prolongada antes de se espatifar no fundo. Outras latas no parque recolhem quase quarenta quilos de lixo todo dia; a lata mais funda passou a recolher o dobro. Por toda a cidade as pessoas estavam utilizando descuidadamente as latas de lixo reciclável, então a DDB transformou uma delas num jogo de fliperama. O jogo recompensava as pessoas que usavam a lata corretamente com luzes piscando e pontos que eram registrados num grande monitor vermelho. Uma média de apenas duas pessoas usava a maioria das latas vizinhas corretamente todos os dias; mais de uma centena usou a lata-fliperama de maneira correta todos os dias.

A campanha foi um sucesso estrondoso. Os vídeos atraíram no total mais de 30 milhões de visualizações no YouTube e muito burburinho on-line. Em 2010, a DDB ganhou o Cyber Grand Prix Lion no maior festival de publicidade do mundo — uma enorme honra conferida às "mais célebres campanhas virais do mundo". Além do aplauso do mercado, a campanha também mudou o comportamento das pessoas. Por um breve período, os cidadãos de Estocolmo ficaram mais saudáveis e tiveram mais consciência ecológica.

Há duas maneiras de abordar os vícios comportamentais: eliminá-los ou domá-los. A eliminação foi tema dos primeiros onze capítulos de *Irresistível*, mas — assim como a DDB fez em Estocolmo — é possível canalizar para o bem as forças que causam o vício prejudicial de comportamento. As tendências humanas que nos tornam escravos de smartphones, tablets e video games também nos preparam para coisas boas: comer melhor, fazer mais exercício, trabalhar com mais inteligência, ter um comportamento mais generoso e economizar mais dinheiro. Sem dúvida, há uma linha tênue entre vícios comportamentais e hábitos saudáveis e é importante ter esse limite em mente. O mesmo Fitbit que fomenta o vício em exercícios e os distúrbios alimentares em algumas pessoas impele outras a deixar o sofá por uma hora para se exercitar. Alavancas viciantes funcionam aumentando a motivação; então, se sua motivação já for alta, há uma boa chance de que essas alavancas comprometam seu bem-estar. Se você for um preguiçoso que não sai da frente da TV e odeia fazer exercícios, uma dose de motivação só vai ajudar.

Um amplo levantamento do comportamento humano revela margem de sobra para melhorias.[2] Sessenta por cento da população no mundo desenvolvido está acima do peso ou é obesa, incluindo 67% dos americanos, 66% dos neozelandeses, 65% dos noruegueses e 61% de britânicos, alemães e australianos. Os índices educacionais nos Estados Unidos estão caindo em todos os níveis, do ensino fundamental ao superior. Como consequência, o National Center for Public Policy and Higher Education espera que a renda pessoal caia nos próximos quinze anos. Americanos economizam apenas 3% da renda familiar; dinamarqueses, espanhóis, finlandeses, japoneses e italianos economizam menos ainda. Um artigo no prestigioso periódico médico *Lancet* previa que metade dos bebês nascidos nos países desenvolvidos após o ano 2000 viverão mais de cem anos, o que ultrapassará suas economias de aposentadoria em décadas. Entre 2013 e 2015, os Estados Unidos eram uma das nações mais generosas do mundo — mas, mesmo assim, os americanos doaram menos de 2% de sua renda para a caridade.

Quase todo mundo quer mudar pelo menos um comportamento. Para alguns, é gastar demais e poupar de menos; para outros, é desperdiçar 90% do dia de trabalho verificando e-mails; para alguns, é comer demais ou se exercitar muito pouco. O caminho óbvio para a mudança é o esforço, mas a força de vontade tem limites. Como mostrou a DDB, as pessoas têm maior tendência a fazer a coisa certa se a coisa certa em questão calhar de ser divertida. Um programador de computador chamado John Breen teve a mesma intuição quando o filho estava tentando aprender o vocabulário exigido no SAT, exame de admissão americano para universidades, em 2007.[3] Breen criou um programa de computador que mostrava palavras escolhidas aleatoriamente e lhe pedia que assinalasse a melhor definição para cada uma entre quatro alternativas. Breen também tinha um site para educar as pessoas sobre pobreza mundial, então resolveu combinar as duas iniciativas. Se o site atraísse tráfego suficiente, ele poderia vender espaço para publicidade por um preço mais alto e usar o dinheiro para levar arroz a pessoas necessitadas. E assim nascia o FreeRice.com.

Para cada resposta correta, Breen prometia doar dez grãos de arroz para uma instituição de caridade que angariava alimentos. O site foi lançado em 7 de outubro de 2007 e no primeiro dia levantou 830 grãos de arroz. O Free-Rice cresceu tão rápido que dois meses depois Breen levantou 300 milhões de grãos num só dia. Em 2009, ele ofereceu a plataforma para o Programa Mundial de Alimentos das Nações Unidas e, em 2014, o site levantou seu centésimo *bilionésimo* grão — o suficiente para alimentar 5 milhões de adultos por um dia.

Ser obrigado a aprender milhares de palavras para o exame do SAT é uma tarefa maçante para os alunos americanos; no entanto, é exatamente o que milhares de usuários do FreeRice optaram por fazer diariamente com seu tempo livre. O site dá certo porque Breen conseguiu transformar a chatice em um jogo. Todos os elementos estão lá: cada resposta correta vale dez pontos (representados em grãos de arroz), funcionando como um placar. O usuário pode acompanhar quantas respostas corretas deu em sequência e o jogo registra sua série vitoriosa mais longa. Enquanto isso, as palavras vão se tornando mais obscuras à medida que o jogador sobe pelos sessenta níveis do jogo — e diminuem de dificuldade quando erra. Dessa maneira, o jogo está sempre equilibrado perfeitamente entre fácil demais e difícil demais. Breen, numa sacada inteligente, também acrescentou recursos gráficos, de modo que o usuário pode acompanhar seu progresso visualmente; uma pequena tigela de madeira se enche de arroz até os cem grãos e em seguida uma bola de arroz representando a centena aparece junto à tigela conforme ela começa a se encher outra vez. Aos mil grãos, uma pilha ainda maior se forma perto da tigela. Algumas pessoas formam grupos para jogar em conjunto — os grupos e os indivíduos com maior pontuação aparecem num ranking diariamente — e o jogador e os membros do grupo podem parar e recomeçar sempre que quiserem. O FreeRice parece uma combinação de aprendizado e doação, mas em suas engrenagens funciona um *game engine* (motor de jogo).

O que a DDB fez pela Volkswagen e Breen fez pelo FreeRice é conhecido como *gamificação*: transformar uma experiência que não tem ligação com jogos em um video game.[4] Um programador chamado Nick Pelling cunhou o termo em 2002. Pelling se deu conta de que a mecânica do jogo podia tornar qualquer experiência mais atrativa, mas teve dificuldade para comercializar o conceito, que ficou adormecido até o Google e diversas companhias de capital de risco o reviverem em 2010. O tema central da gamificação é que a experiência em si seja a própria recompensa. Mesmo que você não se sinta motivado a doar alimentos para a caridade, ou a aprender novas palavras, vai querer passar um tempo jogando FreeRice. Posteriormente, à sua revelia, vai perceber que *está de fato* aprendendo e doando arroz.

Os pesquisadores Kevin Werbach e Dan Hunter examinaram mais de cem exemplos de gamificação e identificaram três elementos comuns: pontos (*points*), distintivos (*badges*) e rankings (*leaderboards*). A PBL, como a tríade é conhecida, se juntou pela primeira vez em programas das companhias aéreas para premiar os clientes mais assíduos. A United criou o primeiro programa de fidelidade de companhia aérea em 1972, muito antes do advento da gamificação, e outras linhas não tardaram a introduzir programas similares. A cada voo ou compra específica, os clientes ganhavam *pontos* na forma de milhas; quando acumulavam pontos suficientes no mesmo ano, ganhavam *distintivos* na forma de marcadores de status — ouro, prata, platina e assim por diante; e membros de status elevado iam para uma fila separada, embarcavam primeiro no avião e às vezes recebiam tratamento especial a bordo — recompensas que funcionam como um ranking declarado.

A gamificação é uma ferramenta de negócios poderosa e, devidamente aproveitada, também induz a um comportamento mais feliz, salutar e sensato. Essa filosofia motivou Richard Talens e Brian Wang, que se conheceram em 2004 como calouros na Universidade da Pensilvânia. Talens e Wang tinham duas coisas em comum: adoravam video games e eram fanáticos por malhação. "A gente meio que se reconheceu, porque um viu o outro comendo brócolis e atum na cantina", recordou Talens em uma entrevista. "A gente tinha uma mentalidade muito parecida com a prática de exercícios porque fomos crianças muito fora de forma. Nós dois crescemos jogando video game e víamos o fitness como um jogo." Talens e Wang se tornaram fisiculturistas amadores e, em 2011, lançaram um site de fitness gamificado chamado Fitocracy. Em 2013, o Fitocracy tinha 1 milhão de usuários; em 2015, 2 milhões.

O Fitocracy recompensa seus usuários com pontos após cada sessão de musculação — mais pontos para quem malha com mais afinco — e distintivos quando essas sessões atingem marcos determinados. Corra dez quilômetros, por exemplo, e o site lhe dá o distintivo de 5k, o distintivo de 10k, e o recompensa com 1313 pontos. Quando vamos à academia, reconhecemos dois tipos de pessoas: as que preferem malhar sozinhas e as que fazem da malhação uma ocasião social. O Fitocracy apela aos dois tipos, dando-lhes oportunidade de interagir com outros usuários. Você pode desafiá-los para duelos e discutir sua série mais recente — ou pode usar o site como uma atividade privada, se desafiando a correr mais ou pegar mais peso sem precisar compartilhar seu progresso com ninguém. A variedade também é um ingrediente crucial da gamificação, e o Fitocracy a injeta permitindo que os usuários adotem missões e desafios que envolvam seus exercícios favoritos. Wang e Talens colheram dezenas de relatos de pessoas que perderam quase cinquenta quilos com a ajuda do site — a maioria delas em uma luta de anos para manter algum regime de exercícios.

Se muitos adultos cedem diante da tentação, imagine como é o esforço de uma criança para fazer a coisa certa. Adultos tomam decisões ajuizadas, ao menos de vez em quando, porque são capazes de olhar para o futuro distante. Crianças, por outro lado, tomam as decisões mais convenientes no momento. No entender delas, não existe visão de longo prazo, então um bolo de chocolate é pura tentação e não tem nenhum lado negativo. Mas crianças gostam de jogos tanto quanto adultos, assim a gamificação as municia de uma dose de autocontrole. Veja o exemplo da higiene dental. Crianças têm coisas melhores para fazer do que escovar os dentes, principalmente antes de dormir. A Philips Sonicare lançou uma escova de dentes gamificada em agosto de 2015. A escova é projetada para incentivar a criança a escovar os dentes por pelo menos dois minutos. Ela vem com uma pequena tela que exibe um personagem chamado Sparkly. A criança ganha pontos por escovar cada quadrante dos dentes, e esses pontos alimentam Sparkly. O personagem fez tanto sucesso que as crianças não queriam largar a escova. Em uma entrevista, um veterano da empresa disse: "Como adoraram o jogo e interagiam muito com o aplicativo, as crianças não queriam ir para a cama". O aplicativo teve que ser alterado, de modo que Sparkly desaba de exaustão após elas terminarem de escovar os dentes.

Como afirmou Frank Lantz, diretor do Game Center da NYU, projetar jogos é difícil. Para cada game que cai no gosto do público, milhares ficam praticamente esquecidos. A Philips tinha o problema oposto, ajustando deliberadamente o aplicativo do Sparkly para torná-lo *menos* viciante. Esses ajustes são uma característica comum das plataformas gamificadas, porque é difícil prever quais elementos motivam o comportamento. Em 2009, Adam Bosworth, ex--diretor do Google Health, lançou um aplicativo chamado Keas, voltado para a saúde. No início, o Keas era rico em dados e pobre em gamificação. Bosworth projetou o aplicativo para fornecer montanhas de feedback sob medida para cada usuário. As pessoas preenchiam questionários e informavam suas séries na academia, bem como suas refeições, e o Keas explicava como essas escolhas acarretavam resultados importantes para a saúde. Para Bosworth, as pessoas se exercitariam mais e comeriam menos se fossem forçadas a confrontar os efeitos da preguiça e da gula. Mas meros relatórios de dados não eram suficientes para mudar o comportamento, então o Keas ganhou outra abordagem. Bosworth introduziu o aplicativo numa série de grandes empresas, onde estimulou os funcionários a formar equipes rivais. O bom comportamento rendia pontos para os jogadores, e a nova versão do Keas incorporava níveis e estratégias. Bosworth queria ter certeza de que o aplicativo tivesse muitos questionários, então sua equipe projetou muito mais do que ele esperava que os usuários preenchessem durante o programa-padrão de doze dias do aplicativo. Sua expectativa foi bastante modesta: diversos usuários devoraram tudo em menos de uma semana.

Parte do sucesso do Keas vem de sua simplicidade. Está fortemente baseado em um questionário de quatro perguntas que os usuários completam no início e no fim de um programa de doze dias. As perguntas são:

1. Você é não fumante?
2. Você come mais do que cinco porções de frutas e verduras diariamente?
3. Seu peso é saudável (índice de massa corporal menor do que 25)?
4. Você se exercita regularmente (mais de 45 minutos, cinco vezes por semana)?

Para cada resposta "sim", os usuários ganham um ponto — dessa forma, uma contagem de zero ou um indica um estilo de vida não salutar enquanto três ou quatro indica comportamento saudável. A Pfizer, maior empresa de pesquisa farmacêutica do mundo, investiu no aplicativo alguns anos atrás. Antes do início do programa, 35% de sua força de trabalho tirou zero ou um no aplicativo — posteriormente, esse número caiu para 17%. Nesse ínterim, as respostas saudáveis (três ou quatro) subiram de 40% a 68%.

O Keas visa o lucro. Os executivos de empresas como a Pfizer pagam uma taxa para uso do aplicativo, e em troca seus funcionários ficam mais saudáveis, mais produtivos e menos propensos a faltar por motivos de saúde, onerando o plano de saúde da empresa. Aplicativos semelhantes funcionam igualmente bem em contextos não lucrativos. Um aplicativo chamado Health Lab melhora a saúde infantil em comunidades de baixa renda, e o governo americano vem considerando o uso de jogos para fomentar um comportamento infantil saudável no país todo.

No outono de 2009, uma nova escola abriu as portas em Nova York. A Quest to Learn (Q2L) — ou "Busca por Aprender" — acolheu 76 alunos de sexto ano quando foi inaugurada e acrescentou uma nova classe no início de cada ano desde então. A Q2L foi criada por uma série de organizações que se uniram para projetar um novo modelo de ensino.[5] Essas iniciativas argumentaram que o modelo antigo estava longe de ser perfeito. Por séculos, as escolas sofreram com crianças distraídas, desmotivadas e muitas vezes infelizes em sala de aula. O ensino oficial parecia ser pensado para desagradar: uma combinação de aprendizado mecânico e instrução à força. A diversão vinha em segundo plano, quando vinha. Então, para a maioria das crianças aprender era uma tarefa maçante.

A Q2L é diferente. Como a campanha publicitária para a Volkswagen da DDB, a escola foi fundada com base na diversão. Se gostassem da escola, as crianças certamente seriam mais felizes e engajadas. Os fundadores concluíram que a melhor maneira de injetar diversão no ensino era fazer da experiência do aprendizado um grande jogo. A aprendizagem, ao que tudo indica, é adequada para a gamificação. Cada novo módulo de informação pode ser estruturado como um jogo que começa em conhecimento zero e termina na perfeita compreensão. A Q2L usa a mesma estrutura gamificada para cada módulo de aprendizagem mais amplo, ou *missão*: os alunos completam uma série de *objetivos* menores enquanto durar a missão (digamos, dez semanas) e então terminam com uma *fase do chefão* que os força a aplicar o que aprenderam em um novo contexto. O conceito de fase do chefão se vale de uma teoria dos jogos clássica: de que os jogadores aperfeiçoam suas habilidades derrotando oponentes mais fáceis antes de enfrentar um "chefão" formidável. O chefão serve como clímax — um sinal de que o jogador completou a missão e pode passar à seguinte.

Em uma missão, "Dr. Smallz", alunos de sexto ou sétimo ano aprendem sobre o corpo humano. O Dr. Smallz se encolheu para salvar um paciente, mas infelizmente sofre de amnésia. A missão dura treze semanas, e ao longo de seus sete objetivos os alunos são incumbidos de diversas metas: ajudar o Dr. Smallz a descobrir onde está no corpo do paciente, lembrá-lo qual é a função de cada órgão e sistema do corpo, ajudá-lo a resolver o mistério da doença do paciente e, com base no que aprenderam sobre a anatomia do corpo, ajudá-lo a encontrar uma maneira de sair do corpo. No fim da missão, os alunos aprenderam a mesma informação científica ensinada em outras escolas, mas para eles o processo é um jogo. Numa tarefa, por exemplo, eles constroem uma célula com peças de quebra-cabeça. À medida que pesquisam a informação sobre cada estrutura dentro da célula, ganham uma peça, e assim chegam mais perto de completar a tarefa. Em outra, aprendem sobre o sistema imune com um jogo de tabuleiro chamado Virus Attack. No jogo, projetado pelo Institute of Play, os estudantes têm que matar um vírus produzindo leucócitos, anticorpos e linfócitos T. Eles ganham recompensas e acompanham seu progresso exatamente como fariam se estivessem jogando fora da sala de aula.

Uma unidade do sétimo ano ensina a Revolução Americana para os alunos. A missão deles é mediar uma altercação entre fantasmas no Museu de História Natural. Cada fantasma representa um personagem revolucionário diferente: um legalista, um patriota, um dono de terras, um comerciante e um escravo. Eles discordam sobre o que aconteceu durante a Revolução, e os alunos devem recolher o máximo de informação possível para impedir que os fantasmas brigões destruam toda a coleção do museu. Os alunos aprendem sobre a Revolução Americana, mas também sobre a complexidade da verdade; aprendem que partes diferentes podem enxergar um mesmo acontecimento de maneira distinta; e como resolver esses conflitos.

A abordagem da Q2L parece estar funcionando. O time de matemática da escola tirou o primeiro lugar na Olimpíada de Matemática da Cidade de Nova York por três anos seguidos e seus alunos obtiveram notas cerca de 50% mais altas do que na média das escolas em exames-padrão de Nova York. Segundo uma mensuração, estudantes crescem intelectualmente entre o oitavo e o décimo ano tanto quanto o universitário médio cresce durante os quatro anos do superior. Alunos e seus professores também estão engajados: o comparecimento médio de alunos é de impressionantes 94%, e a escola conservou 90% de seus professores.

A educação gamificada parece uma abordagem que talvez atraia sobretudo crianças, mas funciona entre jovens adultos também. Em 2011, a School of Interactive Games and Media da Rochester School of Technology introduziu um programa chamado Just Press Play. O programa estimula os alunos mediante buscas voluntárias. O professor apresenta essas buscas e os alunos têm a opção de fazê-las ou ignorá-las. Muitas delas são projetadas para o grupo todo, e não só para um ou dois alunos. Por exemplo, a busca "Undying" promete dar um prêmio a todos os alunos se 90% da classe de primeiro ano passar em seu curso introdutório, que tem um grau notório de dificuldade. Historicamente, a taxa de aprovação era inferior a 90%, mas o programa foi tão atrativo que diversos alunos do terceiro e do quarto anos apareceram no laboratório de informática dos calouros para lhes dar treinamento durante o curso. Alunos mais velhos não podiam se beneficiar da busca, mas ficaram tão impressionados que resolveram participar. Os calouros obtiveram uma taxa de aprovação sem precedentes naquele ano e os veteranos se ofereceram para ajudar no ano seguinte também. Essa é a marca de um jogo que funciona: as pessoas ficam intrinsecamente motivadas, mesmo quando não obtenham recompensas extrínsecas. Minha busca favorita é promovida pelo próprio professor Andy Phelps, um dos fundadores do programa. A busca de Phelps se chama "A Walk into Mordor" (Um passeio por Mordor), numa referência a *O senhor dos anéis*. "Encontre meu escritório nas profundezas de Mordor, quando o Portão Negro estiver aberto", diz Phelps. "Pegue o cartão. Sinta-se livre para entabular uma conversa..." Os alunos nem mesmo se dão conta do aprendizado quando encontram o professor — pelo que sabem, estão apenas completando mais uma missão.

Da busca de Andy Phelps às missões da Q2L, a gamificação é pensada para aumentar a produtividade em ocasiões em que as pessoas teriam preguiça. Em muitos contextos, a preguiça é uma condição natural do ser humano. As psicólogas sociais Susan Fiske e Shelley Taylor descrevem os seres humanos como *sovinas cognitivos* para sugerir que evitamos pensar assim como um pão-

-duro evita gastar. De fato, as pessoas preferem pensar apenas o necessário para atingir uma conclusão razoavelmente aceitável. A avareza faz sentido numa perspectiva evolucionária, porque pensar é custoso. Impede o animal de agir, deixando-o vulnerável a predadores e menos preparado para aproveitar oportunidades limitadas. É por isso que recorremos com tanta frequência a atalhos mentais, estereótipos e regras gerais, que nos permitem extrair sentido de um mundo complexo o mais rápido possível.

Essa preguiça explica por que o trabalho segue a estrutura de um jogo. Os salários (*pontos*) aumentam conforme o tempo de serviço (*níveis*), o que resulta em promoções e novos títulos (*distintivos*). A diferença entre a maioria dos locais de trabalho e os jogos de verdade é que as pessoas não vão trabalhar por se sentirem intrinsecamente motivadas pelo jogo; em vez disso, o jogo é como o empregador distribui as recompensas extrínsecas de dinheiro, prestígio e elogios. Como Nick Pelling explicou quando cunhou o termo, percebemos que estamos diante de uma gamificação quando a diversão de jogar se torna a própria recompensa. Em alguns contextos, a gamificação pode ser perigosa. Viciados em exercício tendem a focar no jogo de malhar todos os dias, ou acumular certa quantidade de passos ou quilômetros percorridos. Eles esquecem que a principal função do exercício é fazer com que se sintam mais saudáveis, e acabam desenvolvendo contusões por estresse na busca de metas arbitrárias de boa forma.

Além dos dispositivos pessoais de exercícios, algumas empresas gamificam o local de trabalho para motivar seus empregados. Em 2000, quatro empreendedores da tecnologia formaram um call center remoto chamado LiveOps. O LiveOps recruta mais de 20 mil americanos comuns para fazer ligações de telemarketing e, mais recentemente, para gerenciar as plataformas de mídia social de grandes organizações, como Pizza Hut e Electronic Arts. A empresa seleciona os operadores antes de admiti-los na equipe, e, depois de aceitos, eles podem trabalhar como bem entenderem em blocos de trinta minutos. Tudo o que os operadores necessitam é de uma linha de telefone, um computador, internet de alta velocidade e um headset. Algumas empresas que usam o LiveOps pagam por minuto — por exemplo, 25 centavos por minuto passado ao telefone —, enquanto outras pagam por ligação ou venda. A LiveOps atrai pessoas sem horários fixos — gente que está empregada em meio período, que cuida dos filhos em casa ou que está entre um emprego e outro.

A flexibilidade da empresa é um ponto forte, mas trabalhadores de call center sem horário fixo tendem a perder a motivação. Para combater isso, o LiveOps introduziu um painel gamificado. Cada painel contém uma barra de progresso com a porcentagem de ligações que resultam em vendas, troféus e distintivos por atingir certos números de vendas e desafios individuais enfrentados e resolvidos. Um quadro com o ranking informa os melhores vendedores da empresa. Segundo o LiveOps, esses elementos lúdicos melhoraram as notas do serviço em 10% e diminuíram o tempo de espera dos clientes em 15%. As taxas de vendas aumentaram e os trabalhadores relataram estar se sentindo mais positivos quanto a trabalhar na empresa.

Outras organizações cresceram introduzindo recompensas gamificadas. Depois que Rodney Smith Jr. viu uma mulher de 93 anos aparando com dificuldade a grama do quintal em Huntsville, Alabama, ele criou uma organização conhecida como Raising Men Lawn Care.[6] A Raising Men emprega homens jovens, muitos deles de áreas carentes, para cortar a grama de graça. (A organização é sustentada por almas caridosas em sua página GoFundMe.) Os jovens ficam motivados a fazer a coisa certa, mas também recebem incentivos a partir de um sistema de distintivos inspirado nas artes marciais. Como explica a página da empresa no Facebook, o sistema de classificação por cores é "semelhante ao que fazem nas artes marciais [...] os rapazes iniciam o programa com uma camiseta branca. Depois, quando completam dez gramados cortados, ganham uma camiseta laranja; com vinte, uma camiseta verde; com trinta, uma camiseta azul; com quarenta, uma camiseta vermelha; e com cinquenta ou mais gramados, ganham uma camiseta preta". O sucesso da Raising Men disseminou filiais pelo país, um crescente número de seguidores on-line e dezenas de milhares de dólares de financiamento.

A gamificação não ajuda muito quando determinada experiência já é divertida; ela é mais eficaz quando a experiência é entediante. O treinamento na função talvez seja a parte mais claramente entediante do trabalho. Ao mesmo tempo, sua importância é crucial, porque trabalhadores mal treinados são menos produtivos e oferecem menos segurança. Inúmeras empresas estão começando a treinar seus trabalhadores com jogos. O Hilton Garden Inn, por exemplo, contratou o estúdio de design de jogos Virtual Heroes para desenvolver um hotel de treinamento virtual. O jogo oferece aos membros da equipe um hotel Hilton Garden Inn virtual, tridimensional, onde servem os hóspedes dentro de determinado prazo. As respostas deles são classificadas segundo a rapidez e a adequação, que se traduzem na pontuação de Satisfaction and Loyalty Tracking (SALT), ou "acompanhamento do grau de satisfação e fidelidade". Os hotéis avaliam os funcionários com pontuações SALT no mundo real, de modo que o ambiente virtual é uma excelente simulação. Desde o sucesso do Hilton, o Virtual Heroes conquistou uma porção de clientes importantes, incluindo o Exército dos Estados Unidos, o Discovery Channel, o Department of Homeland Security, a empresa de energia BP e a Genentech.

Esses jogos não são apenas divertidos; são também envolventes e ajudam a melhorar o desempenho no trabalho e a manutenção do quadro de funcionários. Traci Sitzmann, professora de administração na Universidade do Colorado, estuda o papel dos jogos no treinamento de trabalhadores. Em um estudo abrangente, ela examinou os resultados de 65 pesquisas que comparavam treinamento baseado em jogos e treinamento habitual. Num universo de quase 7 mil pessoas, ela descobriu que o treinamento baseado em jogos era muito mais eficaz: os que treinavam com video games tinham taxa de retenção 9% mais elevada, lembravam-se de 11% a mais de fatos e obtinham uma classificação 14% mais alta nos testes de conhecimento baseado em habilidade. As pessoas em treinamento também se sentiam 20% mais confiantes e capazes após jogar, uma vez que se basearam numa experiência ativa, pondo a mão na massa, em vez de receberem uma instrução passiva.

As mesmas propriedades que tornam o treinamento envolvente e palatável também podem ser aproveitadas para trazer benefícios médicos.[7] Em 1996, uma equipe de pesquisadores na Universidade de Washington, em Seattle, recebeu uma bolsa do governo para estudar os efeitos do jogo em realidade virtual na tolerância à dor. Vítimas de queimaduras são forçadas a suportar uma dor aguda diariamente quando precisam limpar os ferimentos e trocar os curativos. Em um estudo, 86% dos pacientes de queimadura descreveram seus níveis de dor como "excruciantes", e isso *depois* de terem recebido morfina.

Como alguns pacientes no laboratório respondiam bem à hipnose, os pesquisadores projetaram um jogo em realidade virtual chamado SnowWorld. Uma distração como o SnowWorld é fundamental porque grande parte do sofrimento do paciente vem por antecipação. Como explicaram os pesquisadores em seu site:

Nossa lógica para esperar que a realidade virtual alivie a dor é a seguinte. A percepção da dor tem um forte componente psicológico. O mesmo sinal de dor que chega pode ser interpretado como doloroso ou não, dependendo do que o paciente estiver pensando. A dor exige atenção consciente. A essência da realidade virtual é a ilusão que os usuários têm de adentrar o ambiente gerado por computador. Ser arrastado para outro mundo absorve um bocado de recursos do nosso foco, deixando menos atenção disponível para processar os sinais da dor. A atenção consciente é como um holofote. Em geral, concentra-se na dor e no cuidado com o ferimento. Estamos atraindo esse holofote para o mundo virtual. Em vez da dor como foco da atenção, para muitos pacientes na realidade virtual a fonte da dor se torna mais um aborrecimento, distraindo-os de seu objetivo principal, que é explorar o mundo virtual.

O SnowWorld é um game de aventura em primeira pessoa. Os jogadores lançam bolas de neve em pinguins, mastodontes e bonecos de neve escutando canções alegres de Paul Simon. A experiência é imersiva, e alguns pacientes com queimadura descrevem o jogo como "divertido" — bem diferente do adjetivo "excruciante" que deram ao processo de trocar os curativos de suas queimaduras antes de jogar. Quando escanearam o cérebro dos pacientes, os pesquisadores descobriram que, com o SnowWorld, suas regiões de dor ficavam menos ativas do que sob o efeito apenas da morfina. O mesmo processo também funciona para outras experiências dolorosas — os pesquisadores mostraram que diminui dor de dente, dores não só de crianças, mas também de adultos, bem como o trauma psicológico dos sobreviventes dos ataques ao World Trade Center, no Onze de Setembro.

Embora o Tetris, como vimos no capítulo 7, seja terrivelmente viciante, também partilha de algumas propriedades terapêuticas do SnowWorld. Muitas pessoas que testemunham a morte, o ferimento ou a ameaça a terceiros sofrem um trauma contínuo. A cena a que foram expostas passa num ciclo recorrente em sua mente, às vezes pelo resto da vida. Os terapeutas têm ferramentas para tratar do transtorno do estresse pós-traumático (TEPT), mas essas ferramentas não são muito eficazes imediatamente após o episódio traumático. Por algumas semanas, a abordagem terapêutica padrão não funciona muito bem, então os sobreviventes geralmente são obrigados a esperar pelo tratamento. Uma equipe de psiquiatria na Universidade de Oxford considerou estranho esse fenômeno: por que esperar a consolidação das memórias antes de iniciar um tratamento?

Em 2009, a equipe, liderada por Emily Holmes, testou uma nova intervenção para o TEPT. Eles pediram a um grupo de adultos que assistisse a um vídeo de doze minutos apresentando "onze clipes de conteúdo traumático, incluindo cenas reais perturbadoras de cirurgias, acidentes de trânsito fatais e afogamento". Essa era a simulação de um trauma, e os participantes que passaram pelo estudo realmente ficaram traumatizados. Antes da intervenção, informaram que se sentiam calmos e relaxados; depois, que estavam perturbados e agitados. Holmes e sua equipe forçaram os adultos a esperar durante meia hora — a simulação da meia hora de espera que uma pessoa talvez enfrente antes de ser admitida no pronto-socorro. Então, metade dos participantes jogava Tetris por dez minutos, enquanto a outra metade ficava sentada em silêncio.

Os adultos foram para casa e registraram seus pensamentos em um diário por uma semana. Todo dia, eles relatavam as cenas do vídeo que passavam em sua cabeça. Uns viam carros batendo, outros se lembravam das cenas horríveis de cirurgia. No entanto, algumas pessoas eram mais afetadas pelos flashbacks do que outras. As que ficaram sentadas em silêncio após a angustiante experiência do vídeo tinham uma média de seis flashbacks durante a semana; as que jogaram Tetris apresentaram uma média menor do que três. O Tetris, com suas cores, música e peças girando, impediu o estabelecimento das memórias traumáticas iniciais. O jogo absorveu a atenção mental que, de outro modo, poderia ter movido essas lembranças terríveis para a memória de longo prazo. Dessa forma, elas foram armazenadas imperfeitamente ou descartadas. Ao final da semana, os adultos voltaram para o laboratório, e o grupo afortunado por jogar Tetris relatou menos sintomas psiquiátricos. De acordo com os pesquisadores, o jogo funcionara como uma "vacina cognitiva". Embora o vídeo os tivesse traumatizado no curto prazo, jogar Tetris os impedira de ficar traumatizados no longo prazo.

A gamificação é amplamente celebrada, mas também tem seus detratores. Em 2013, uma grande equipe de pesquisadores publicou um artigo sobre jogos na *Nature*, um dos principais periódicos científicos do mundo. O artigo louvava um jogo chamado NeuroRacer, em que o usuário tinha que dirigir um carro apertando botões de acordo com comandos surgidos na tela. Essa forma de multitarefa, argumentaram os autores, era profundamente terapêutica para adultos mais idosos. Em vez de se deteriorarem, suas funções mentais permaneceriam afiadas se eles jogassem NeuroRacer durante uma hora, três vezes por semana. Não é pedir muito em troca de deter o declínio mental. Os autores recrutaram cerca de duzentos adultos para jogar o game durante um mês e depois mediram seu desempenho mental durante seis meses. Comparados a outros adultos que não jogaram ou que jogaram uma versão mais simples, os da versão multitarefa se saíram melhor em uma vasta bateria de testes cognitivos.

Diversas empresas de software para treinamento mental emergiram na esteira dessa pesquisa. Elas lucraram bilhões de dólares com a promessa de que jogos multitarefa melhorariam o funcionamento mental como um todo. Mas as evidências eram escassas. Alguns pesquisadores reproduziram os resultados da *Nature*, mas outros argumentaram que o treinamento cerebral melhorava o desempenho apenas em jogos triviais; não podia de fato melhorar a vida das pessoas no longo prazo, com anos e décadas além do escopo da experiência original. Em 2014, 75 cientistas assinaram um documento concluindo que "não existem evidências científicas persuasivas até o momento" de que games para o cérebro podem impedir o declínio cognitivo. A Federal Trade Commission (FTC) pareceu concordar. Em janeiro de 2016, a FTC multou a Lumos Labs, uma das maiores e mais bem-sucedidas empresas de treinamento cerebral, em 2 milhões de dólares. Segundo a FTC, a Lumos fizera "propaganda enganosa" de seu software. Era possível que os games da Lumos postergassem o declínio cognitivo, mas as provas eram escassas e a empresa exagerara as qualidades de seu produto.

Mesmo que a gamificação funcione, alguns críticos acreditam que ela deve ser abandonada. Ian Bogost, designer de jogos na Georgia Tech, lidera esse movimento. Em 2011, ele deu uma palestra sobre o tema em um simpósio de gamificação em Wharton. Intitulou sua palestra de "Gamificação é bobagem". Bogost sugeria que a gamificação "foi inventada pelos consultores como maneira de capturar essa fera selvagem e cobiçada que são os video games e domesticá-la". Bogost criticou a gamificação porque minava o bem-estar do "gamer". Na melhor das hipóteses, era indiferente a seu bem-estar, impondo metas que lhe deixavam pouca escolha a não ser persegui-las. Este é o poder do design de games: um jogo bem projetado alimenta o vício comportamental.

Bogost demonstrou o poder da gamificação com um jogo de mídia social chamado Cow Clicker.[8] Ele o projetou para imitar jogos similares, como o FarmVille, que dominara o Facebook por muitos meses. O objetivo do jogo era simples: clique em sua vaca em momentos cruciais para ganhar dinheiro numa moeda virtual chamada *mooney*. O Cow Clicker foi pensado como uma sátira à gamificação, mas virou um sucesso estrondoso. Dezenas de milhares de usuários o baixaram e, em vez de jogarem apenas algumas vezes, ficavam nele por dias a fio. A certa altura, um professor de ciência da computação ocupou o primeiro lugar do ranking com 100 mil *mooney*. Bogost atualizou o jogo com novos elementos, acrescentando recompensas por atingir certos objetivos (como o Golden Cowbell por 100 mil clicadas) e introduzindo uma vaca coberta de óleo para lembrar o trágico derramamento de petróleo no golfo do México em 20 de abril de 2010. Ele alegou que o sucesso do Cow Clicker foi uma surpresa, mas na verdade ele incorporava inúmeras características que tornavam outros jogos viciantes: pontos de Werbach e Hunter, distintivos e níveis.

Em um nível, o Cow Clicker é uma diversão inofensiva. Mas Bogost levantou uma questão importante quando disse que nem tudo deve ser um jogo. Veja o caso da criança pequena que não quer comer. Uma opção é transformar a hora da refeição numa brincadeira — imitar um avião ao levar a colher à boca da criança. Pode parecer sensato no momento, mas a longo prazo ela vê o ato de comer como um jogo. Ele toma emprestadas certas propriedades lúdicas: deve ser divertido, envolvente e interessante, ou então não vale a pena. Em vez de desenvolver a motivação para comer porque vai se sustentar e nutrir, a criança aprende que a refeição é um jogo.

Na verdade, provavelmente não faz grande diferença se ela acha que comer é um jogo ou não. Ela logo vai entender a finalidade de se alimentar. Mas assim como substitui a verdadeira razão de comer pela diversão, a gamificação banaliza outras experiências. A escada de piano da estação Odenplan é muito divertida, mas não promove de fato um comportamento saudável a longo prazo. Na verdade, pode sabotá-lo, ao sugerir que, antes de tudo, o exercício físico deve ser divertido, em vez de concebido para gerar saúde e bem-estar. Intervenções gamificadas bonitinhas como a escada de piano são encantadoras, mas dificilmente vão mudar o comportamento das pessoas em relação aos exercícios no dia seguinte, na próxima semana ou daqui a um ano.

De fato, o lado divertido da gamificação pode tomar a frente dos motivos importantes ao mudar inteiramente o modo como as pessoas encaram a experiência. No fim da década de 1990, os economistas Uri Gneezy e Aldo Rustichini tentaram incentivar os pais a chegar na hora para pegar os filhos em dez creches israelenses. A abordagem econômica racional é punir as pessoas quando estão fazendo a coisa errada, então algumas creches começaram a multar os pais que chegavam atrasados. No fim de cada mês, a conta da creche refletia essas multas — uma tentativa de dissuadi-los de chegar atrasados no mês seguinte. Na verdade, as multas tiveram o efeito oposto. Os pais multados chegaram atrasados *com mais frequência* do que os que não receberam multas. Segundo Gneezy e Rustichini, o problema foi que as multas tomaram o lugar da motivação para fazer a coisa certa. Os pais se sentiam mal de chegar atrasados — até o atraso se tornar uma questão de dinheiro. Então, em vez de se sentirem mal, passaram a ver o atraso como uma decisão financeira. O motivo intrínseco para fazer o bem — chegar na hora — foi suplantado pelo motivo extrínseco de chegar atrasado em troca de um preço justo. O mesmo se dá com a gamificação: as pessoas pensam sobre a experiência de forma diferente assim que ela assume características de diversão. Exercitar-se deixa de ter a ver com o cuidado com a saúde; tem a ver com diversão. E assim que a diversão termina, o mesmo acontece com o exercício.

A gamificação é uma ferramenta poderosa e, como tal, tem suas vantagens e desvantagens. Por um lado, infunde em experiências mundanas ou desagradáveis uma dose de alegria. Pacientes encontram um alívio para sua dor, crianças pequenas, uma válvula de escape para o tédio, e gamers, um pretexto para doar aos necessitados. Só de aumentar o número de bons resultados no mundo, a gamificação já tem valor. É uma alternativa que vale a pena para cuidados médicos tradicionais, ensino e caridade, porque, em muitos aspectos, essas abordagens não se conectam com o que gera a motivação humana. Mas Ian Bogost também teve a sagacidade de trazer à tona os perigos da gamificação. Jogos como FarmVille e Kim Kardashian's Hollywood são projetados para explorar a motivação humana visando lucro. Eles põem o detentor da gamificação em oposição ao gamer, que se deixa enredar na malha irresistível do jogo. Mas, como já mencionei, a tecnologia não é inerentemente boa ou má. O mesmo vale para a gamificação. Despida de sua popularidade momentânea e seu nome pseudotécnico, o cerne da gamificação nada mais é que um modo eficiente de projetar experiências. Os jogos por acaso fazem um excelente trabalho em aliviar a dor, substituir tédio por alegria e fundir diversão e generosidade.

Epílogo

Metade do mundo desenvolvido é viciada em alguma coisa e, para a maioria, isso tem a ver com um comportamento. Somos vidrados por celulares, e-mails, video games, TV, trabalho, consumo, exercícios e uma longa lista de outras experiências que nasceram a partir do crescimento tecnológico e do sofisticado design de produtos. Poucas experiências dessas existiam no ano 2000, e por volta de 2030 estaremos brigando com uma nova lista que mal se sobrepõe à atual. O que sabemos é que a quantidade de experiências imersivas e viciantes está crescendo a um ritmo acelerado, então precisamos compreender como, por que e quando as pessoas desenvolvem vícios comportamentais e depois se livram deles. No extremo positivo do espectro, nossa saúde, felicidade e bem-estar dependem disso — e neste momento, por motivos práticos, nossa capacidade de olhar outras pessoas nos olhos para formar ligações emocionais genuínas também depende.

Ao olhar para o passado, os adultos costumam sentir que muita coisa mudou. As coisas se movem mais rápido do que antigamente; conversávamos mais; os tempos eram mais simples e assim por diante. Apesar da sensação de que as coisas mudaram no passado, tendemos também a acreditar que vão parar de mudar — que permaneceremos assim para sempre, assim como a vida que levamos hoje. Isso é conhecido como ilusão do *fim da história* e acontece em parte porque é bem mais fácil enxergar as mudanças reais dos últimos dez anos do que imaginar como as coisas serão diferentes daqui a dez anos.[1] A ilusão é reconfortante, de certo modo, porque nos faz sentir que terminamos de nos tornar quem somos e que essa vida vai continuar assim para sempre. Ao mesmo tempo, impede de nos prepararmos para as mudanças que estão por vir.

Isso certamente é verdade para o vício comportamental, que parece ter chegado ao pico. Uma década atrás, quem teria imaginado que o Facebook atrairia 1,5 bilhão de usuários, muitos deles manifestando o desejo de gastar menos tempo no site? Ou que milhões de usuários do Instagram passariam horas postando e curtindo os 60 milhões de novas fotos que o aplicativo recebe diariamente? Ou que mais de 20 milhões de pessoas contariam e monitorariam cada passo com um pequeno dispositivo de pulso?

São estatísticas marcantes, mas representam uma primeira parada numa longa subida. O vício comportamental ainda está na infância e há uma boa chance de que nem tenhamos saído da base, muito abaixo do cume. Experiências verdadeiramente imersivas, como as proporcionadas por dispositivos de realidade virtual, ainda não se popularizaram entre o grande público. Daqui a dez anos, quando todo mundo tiver óculos de realidade virtual, o que nos manterá atrelados ao mundo de verdade? Se as relações humanas já sofrem diante de smartphones e tablets, como poderão fazer frente à onda de experiências imersivas de realidade virtual? O Facebook completou uma década de vida há pouco tempo e o Instagram, metade disso; daqui a dez anos, diversas plataformas novas farão o Facebook e o Instagram parecerem curiosidades do passado. Pode ser que ainda atraiam uma ampla base de usuários — largar na frente compensa —, mas talvez venham a ser considerados relíquias com uma fração da capacidade imersiva que a geração mais recente de alternativas terá. Claro que não sabemos exatamente como o mundo será em dez anos, mas, olhando para a última década, não há motivo para acreditar que a história terminou hoje e que o vício comportamental chegou ao seu auge com Facebook, Instagram, Fitbit e World of Warcraft.

Sendo assim, qual é a solução? Não podemos abandonar a tecnologia, nem devemos. Alguns avanços tecnológicos alimentam o vício comportamental, mas também são milagrosos e enriquecem nossa vida. E, com um projeto cuidadoso, não precisamos nos viciar. É possível criar um produto ou experiência que seja indispensável, mas não viciante. Os locais de trabalho, por exemplo, podem fechar às seis — e com isso as contas de e-mail do escritório podem ficar desativadas entre meia-noite e cinco da manhã do dia seguinte. Os games, assim como livros com capítulos, podem ser projetados com pontos de parada naturais. Plataformas de mídia social podem passar por um Demetricator, removendo o feedback quantitativo que as transforma em veículos de comparação social nociva e de busca de metas crônica. As crianças podem ser apresentadas às telas aos poucos e com supervisão, não de uma hora para outra. Nossa atitude com as experiências viciantes é amplamente cultural, e se encontrarmos espaço em nossa vida para horas inativas livres de trabalho, video games e telas, nós e nossos filhos teremos mais facilidade de resistir à sedução do vício comportamental. No lugar, vamos nos comunicar diretamente, e não por meio de dispositivos; então o brilho desses laços sociais nos tornará mais ricos e felizes do que o brilho das telas jamais conseguirá.

Agradecimentos

Um imenso obrigado às equipes em Penguin Press, Inkwell Management e Broadside PR. Na Penguin Press, em especial, a minha sábia e paciente editora, Ann Godoff, que deixou *Irresistível* muito mais consistente e conciso do que eu teria sido capaz de conseguir sozinho. Também na Penguin Press, obrigado a Will Heyward, Juliana Kiyan, Sara Hutson, Matt Boyd, Caitlin O'Shaughnessy e Casey Rasch. Na Inkwell, agradecimentos especiais a meu agente bondoso e perspicaz, Richard Pine, que é tudo que um agente deve ser: homem de ideias, psicólogo, guru da publicidade e amigo. Também na Inkwell, obrigado a Eliza Rothstein e Alexis Hurley. E, na Broadside, obrigado a Whitney Peeling e toda a equipe.

Por lerem rascunhos iniciais de *Irresistível*, partilhar suas ideias e responder a minhas perguntas com paciência, obrigado a Nicole Airey, Dean Alter, Jenny Alter, Ian Alter, Sara Alter, Chloe Angyal, Gary Aston Jones, Nicole Avena, Jessica Barson, Kent Berridge, Michael Brough, Oliver Burkeman, Hilarie Cash, Ben Caunt, Rameet Chawla, John Disterhoft, Andy Doan, Natasha Dow Schüll, David Epstein, Bennett Foddy, Allen Frances, Claire Gillan, Malcolm Gladwell, David Goldhill, Adam Grant, Melanie Green, Mark Griffiths, Hal Hershfield, Jason Hirschel, Kevin Holesh, Margot Lacey, Frank Lantz, Andrew Lawrence, Tom Meyvis, Stanton Peele, Jeff Peretz, Ryan Petrie, Sam Polk, Cosette Rae, Aryeh Routtenberg, Adam Saltsman, Katherine Schreiber, Maneesh Sethi, Eesha Sharma, Leslie Sim, Anni Sternisko,

Abby Sussman, Maia Szalavitz, Isaac Vaisberg, Carrie Wilkens, Bob Wurtz e Kimberly Young.

No fim de 2014, descrevi a premissa de *Irresistível* para meus alunos de marketing na Stern School of Business, da Universidade de Nova York. Obrigado àqueles que me ajudaram enviando histórias e exemplos de tecnologia viciante, em particular Griffin Carlborg, Caterina Cestarelli, Gizem Ceylan, Arianna Chang, Jane Chyun, Sanhita Dutta Gupta, Elina Hur, Allega Ingerson, Nishant Jain, Chakshu Madhok, Danielle Nir, Michelle See, Yash Seksaria, Yu Sheng, Jenna Steckel, Sonya Shah, Lindsay Stecklein, Anne-Sophie Svoboda, Madhumitha Venkataraman e Amy Zhu.

E obrigado sempre a minha esposa, Sara; meu filho, Sam; meus pais, Ian e Jenny; Suzy e Mike; e meu irmão Dean.

Notas

PRÓLOGO: NUNCA FIQUE CHAPADO COM A PRÓPRIA MERCADORIA [pp. 9-16]

1. John D. Sutter e Doug Gross, "Apple Unveils the 'Magical' iPad", CNN, 28 jan. 2010. Disponível em: <www.cnn.com/2010/TECH/01/27/apple.tablet/>. Acesso em: 26 out. 2017. Vídeo do evento: EverySteveJobsVideo, "Steve Jobs Introduces Original iPad — Apple Special Event", 30 dez. 2013. Disponível em: <www.youtube.com/watch?v=_KN-5zmvjAo>. Acesso em: 26 out. 2017.

2. Esta seção de opiniões de especialistas em tecnologia vem de Nick Bilton, "Steve Jobs Was a Low-Tech Parent", *The New York Times*, 11 set. 2014. Disponível em: <www.nytimes.com/2014/09/11/fashion/steve-jobs-apple-was-a-low-tech-parent.html>. Acesso em: 26 out. 2017.

3. Esses fragmentos vêm de entrevistas com, entre outros, os designers de games Bennett Foddy e Frank Lantz, as especialistas em vício em exercício Leslie Sim e Katherine Schreiber e a fundadora da clínica para vício em internet reSTART, Cosette Rae.

4. Essas citações são de Natasha Singer, "Can't Put Down Your Device? That's by Design", *The New York Times*, 5 dez. 2015. Disponível em: <www.nytimes.com/2015/12/06/technology/personaltech/cant-put-down-your-device-thats-by-design.html>. Acesso em: 26 out. 2017.

5. Para mais sobre como a velocidade ajudada pela tecnologia motiva o vício comportamental, ver: Art Markman, "How to Disrupt Your Brain's Distraction Habit", Inc.com, 25 maio 2016. Disponível em: <www.inc.com/art-markman/the-real-reason-technology-destroys-your-attention-span-is-timing.html>. Acesso em: 26 out. 2017.

6. Para este livro, adotei minhas próprias definições de vício comportamental, compulsão e obsessão, que tomei emprestadas de diversas fontes. Em particular, me baseei no seguinte manual, uma obra acadêmica e acessível sobre vício comportamental que reúne capítulos de dezenas de especialistas: Kenneth Paul Rosenberg e Laura Curtiss Feder (Orgs.), *Behavioral Addictions: Criteria, Evidence, and Treatment*. Londres: Elsevier Academic Press, 2014. Também me baseei em Aviel Goodman, "Addiction: Definitions and Implications", *British Journal of Addiction*, n. 85, pp. 1403-8, 1990. Até certo ponto, adotei as definições da American Psychiatric Association,

Diagnostic and Statistical Manual of Mental Disorders. Washington, DC: American Psychiatric Publishing, 2013.

7. Esses psicólogos concordaram em falar sob a condição de anonimato. Eles ficaram preocupados que seus pacientes pudessem reconhecer as histórias relatadas.

8. John Patrick Pullen, "I Finally Tried Virtual Reality and It Brought Me to Tears", *Time*, 8 jan. 2016. Disponível em: ‹www.time.com/4172998/virtual-reality-oculus-rift-htc-vive-ces/›. Acesso em: 26 out. 2017.

1. A ASCENSÃO DO VÍCIO COMPORTAMENTAL [pp. 19-42]

1. O website do Moment: disponível em: ‹inthemoment.io›. Acesso em: 29 dez. 2017. Blog de Kevin Holesh: disponível em: ‹inthemoment.io/blog›. Acesso em: 29 dez. 2017. Outros artigos sobre Holesh e seu aplicativo incluem Conor Dougherty, "Addicted to Your Phone? There's Help for That", *The New York Times*, 11 jul. 2015. Disponível em: ‹www.nytimes.com/2015/07/12/sunday-review/addicted-to-your-phone-theres-help-for-that.html›. Acesso em: 29 dez. 2017; Seth Fiegerman, "'You've Been on Your Phone for 160 Minutes Today'", Mashable, 14 ago. 2014. Disponível em: ‹mashable.com/2014/08/19/mobile-addiction/›. Acesso em: 29 dez. 2017; Sarah Perez, "A New App Called Moment Shows You How Addicted You Are to Your iPhone", TechCrunch, 27 jun. 2014. Disponível em: ‹techcrunch.com/2014/06/27/a-new-app-called-moment-shows--you-how-addicted-you-are-to-your-iphone›. Acesso em: 29 dez. 2017; Jiaxi Lu, "This App Tells You How Much Time You Are Spending, or Wasting, on Your Smartphone", *The Washington Post*, 21 ago. 2014. Disponível em: ‹www.washingtonpost.com/news/technology/wp/2014/08/21/this-app-tells-you-how-much-time-you-are-spending-or-wasting-on-your-smartphone›. Acesso em: 29 dez. 2017.

2. A pesquisa sobre o tema inclui A. L. S. King et al., "Nomophobia: Dependency on Virtual Environments or Social Phobia?", *Computers in Human Behaviors*, v. 29, n. 1, pp. 140-4, jan. 2013; A. L. S. King, A. M. Valença e A. E. Nardi, "Nomophobia: The Mobile Phone in Panic Disorder with Agoraphobia: Reducing Phobias or Worsening of Dependence?", *Cognitive and Behavioral Neurology*, v. 23, n. 1, pp. 52-4, 2010; James A. Roberts, Luc Honore Petnji Yaya e Chris Manolis, "The Invisible Addiction: Cell-Phone Activities and Addiction Among Male and Female College Students", *Journal of Behavioral Addictions*, v. 3, n. 4, pp. 254-65, dez. 2014; Andrew Lepp, Jacob E. Barkley e Aryn C. Karpinski, "The Relationship between Cell Phone Use, Academic Performance, Anxiety, and Satisfaction with Life in College Students", *Computers in Human Behavior*, v. 31, pp. 343-50, fev. 2014; Shari P. Walsh, Katherine M. White e Ross McD. Young, "Needing to Connect: The Effect of Self and Others on Young People's Involvement with Their Mobile Phones", *Australian Journal of Psychology*, v. 62, n. 4, pp. 194-203, 2010.

3. Andrew K. Przybylski e Netta Weinstein, "Can You Connect with Me Now? How the Presence of Mobile Communication Technology Influences Face-to-Face Conversation Quality", *Journal of Social and Personal Relationships*, v. 30, n. 3, pp. 237-46, maio 2013.

4. Colin Lecher, "GameSci: What Is (Scientifically!) the Most Addictive GameEver?", *Popular Science*, 27 mar. 2013. Disponível em: ‹www.popsci.com/gadgets/article/2013-03/gamesci-what--scientifically-most-addictive-game-ever›. Acesso em: 29 dez. 2017; WoWaholics Anonymous

discussion board. Disponível em: <www.reddit.com/r/nowow/>. Acesso em: 29 dez. 2017; WoW Addiction Test. Disponível em: <www.helloquizzy.com/tests/the-new-and-improved-world-of--warcraft-addiction-test>. Acesso em: 29 dez. 2017.

5. Ana Douglas, "Here Are the 10 Highest Grossing Video Games Ever", Business Insider, 13 jun. 2012. Disponível em: <www.businessinsider.com/here-are-the-top-10-highest-grossing-video--games-of-all-time-2012-6>. Acesso em: 29 dez. 2017; Samit Sarkar, "Blizzard Reaches 100M Lifetime World of Warcraft Accounts", Polygon, 28 jan. 2014. Disponível em: <www.polygon.com/2014/1/28/5354856/world-of-warcraft-100m-accounts-lifetime>. Acesso em: 29 dez. 2017.

6. Jeremy Reimer, "Doctor Claims 40 Percent of World of Warcraft Players Are Addicted", Ars Technica, 9 ago. 2006. Disponível em: <arstechnica.com/uncategorized/2006/08/7459/>. Acesso em: 29 dez. 2017.

7. Informação sobre reSTART: disponível em: <www.netaddictionrecovery.com/>. Acesso em: 29 dez. 2017.

8. Jerome Kagan, "The Distribution of Attention in Infancy", in: Perception and Its Disorders. Org. de D. A. Hamburg, K. H. Pribram e A. J. Stunkard. Baltimore: Williams and Wilkins Company, 1970, pp. 214-37.

9. R. J. Vallerand et al., "Les Passions de l'âme: On Obsessive and Harmonious Passion", Journal of Personality and Social Psychology, v. 83, pp. 756-67, 2003.

10. Para mais sobre as opiniões de Allen Frances, ver Allen Frances, "Do We All Have Behavioral Addictions?", Huffington Post, 28 mar. 2012. Disponível em: <https://www.huffingtonpost.com/allen-frances/behavioral-addiction_b_1215967.html>. Acesso em: 29 dez. 2017.

11. Steve Sussman, Nadra Lisha e Mark D. Griffiths, "Prevalence of the Addictions: A Problem of the Majority or the Minority?", Evaluation and the Health Professions, v. 34, pp. 3-56, 2011.

12. Essas estatísticas são de Susan M. Snyder et al., "The Effect of U.S. University Students' Problematic Internet Use on Family Relationships: A Mixed-methods Investigation", PlosOne, 11 dez. 2015. Disponível em: <journals.plos.org/plosone/article?id=10.1371/journal.pone.0144005>. Acesso em: 29 dez. 2017.

13. Você pode encontrar o IAT completo disponível em: <netaddiction.com/Internet-addiction--test/>. Acesso em: 29 dez. 2017.

14. Todas as estatísticas aqui estão contidas em Rosenberg e Feder, Behavioral Addictions. Ver também: Aaron Smith, "U.S. Smartphone Use in 2015", PewResearchCenter, 1 abr. 2015. Disponível em: <www.pewInternet.org/2015/04/01/us-smartphone-use-in-2015>. Acesso em: 29 dez. 2017; Ericsson Consumer Lab, "TV and Media 2015: The Empowered TV and Media Consumer's Influence", set. 2015.

15. Kelly Wallace, "Half of Teens Think They're Addicted to their Smartphones", CNN, 3 maio 2016. Disponível em: <www.cnn.com/2016/05/03/health/teens-cell-phone-addiction-parents/index.html>. Acesso em: 29 dez. 2017.

16. Kleiner Perkins Caulfield & Byers, "Internet Trends Report 2016", SlideShare, 26 maio 2015. Disponível em: <www.slideshare.net/kleinerperkins/internet-trends-v1/14-14Internet_Usage_Engagement_Growth_Solid11>. Acesso em: 29 dez. 2017.

17. Microsoft Canada, Consumer Insights, Attention Spans, primavera 2015. Disponível em: <advertising.microsoft.com/en/WWDocs/User/display/cl/researchreport/31966/en/microsoft--attention-spans-research-report.pdf>. Acesso em: 29 dez. 2017. A Microsoft não pôde concluir

com certeza que a mídia social comprometia a atenção. Era possível, por exemplo, que o tipo de pessoa que usa mídia social seja menos atenta no geral. Mas, combinada aos demais resultados do informe, a correlação era preocupante.

18. Etimologia de "addiction": *Oxford English Dictionary*, 1989. Disponível em: <www.oup.com>. Acesso em: 29 dez. 2017; ver também: Mark Peters, "The Word We're Addicted To", CNN, 23 mar. 2010. Disponível em: <www.cnn.com/2011/LIVING/03/23/addicted.to.addiction/>. Acesso em: 29 dez. 2017.

19. Justin R. Garcia et al., "Associations Between Dopamine D4 Receptor Gene Variation with Both Infidelity and Sexual Promiscuity", *Plos One*, 2010. Disponível em: <journals.plos.org/plosone/article?id=10.1371/journal.pone.0014162>. Acesso em: 29 dez. 2017, ver também: B. P. Zietsch et al., "Genetics and Environmental Influences on Risky Sexual Behaviour and Its Relationship with Personality", *Behavioral Genetics*, v. 40, n. 1, pp. 12-21, 2010; David Cesarini et al., "Genetic Variation in Financial Decision-making", *The Journal of Finance*, v. 65, n. 5, pp. 1725-54, out. 2010; David Cesarini et al., "Genetic Variation in Preferences for Giving and Risk Taking", *Quarterly Journal of Economics*, v. 124, n. 2, pp. 809-42, 2009; Songfa Zhong et al., "The Heritability of Attitude Toward Economic Risk", *Twin Research and Human Genetics*, v. 12, n. 1, pp. 103-7, 2009.

20. Ver, por exemplo, Tammy Saah, "The Evolutionary Origins and Significance of Drug Addiction", *Harm Reduction Journal*, v. 2, n. 8, 2005. Disponível em: <harmreductionjournal.biomedcentral.com/articles/10.1186/1477-7517-2-8>. Acesso em: 29 dez. 2017.

21. História de vícios de Jonathan Wynne-Jones, "Stone Age Man Took Drugs, Say Scientists", *Telegraph*, 19 out. 2008. Disponível em: <www.telegraph.co.uk/news/newstopics/howabout-that/3225729/Stone-Age-man-took-drugs-say-scientists.html>. Acesso em: 29 dez. 2017; Marc-Antoine Crocq, "Historical and Cultural Aspects of Man's Relationship with Addictive Drugs", *Dialogues in Clinical Neuroscience*, v. 9, n. 4, pp. 355-61, 2007; Tammy Saah, "The Evolutionary Origins and Significance of Drug Addiction", *Harm Reduction Journal*, v. 2, n. 8, 2005. Disponível em: <harmreductionjournal.biomedcentral.com/articles/10.1186/1477-7517-2-8>. Acesso em: 29 dez. 2017; Nguyen Xuân Hiên, "Betel-Chewing in Vietnam: Its Past and Current Importance", *Anthropos*, v. 101, pp. 499-516, 2006; Hilary Whiteman, "Nothing to Smile About: Asia's Deadly Addiction to BetelNuts", CNN, 5 nov. 2013. Disponível em: <http://edition.cnn.com/2013/11/04/world/asia/myanmar-betel-nut-cancer/index.html>. Acesso em: 29 dez. 2017.

22. David F. Musto, "America's First Cocaine Epidemic", *The Wilson Quarterly*, v. 13, n. 3, pp. 59-64, verão 1989; Curtis Marez, *Drug Wars: The Political Economy of Narcotics*. Minneapolis: University of Minnesota Press, 2004; Robert Christison, "Observations on the Effects of the Leaves of Erythroxylon Coca", *British Medical Journal*, v. 1, pp. 527-31, 29 abr. 1876.

23. Um bom resumo de Freud e "Über Coca": "Über Coca, by Sigmund Freud", scicurious, 28 maio 2008. Disponível em: <https://scicurious.wordpress.com/2008/05/28/uber-coca-by-sigmund-freud/>. Acesso em: 29 dez. 2017; Sigmund Freud, "Über Coca" clássicos revisitados, *Journal of Substance Abuseand Treatment*, v. 1, pp. 206-17, 1984; Howard Markel, *An Anatomy of Addiction: Sigmund Freud, William Halsted, and the Miracle Drug, Cocaine*. Nova York: Vintage, 2012.

24. Sobre Pemberton e a Coca-Cola: Bruce S. Schoenberg, "Coke's the One: The Centennial of the 'Ideal Brain Tonic' That Became a Symbol of America", *Southern Medical Journal*, v. 81, n. 1, pp. 69-74, 1988; M. M. King, "Dr. John S. Pemberton: Originator of Coca-Cola", *Pharmacy*

in History, v. 29, n. 2, pp. 85-9, 1987; Guy R. Hasegawa, "Pharmacy in the American Civil War", *American Journal of Health-System Pharmacy*, v. 57, n. 5, pp. 457-89, 2000; Richard Gardiner, "The Civil War Origin of Coca-Cola in Columbus, Georgia", *Muscogiana: Journal of the Muscogee Genealogical Society*, v. 23, pp. 21-4, 2012; Dominic Streatfeild, *Cocaine: An Unauthorized Biography*. Londres: Macmillan, 2003; Richard Davenport-Hines, *The Pursuit of Oblivion: A Global History of Narcotics*. Nova York: Norton, 2004.

25. Catherine Steiner-Adair, *The Big Disconnect: Protecting Childhood and Family Relationships in the Digital Age*. Nova York: Harper, 2013.

26. Chen Yu e Linda B. Smith. "The Social Origins of Sustained Attention in One-year-old Human Infants", *Current Biology*, v. 26, n. 9, pp. 1235-40, 9 maio 2016.

27. Indiana University, "Infant Attention Span Suffers When Parents' Eyes Wander During Playtime: Eye-tracking Study First to Suggest Connection between Caregiver Focus and Key Cognitive Development Indicator in Infants", ScienceDaily, 28 abr. 2016. Disponível em: <www.sciencedaily.com/releases/2016/04/160428131954.htm>. Acesso em: 29 dez. 2017.

28. Nancy Jo Sales, *American Girls: Social Media and the Secret Lives of Teenagers*. Nova York: Knopf, 2016.

29. Jessica Contrera, "13, Right Now", *Washington Post*, 25 maio 2016. Disponível em: <www.washingtonpost.com/sf/style/wp/2016/05/25/2016/05/25/13-right-now-this-is-what-its-like-to-grow-up-in-the-age-of-likes-lols-and-longing/>. Acesso em: 29 dez. 2017.

30. Sobre Dong Nguyen e o Flappy Bird: grande parte das informações dessa seção vem da página de download original do Flappy Bird, que não está mais disponível na internet. Outras referências incluem John Boudreau e Aaron Clark, "Flappy Bird Creator Dong Nguyen Offers Swing Copters Game", Bloomberg Technology, 22 ago. 2014. Disponível em: <www.bloomberg.com/news/articles/2014-08-22/flappy-bird-creator-dong-nguyen-offers-swing-copters-game>. Acesso em: 29 dez. 2017; Laura Stampler, "Flappy Bird Creator Says 'It's Gone Forever'", *Time*, 11 fev. 2014. Disponível em: <http://time.com/6217/flappy-bird-app-dong-nguyen-addictive>. Acesso em: 29 dez. 2017; James Hookway", Flappy Bird Creator Pulled Game Because It Was 'Too Addictive'", *Wall Street Journal*, 11 fev. 2014. Disponível em: <www.wsj.com/articles/SB10001424052702 3038745045793763232711110900>. Acesso em: 29 dez. 2017; Lananh Nguyen, "Flappy Bird Creator Dong Nguyen Says App 'Gone Forever' Because It Was 'An Addictive Product'", *Forbes*, 11 fev. 2014. Disponível em: <www.forbes.com/sites/lananhnguyen/2014/02/11/exclusive-flappy--bird-creator-dong-nguyen-says-app-gone-forever-because-it-was-an-addictive-product>. Acesso em: 29 dez. 2017.

31. Kathryn Yung et al., "Internet Addiction Disorder and Problematic Use of Google Glass in Patient Treated at a Residential Substance Abuse Treatment Program", *Addictive Behaviors*, v. 41, pp. 58-60, 2015; James Eng, "Google Glass Addiction? Doctors Report First Case of Disorder", NBC News, 14 out. 2014. Disponível em: <www.nbcnews.com/tech/Internet/google-glass-addiction--doctors-report-first-case-disorder-n225801>. Acesso em: 29 dez. 2017.

2. O VICIADO EM CADA UM DE NÓS [pp. 43-59]

1. Jason Massad, "Vietnam Veteran Recalls Firefights, Boredom and Beer", *Reporter Newspapers*, 4 nov. 2010. Disponível em: <www.reporternewspapers.net/2010/11/04/vietnam-veteran-recalls--firefights-boredom-beer>. Acesso em: 30 dez. 2017.

2. Sobre o tráfico de heroína no Triângulo Dourado durante a Guerra do Vietnã e a reação de Nixon: Alfred W. McCoy, Cathleen B. Read e Leonard P. Adams II, *The Politics of Heroin in Southeast Asia*. Nova York: Harper and Row, 1972; Tim O'Brien, *The Things They Carried*. Nova York: Houghton Mifflin Harcourt, 1990; Liz Ronk, "The War Within: Portraits of Vietnam War Veterans Fighting Heroin Addiction, *Time*, 20 jan. 2014. Disponível em: <time.com/3878718/vietnam-veterans-heroin-addiction-treatmentphotos>. Acesso em: 30 dez. 2017; Aimee Groth, "This Vietnam Study about Heroin Reveals the Most Important Thing about Kicking Addictions", *Business Insider*, 3 jan. 2012. Disponível em: <www.businessinsider.com/vietnam-study-addictions-2012-1>. Acesso em: 30 dez. 2017; Dirk Hanson, "Heroin in Vietnam: The Robins Study", *Addiction Inbox*, 24 jul. 2010. Disponível em: <addiction-dirkh.blogspot.com/2010/07/heroin-in-viet-nam-robins--study.html>. Acesso em: 30 dez. 2017; Jeremy Kuzmarov, *The Myth of the Addicted Army: Vietnam and the Modern War on Drugs*. Amherst: University of Massachusetts Press, 2009; Alix Spiegel, "What Vietnam Taught Us about Breaking Bad Habits", NPR, 2 jan. 2012. Disponível em: <www.npr.org/sections/health-shots/2012/01/02/144431794/what-vietnam-taught-us-about-breaking--bad-habits>. Acesso em: 30 dez. 2017; Alexander Cockburn e Jeffrey St. Clair, *Whiteout: The CIA, Drugs, and the Press*. Nova York: Verso, 1997.

3. David Nutt et al., "Development of a Rational Scale to Assess the Harm of Drugs of Potential Misuse", *Lancet*, v. 369, n. 9566, pp. 1047-53, mar. 2017.

4. Peter Brush, "Higher and Higher: American Drug Use in Vietnam", *Vietnam Magazine*, dez. 2002. Disponível em: <nintharticle.com/vietnam-drug-usage.htm>. Acesso em: 30 dez. 2017; Alfred W. McCoy, Cathleen B. Read e Leonard P. Adams II, *The Politics of Heroin in Southeast Asia*. Nova York: Harper and Row, 1972.

5. Sobre Lee Robins e seus relatórios: Lee N. Robins, "Vietnam Veterans' Rapid Recovery from Heroin Addiction: A Fluke or Normal Expectation?", *Addiction*, v. 88, n. 8, pp. 1041-54, 1993; Lee N. Robins, John E. Helzer e Darlene H. Davis, "Narcotic Use in Southeast Asia and Afterward", *Archives of General Psychiatry*, v. 32, n. 8, pp. 955-61, 1975; Lee N. Robins e S. Slobodyan, "Post--Vietnam Heroin Use and Injection by Returning U. S. Veterans: Clues to Preventing Injection Today", *Addiction*, v. 98, n. 8, pp. 1053-60, 2003; Lee N. Robins, Darlene H. Davis e Donald W. Goodwin, "Drug Use by U. S. Army Enlisted Men in Vietnam: A Follow-up on Their Return Home", *American Journal of Epidemiology*, v. 99, n. 4, pp. 235-49, maio 1974; Lee N. Robins, *The Vietnam Drug User Returns*, relatório final, Special Action Office Monograph, Série A, n. 2, maio 1974. Disponível em: <prhome.defense.gov/Portals/52/Documents/RFM/Readiness/DDRP/docs/35%20Final%20Report.%20The%20Vietnam%20drug%20user%20returns.pdf>. Acesso em: 30 dez. 2017; Lee N. Robins et al., "Vietnam Veterans Three Years after Vietnam: How Our Study Changed Our View of Heroin", *American Journal on Addictions*, v. 19, pp. 203-11, 2010; Thomas H. Maugh II, "Lee N. Robins Dies at 87; Pioneer in Field of Psychiatric Epidemiology", *Los Angeles Times*, 6 out. 2009. Disponível em: <www.latimes.com/nation/la-me-lee-robins6--2009oct06-story.html>. Acesso em: 30 dez. 2017.

6. A informação sobre Olds e Milner provém de duas fontes — entrevistas com seus alunos: Bob Wurtz, Gary Aston-Jones, Aryeh Routtenberg e John Disterhoft; e várias fontes escritas: James Olds e Peter Milner, "Positive Reinforcement Produced by Electrical Stimulation of Septal Area and Other Regions of Rat Brain", *Journal of Comparative and Physiological Psychology*, v. 47, n. 6, pp. 419-27, dez. 1954; James Olds, "Pleasure Centers in the Brain", *Scientific American*, v. 195, pp. 105-16, 1956; James Olds e M. E. Olds, "Positive Reinforcement Produced by Stimulating Hypothalamus with Iproniazid and Other Compounds", *Science*, v. 127, n. 3307, pp. 1155-6, 16 maio 1958; Robert H. Wurtz, *Autobiography*, [s.d.]. Disponível em: <www.sfn.org/˜/media/SfN/Documents/TheHistoryofNeuroscience/Volume%207/c16.ashx>. Acesso em: 30 dez. 2017; Richard F. Thompson, *James Olds: Biography* National Academies Press, 1999. Disponível em: <www.nap.edu/read/9681/chapter/16>. Acesso em: 30 dez. 2017.

7. Sobre Vaisberg, incluindo seu vício em WoW e sua internação no reSTART, em duas entrevistas com Vaisberg.

3. A BIOLOGIA DO VÍCIO COMPORTAMENTAL [pp. 60-76]

1. Anne-Marie Chang et al., "Evening Use of Light-emitting eReaders Negatively Affects Sleep, Circadian Timing, and Next-morning Alertness", *Proceedings of the National Academy of Sciences*, v. 112, n. 4, pp. 1232-7, 2015; Brittany Wood et al., "Light Level and Duration of Exposure Determine the Impact of Self-luminous Tablets on Melatonin Suppression", *Applied Ergonomics*, v. 44, n. 2, pp. 237-40, mar. 2013. A Apple recentemente introduziu uma função chamada Night Shift em seus dispositivos de tela, mudando a luminosidade ao longo do dia para reduzir a luz azul antes da hora de dormir. Disponível em: <www.apple.com/ios/preview>. Acesso em: 9 jan. 2018. Mais sobre isso em: Margaret Rhodes, "Amazon and Apple Want to Save Your Sleep by Tweaking Screen Colors", *Wired*, 1 jan. 2016. Disponível em: <www.wired.com/2016/01/amazon-and-apple--want-to-improve-your-sleep-by-tweaking-screen-colors/>. Acesso em: 30 dez. 2017; TechCrunch, "Arianna Huffington on Technology Addiction and the Sleep Revolution", 20 jan. 2016. Disponível em: <techcrunch.com/video/arianna-huffington-on-politicsand-her-new-book-the-sleep-revolu-tion/519432319/>. Acesso em: 30 dez. 2017.

2. K. M. O'Craven e N. Kanwisher, "Mental Imagery of Faces and Places Activates Corresponding Stimulus-Specific Brain Regions", *Journal of Cognitive Neuroscience*, v. 12, n. 6, pp. 1013-23, 2000; Nancy Kanwisher, Josh McDermott e Marvin M. Chun, "The Fusiform Face Area: A Module in Human Extrastriate Cortex Specialized for Face Perception", *Journal of Neuroscience*, v. 17, n. 11, pp. 4302-11, 1 jun. 1997.

3. Grande parte da informação deste capítulo saiu de entrevistas com viciados, pesquisadores e especialistas em psicologia fisiológica: Claire Gillan, Nicole Avena, Jessica Barson, Kent Berridge, Andrew Lawrence, Stanton Peele e Maia Szalavitz.

4. Maia Szalavitz, "Most of Us Still Don't Get It: Addiction Is a Learning Disorder", *Pacific Standard*, 4 ago. 2014. Disponível em: <www.psmag.com/health-and-behavior/us-still-dont-get--addiction-learning-disorder-87431>. Acesso em: 30 dez. 2017; ver também Maia Szalavitz, "How the War on Drugs Is Hurting Chronic Pain Patients", *Vice*, 16 jul. 2015. Disponível em: <www.vice.com/read/how-the-war-on-drugs-is-hurting-chronic-pain-patients-716>. Acesso em: 30 dez. 2017;

Maia Szalavitz, "Curbing Pain Prescriptions Won't Reduce Overdoses. More Drug Treatment Will", *Guardian*, 26 mar. 2016. Disponível em: <www.theguardian.com/commentisfree/2016/mar/29/prescription-drug-abuse-addiction-treatment-painkiller>. Acesso em: 30 dez. 2017.

5. Arthur Aron et al., "Reward, Motivation, and Emotion Systems Associated with Early-Stage Intense Romantic Love", *Journal of Neurophysiology*, v. 94, n. 1, pp. 327-37, 1 jul. 2005; ver também: Helen Fisher, "Love Is Like Cocaine", *Nautilus*, 4 fev. 2016. Disponível em: <nautil.us/issue/33/attraction/love-is-like-cocaine>. Acesso em: 30 dez. 2017. Ver também: Richard A. Friedman, "I Heart Unpredictable Love", *The New York Times*, 2 nov. 2012. Disponível em: <www.nytimes.com/2012/11/04/opinion/sunday/i-heart-unpredictable-love.html>. Acesso em: 30 dez. 2017; Helen Fisher, Arthur Aron e Lucy L. Brown, "Romantic Love: An fMRI Study of a Neural Mechanism for Mate Choice", *Journal of Comparative Neurology*, v. 493, pp. 58-62, 2005.

6. A informação veio de uma entrevista com Peele e mais três livros: Stanton Peele e Archie Brodsky, *Love and Addiction*. Nova York: Taplinger, 1975; Stanton Peele, *The Meaning of Addiction: An Unconventional View*. Lexington: Lexington Books, 1985; Stanton Peele, Archie Brodsky e Mary Arnold, *The Truth about Addiction and Recovery: The Life Process Program for Outgrowing Destructive Habits*. Nova York: Fireside, 1991.

7. Isaac Marks, "Behavioural (Non-chemical) Addictions", *British Journal of Psychiatry*, v. 85, n. 11, pp. 1389-94, nov. 1990.

8. American Psychiatric Association, *Diagnostic and Statistical Manual of Mental Disorders*. 5. ed. Washington, DC: American Psychiatric Publishing, 2013.

9. Informação sobre Rylander e *punding* de entrevistas com Andrew Lawrence e Kent Berridge; ver também Andrew D. Lawrence, Andrew H. Evans e Andrew J. Lees, "Compulsive Use of Dopamine Replacement in Parkinson's Disease: Reward Systems Gone Awry?", *Lancet: Neurology*, v. 2, n. 10, pp. 595-604, out. 2003; A. H. Evans et al., "Punding in Parkinson's Disease: Its Relation to the Dopamine Dysregulation Syndrome", *Movement Disorders*, v. 19, n. 4, pp. 397-405, abr. 2004; Gösta Rylander, "Psychoses and the Punding and Choreiform Syndromes in Addiction to Central Stimulant Drugs", *Psychiatria, Neurologia, and Neurochirurgia*, v. 75, n. 3, pp. 203-12, maio-jun. 1972; H. H. Fernandez e J. H. Friedman, "Punding on L-Dopa", *Movement Disorders*, v. 14, n. 5, pp. 836-8, set. 1999; Kent C. Berridge, Isabel L. Venier e Terry E. Robinson, "Taste Reactivity Analysis of 6-Hydroxydopamine-Induced Aphasia: Implications for Arousal and Anhedonia Hypotheses of Dopamine Function", *Behavioral Neuroscience*, v. 103, n. 1, pp. 36-45, fev. 1989. Tanto Berridge quanto Lawrence publicaram dezenas de artigos sobre o cérebro e o vício; para mais, ver: Berridge: <lsa.umich.edu/psych/research&labs/berridge/Publications.htm>. Acesso em: 9 jan. 2018; Lawrence: <psych.cf.ac.uk/contactsandpeople/academics/lawrence.php#publications>. Acesso em: 30 dez. 2017.

10. Vídeo de Connolly discutindo o mal de Parkinson e seu tratamento no programa de Conan O'Brien, disponível em: <teamcoco.com/video/billy-connolly-hobbit-hater>. Acesso em: 30 dez. 2017.

11. Xianchi Dai, Ping Dong e Jayson S. Jia, "When Does Playing Hard to Get Increase Romantic Attraction?", *Journal of Experimental Psychology: General*, v. 143, n. 2, pp. 521-6, abr. 2014.

4. METAS [pp. 79-99]

1. J. W. Dunne, G. J. Hankey e R. H. Edis, "Parkinsonism: Upturned Walking Stick as an Aid to Locomotion", *Archives of Physical Medicine and Rehabilitation*, v. 68, n. 6, pp. 380-1, jun. 1987.

2. Eric J. Allen et al., "Reference-Dependent Preferences: Evidence from Marathon Runners", *NBER Working Paper*, n. 20 343, jul. 2014. Disponível em: <www.nber.org/papers/w20343>. Acesso em: 30 dez. 2017.

3. Rob Bagchi, "50 Stunning Olympic Moments, n. 2: Bob Beamon's Great Leap Forward", *The Guardian*, 23 nov. 2011. Disponível em: <www.theguardian.com/sport/blog/2011/nov/23/50--stunning-olympic-bob-beamon>. Acesso em: 30 dez. 2017.

4. Episódio de Larson em *Press Your Luck* é discutido e transmitido durante um documentário intitulado *Big Bucks: The Press Your Luck Scandal* (James P. Taylor Jr. [diretor], Game Show Network, 2003); a história de Larson foi contada também em Alan Bellows, "Who Wants to Be a Thousandaire?", Damn Interesting, 12 set. 2011. Disponível em: <www.damninteresting.com/who-wants-to-be-a-thousandaire/>. Acesso em: 30 dez. 2017; *This American Life*, "Million Dollar Idea", NPR, 16 jul. 2010. Disponível em: <www.thisamericanlife.org/radio-archives/episode/412/million-dollar-idea>. Acesso em: 30 dez. 2017.

5. Essas buscas foram conduzidas no Google's Ngram Viewer, disponível em: <books.google.com/ngrams>. Acesso em: 30 dez. 2017.

6. Thomas Jackson, Ray Dawson e Darren Wilson, "Reducing the Effect of Email Interruptions on Employees", *International Journal of Information Management*, v. 23, n. 1, pp. 55-65, fev. 2003.

7. A informação sobre o papel de enviar e-mails no trabalho é de Gloria J. Mark, Stephen Voida e Armand V. Cardello, "'A Pace Not Dictated by Electrons: An Empirical Study of Work Without Email", *Proceedings of the SIGCHI Conference on Human Factors in Computer Systems*, pp. 555-64, 2012; Megan Garber, "The Latest 'Ordinary Thing That Will Probably Kill You'? Email", *The Atlantic*, 4 maio 2012. Disponível em: <www.theatlantic.com/technology/archive/2012/05/the--latest-ordinary-thing-that-will-probably-kill-you-email/256742/>. Acesso em: 30 dez. 2017; Joe Pinsker, "Inbox Zero *vs.* Inbox 5,000: A Unified Theory", *The Atlantic*, 27 maio 2015. Disponível em: <www.theatlantic.com/technology/archive/2015/05/why-some-people-cant-stand-having--unread-emails/394031/>. Acesso em: 30 dez. 2017; Stephen R. Barley, Debra E. Myerson e Stine Grodal, "E-mail as a Source and Symbol of Stress", *Organization Science*, v. 22, n. 4, pp. 887-906, jul.-ago. 2011; Mary Czerwinski, Eric Horvitz e Susan Wilhite, "A Diary Study of Task Switching and Interruptions", *Proceedings of the Special Interest Group on Computer-Human Interaction Conference on Human Factors in Computer Systems*, pp. 175-82, 2004; Laura A. Dabbish e Robert E. Kraut, "Email Overload at Work: An Analysis of Factors Associated with Email Strain", *Proceedings of the Association for Computing Machinery Conference on Computer Supported Cooperative Work & Social Computing*, pp. 431-40, 2011; Chuck Klosterman, "My Zombie, Myself: Why Modern Life Feels Rather Undead", *The New York Times*, 3 dez. 2010. Disponível em: <www.nytimes.com/2010/12/05/arts/television/05zombies.html>. Acesso em: 30 dez. 2017; Karen Renaud, Judith Ramsay e Mario Hair, "'You've Got E-Mail!'... Shall I Deal with It Now? Electronic Mail from the Recipient's Perspective", *International Journal of Human-Computer Interaction*, v. 21, n. 3, pp. 313-32, 2006.

8. Informação sobre entrevistas com Katherine Schreiber e Leslie Sim, e do livro de Schreiber: Katherine Schreiber, *The Truth about Exercise Addiction*. Nova York: Rowman & Littlefield Publishers, 2015.

9. Site da Running Streak Association, disponível em: <www.runeveryday.com/>; lista de corredores ativos: <www.runeveryday.com/lists/USRSA-Active-List.html>. Acesso em: 30 dez. 2017; ver também: Katherine Dempsey, "The People Who Can't Not Run", *The Atlantic*, 4 jun. 2014. Disponível em: <www.theatlantic.com/health/archive/2014/06/streakers-in-sneakers/371347/>. Acesso em: 30 dez. 2017; Kevin Helliker, "These Streakers Resolve to Run Every Day of the Year", *Wall Street Journal*, 1 jan. 2015. Disponível em: <www.wsj.com/articles/these-streakers-resolve-to-run-every-day-of-the-year-1419986806>. Acesso em: 30 dez. 2017.

10. Oliver Burkeman, "Want to Succeed? You Need Systems, Not Goals", *The Guardian*, 7 nov. 2014. Disponível em: <www.theguardian.com/lifeandstyle/2014/nov/07/systems-better-than-goals-oliver-burkeman>. Acesso em: 30 dez. 2017. Ver também: Scott Adams, *How to Fail at Everything and Still Win Big: Kind of the Story of My Life*. Nova York: Portfolio, 2014.

11. Informação sobre Polk de uma entrevista com ele e de artigo em: Sam Polk, "For the Love of Money", *The New York Times*, 14 jan. 2014. Disponível em: <www.nytimes.com/2014/01/19/opinion/sunday/for-the-love-of-money.html>. Acesso em: 30 dez. 2017.

5. FEEDBACK [pp. 100-19]

1. Turner Benelux, "A Dramatic Surprise on a Quiet Square", YouTube, 11 abr. 2012. Disponível em: <www.youtube.com/watch?v=316AzLYfAzw>. Acesso em: 30 dez. 2017. Ver também Laura Stampler, "How TNT Made the Biggest Viral Ad of the Year — in Belgium", *Business Insider*, 15 maio 2012. Disponível em: <www.businessinsider.com/how-a-belgian-agency-made-one-of-the-most-viral-videos-of-this-year-2012-5;>. Acesso em: 30 dez. 2017. Anthony Wing Kosner. "'Push to Add Drama' Video: Belgian TNT Advert Shows Virality of Manipulated Gestures", *Forbes*, 12 abr. 2012. Disponível em: <https://www.forbes.com/sites/anthonykosner/2012/04/12/push-to-add-drama-video-belgian-tnt-advert-shows-virality-of-manipulated-gestures/#2a83d8ce389b>. Acesso em: 30 dez. 2017.

2. O subreddit arquivado "The Button" continuava on-line em maio de 2016: <https://www.reddit.com/r/thebutton>. Acesso em: 9 jan. 2018; mais do blog do Reddit: <www.redditblog.com/2015/06/the-button-has-ended.html>. Acesso em: 9 jan. 2018; ver também, por exemplo, Julianne Pepitone, "Reddit Explains the Mystery Behind 'The Button'", NBC, 9 jun. 2015. Disponível em: <www.nbcnews.com/tech/Internet/reddit-button-n357841>; Alex Hern, "Reddit's Mysterious Button Experimentis Over", *Guardian*, 8 jun. 2015. Disponível em: <www.theguardian.com/technology/2015/jun/08/reddits-mysterious-button-experiment-is-over>. Acesso em: 30 dez. 2017; Rich McCormick, "How Reddit's Mysterious April Fools' Button Inspired Religions and Cults", *The Verge*, 9 jun. 2015. Disponível em: <www.theverge.com/2015/6/9/8749897/reddit-april-fools-the-button-experiment-end>. Acesso em: 30 dez. 2017.

3. Michael D. Zeiler, "Fixed-Interval Behavior: Effects of Percentage Reinforcement", *Journal of the Experimental Analysis of Behavior*, v. 17, n. 2, pp. 177-89, mar. 1972. Ver também Michael D. Zeiler, "Fixed and Variable Schedules of Response-Independent Reinforcement", *Journal of the Experimental Analysis of Behavior*, v. 11, n. 4, pp. 405-14, jul. 1968.

4. Ver, por exemplo, Jason Kincaid, "Facebook Activates 'Like' Button; Friend Feed Tires of Sincere Flattery", TechCrunch, 9 fev. 2009. Disponível em: <techcrunch.com/2009/02/09/facebook-activates-like-button-friendfeed-tires-of-sincere-flattery/>. Acesso em: 30 dez. 2017; M. G. Siegler, "Facebook: We'll Serve 1 Billion Likes on the Web in Just 24 Hours", TechCrunch, 21 abr. 2010. Disponível em: <techcrunch.com/2010/04/21/facebook-like-button/>. Acesso em: dez. 2017; Erick Schonfeld, "Zuckerberg: 'We Are Building a Web Where the Default Is Social'", TechCrunch, 21 abr. 2010. Disponível em: <techcrunch.com/2010/04/21/zuckerbergs-buildin--web-default-social/>. Acesso em: 30 dez. 2017.

5. Ver mais sobre Chawla e o aplicativo do Lovematically na homepage da plataforma, disponível em: <fueled.com/lovematically>. Acesso em: 9 jan. 2018. Em dezenas de lugares se comentou sobre a breve ascensão e queda do Lovematically, por exemplo: Brendan O'Connor, "Lovematically: The Social Experiment That Instagram Shut Down after Two Hours", *The Daily Dot*, 17 fev. 2014. Disponível em: <www.dailydot.com/technology/lovematically-auto-like-instagram-shut-down/>. Acesso em: 30 dez. 2017; Jeff Bercovici, "Instagram App Lovematically Highlights, and Hijacks, the Power of the 'Like'", *Forbes*, 14 fev. 2014. Disponível em: <www.forbes.com/sites/jeffbercovici/2014/02/14/instagram-app-lovematically-highlights-and-hijacks-the-power-of-the-like/#329d9c1b64b6>. Acesso em: 30 dez. 2017; Lance Ulanoff, "Why I Flooded Instagram with Likes", Mashable, 14 fev. 2014. Disponível em: <mashable.com/2014/02/14/lovematically-instagram/>. Acesso em: 30 dez. 2017.

6. Você pode jogar Sign of the Zodiac aqui (mas reserve algumas horas antes de começar): <www.freeslots.co.uk/sign-of-the-zodiac/index.htm>. Acesso em: 9 jan. 2018.

7. O livro maravilhoso de Schüll: Natasha Dow Schüll, *Addiction by Design: Machine Gambling in Las Vegas*. Princeton: Princeton University Press, 2013.

8. Mike Dixon et al., "Losses Disguised As Wins in Modern Multi-Line Video Slot Machines", *Addiction*, v. 105, n. 10, pp. 1819-24, out. 2010.

9. O arquivo do jogo de Foddy está disponível em: <www.foddy.net>. Acesso em: 9 jan. 2018.

10. Ver, por exemplo, Joe White, "Freemium App Candy Crush Saga Earns a Record-Breaking $633,000 Each Day", AppAdvice. 9 jul. 2013. Disponível em: <appadvice.com/appnn/2013/07/freemium-app-candy-crush-saga-earns-a-record-breaking-633000-each-day>. Acesso em: 30 dez. 2017; Andrew Webster, "Half a Billion People Have Installed 'Candy Crush Saga'", The Verge, 5 nov. 2013. Disponível em: <www.theverge.com/2013/11/15/5107794/candy-crush-saga-500--million-downloads>. Acesso em: 30 dez. 2017; Victoria Woollaston, "Candy Crush Saga Soars above AngryBirds to Become World's Most Popular Game", *Daily Mail* On-line, 14 maio 2013. Disponível em: <www.dailymail.co.uk/sciencetech/article-2324228/Candy-Crush-Saga-overtakes-Angry--Birds-WORLDS-popular-game.html>. Acesso em: 30 dez. 2017; Mark Walton, "Humanity Weeps As Candy Crush Saga Comes Preinstalled with Windows 10", Ars Technica, 15 maio 2015. Disponível em: <arstechnica.com/gaming/2015/05/humanity-weeps-as-candy-crush-saga-comes-pre-installed--with-windows-10>. Acesso em: 30 dez. 2017; Michael Harper, "Candy Crush Particularly Addictive — and Expensive — for Women", Redorbit, 21 out. 2013. Disponível em: <www.redorbit.com/news/technology/1112980142/candy-crush-addictive-for-women-102113>. Acesso em: 30 dez. 2017; Hayden Manders, "Candy Crush Saga Is Virtual Crack to Women", Refinery29, 17 out. 2013. Disponível em: <www.refinery29.com/2013/10/55594/candy-crush-addiction>. Acesso em: 30 dez. 2017.

11. Michael M. Barrus e Catharine A. Winstanley, "Dopamine D3 Receptors Modulate the Ability of Win-Paired Cues to Increase Risky Choice in a Rat Gambling Task", *Journal of Neuroscience*,

v. 36, n. 3, pp. 785-94, jan. 2016; K. G. Orphanides, "Scientists Built a 'Rat Casino' and It Made Rodents Riskier Gamblers", wired.co.uk, 21 jan. 2016. Disponível em: <www.wired.co.uk/news/archive/2016-01/21/rat-casino-light-sound-gambling-risk>. Acesso em: 30 dez. 2017; vídeo de Barrus e Winstanley descrevendo seus resultados: ubbpublicaffairs, "UBC 'Rat Casino' Providing Insight into Gambling Addiction", YouTube, 18 jan. 2016. Disponível em: <www.youtube.com/watch?v=6PxGnk62wGA>. Acesso em: 30 dez. 2017.

12. Sobre a realidade virtual e o Oculus: Sophie Curtis, "Oculus VR: The $2bnVirtual Reality Company That Is Revolutionising Gaming", *Telegraph*, 26 mar. 2014. Disponível em: <www.telegraph.co.uk/technology/video-games/video-game-news/10723562/Oculus-VR-the-2bn--virtual-reality-company-that-is-revolutionising-gaming.html>. Acesso em: 30 dez. 2017. Anúncio de Mark Zuckerberg sobre aquisição do Oculus VR pelo Facebook: <www.facebook.com/zuck/posts/10101319050523971>. Acesso em: 30 dez. 2017; Jeff Grubb, "Oculus Founder: Rift VR Headset Is 'Fancy Wine'; Google Cardboard Is 'Muddy Water'", VentureBeat, 24 dez. 2015. Disponível em: <venturebeat.com/2015/12/24/oculus-founder-rift-vr-headset-is-fancy-wine--google-cardboard-is-muddy-water>. Acesso em: 30 dez. 2017; Stuart Dredge, "Three Really Real Questions about the Future of Virtual Reality", *The Guardian*. Disponível em: <www.theguardian.com/technology/2016/jan/07/virtual-reality-future-oculus-rift-vr>. Acesso em: 30 dez. 2017.

13. Bill Simmons Podcast, "Ep. 95: Billionaire Investor Chris Sacca", The Ringer, 28 abr. 2016. Disponível em: <soundcloud.com/the-bill-simmons-podcast/ep-95-billionaire-investor-chris--sacca>. Acesso em: 9 jan. 2018.

14. Emily Balcetis e David Dunning, "See What You Want to See: Motivational Influences on Visual Perception", *Journal of Personality and Social Psychology*, v. 91, pp. 612-25, 2006.

15. Rich Moore (diretor), *The Simpsons*, "Homer's Night Out", 20th Century Fox Television, episódio 10, 25 mar. 1990.

6. PROGRESSO [pp. 120-34]

1. Sobre Miyamoto e Super Mario Bros.: página da Wiki para Super Mario Bros. Disponível em: <nintendo.wikia.com/wiki/Super_Mario_Bros>. Acesso em: 30 dez. 2017; Gus Turner, "Playing 'Super Mario Bros.' Can Teach You How to Design the Perfect Video Game", Complex, 5 jun. 2014. Disponível em: <http://www.complex.com/pop-culture/2014/06/playing-super--mario-bros-teaches-you-how-to-design-the-perfect-video-game>. Acesso em: 30 dez. 2017; vídeo explicando os componentes que tornam Super Mario Bros. tão atrativo: Extra Credits, "Design Club: Super Mario Bros: Level 1-1 — How Super Mario Mastered Level Design", YouTube, 5 jun. 2014. Disponível em: <www.youtube.com/watch?v=ZH2wGpEZVgE>. Acesso em: 30 dez. 2017; NPR Staff, "Q&A: Shigeru Miyamoto on the Origins of Nintendo's Famous Characters", NPR: All Tech Considered, 19 jun. 2015. Disponível em: <www.npr.org/sections/alltechconsidered/2015/06/19/415568892/q-a-shigeru-miyamoto-on-the-origins-of-nintendos-famous-characters>. Acesso em: 30 dez. 2017.

2. Sobre o Jogo do Leilão de Dólar de Shubik: Martin Shubik, "The Dollar Auction Game: A Paradox in Noncooperative Behavior and Escalation", *Journal of Conflict Resolution*, v. 15, n. 1, pp. 109-11, mar. 1971.

3. Resenhas críticas dos Consumer Reports sobre esses sites: <www.consumerreports.org/cro/2011/12/with-penny-auctions-you-can-spend-a-bundle-but-still-leave-empty-handed/index.htm>. Acesso em: 30 dez. 2017.

4. Citação de Miyamoto sobre sua filosofia: Chris Johnston e Gamespot Staff, "Miyamoto Talks Dolphin at Space World", *Gamespot*, 27 abr. 2000. Disponível em: <www.gamespot.com/articles/miyamoto-talks-dolphin-at-space-world-and14599/1100-2460819/>. Acesso em: 30 dez. 2017.

5. Informação sobre Adam Saltsman de uma entrevista; também de Adam Saltsman, "Contrivance and Extortion: In-App Purchases & Microtransactions", Gamasutra, 18 out. 2011. Disponível em: <www.gamasutra.com/blogs/AdamSaltsman/20111018/8685/Contrivance_and_Extortion_InApp_Purchases–Microtransactions.php>. Acesso em: 30 dez. 2017.

6. H. Popkin, "Kim Kardashian and Her In-App Purchases Must BeStopped!", Readwrite, 24 jul. 2014, <readwrite.com/2014/07/24/free-mobile-games-in-app-purchases-addiction-predatory> (página suspensa); Maya Kosoff, "Kim Kardashian's Mobile Game Won't Make Nearly As Much Money As Analysts Predicted", *Business Insider*, 13 jan. 2015. Disponível em: <www.businessinsider.com/kim-kardashian-hollywood-mobile-game-wont-make-200-million-2015-1>. Acesso em: 30 dez. 2017; Milo Yiannopoulos, "I Am Powerless to Resist the Kim Kardashian App – So I Had to Uninstall It", *Business Insider*, 25 jul. 2014. Disponível em: <www.businessinsider.com/kim--kardashian-app-addicting-2014-7>. Acesso em: 30 dez. 2017; Tracie Egan Morrissey, "Oh God, I Spent $494.04 Playing the Kim Kardashian Hollywood App", Jezebel, 1 jul. 2014. Disponível em: <http://jezebel.com/oh-god-i-spent-494-04-playing-the-kim-kardashian-holl-1597154346>. Acesso em: 30 dez. 2017.

7. Adam Alter, David Berri, Griffin Edwards e Heather Kappes, "Hardship Inoculation Improves Performance but Dampens Motivation", manuscrito inédito, 2016.

8. Nick Yee completou um doutorado focado em ciências sociais e jogos em Stanford; ele relaciona a sorte de principiante como uma das motivações mais poderosas do comportamento repetido em jogos. Disponível em: <www.nickyee.com> e <www.nickyee.com/hub/addiction/attraction.html>. Acesso em: 30 dez. 2017.

9. Simon Parkin, "Don't Stop: The Game That Conquered Smartphones", *New Yorker*, 7 jun. 2013. Disponível em: <www.newyorker.com/tech/elements/dont-stop-the-game-that-conquered--smartphones>. Acesso em: 30 dez. 2017.

10. Dan Fletcher, "The 50 Worst Inventions – No. 9: FarmVille", *Time*, 27 maio 2010. Disponível em: <content.time.com/time/specials/packages/article/0,28804,1991915_1991909_1991768,00.html>. Acesso em: 30 dez. 2017.

11. Para saber mais sobre o centro de Young: <netaddiction.com/>. Acesso em: 30 dez. 2017.

7. ESCALADA [pp. 135-52]

1. Timothy D. Wilson et al., "Just Think: The Challenges of the Disengaged Mind", *Science*, v. 345, n. 6192, pp. 75-7, jul. 2014.

2. Sobre Pajitnov e o Tetris: Jeffrey Goldsmith, "This Is Your Brain on Tetris", *Wired*, 1 maio 1994. Disponível em: <archive.wired.com/wired/archive/2.05/tetris.html>. Acesso em: 30 dez. 2017; Laurence Dodds, "The Healing Power of Tetris Has Its Dark Side", *Telegraph*, 7 jul. 2015.

Disponível em: ‹www.telegraph.co.uk/technology/video-games/11722064/The-healing-power--of-Tetris-has-its-dark-side.html›. Acesso em: 30 dez. 2017; Guinness World Records, "First Videogame to Improve Brain Functioning and Efficiency: Tetris", [s.d]. Disponível em: ‹www.guinnessworldrecords.com/world-records/first-video-game-to-improve-brain-functioning-and--efficiency›. Acesso em: 30 dez. 2017; Richard J. Haier et al., "Regional Glucose Metabolic Changes after Learning a Complex Visuospatial/Motor Task: A Positron Emission Tomographic Study", *Brain Research*, v. 570, n. 1-2, pp. 134-43, jan. 1992; Mark Yates, "What Are the Benefits of Tetris?", BBC, 3 set. 2009. Disponível em: ‹news.bbc.co.uk/2/hi/uk_news/magazine/8233850.stm›. Acesso em: 30 dez. 2017; documentário sobre Pajitnov e as origens do Tetris: OBZURV, "Tetris! The Story of the Most Popular Video Game", YouTube, 3 jun. 2015. Disponível em: ‹www.youtube.com/watch?v=8yeSnoYHmPc›. Acesso em: 30 dez. 2017; Robert Stickgold et al., "Replaying the Game: Hypnagogic Images in Normals and Amnesics", *Science*, v. 290, n. 5490, pp. 350-3, out. 2000; Emily A. Holmes et al., "Can Playing the Computer Game 'Tetris' Reduce the Build-Up of Flashbacks for Trauma? A Proposal from Cognitive Science", *Plos One* 4, 7, p. e4153, jan. 2009.

3. Michael I. Norton, Daniel Mochon e Dan Ariely, "The 'IKEA Effect': When Labor Leads to Love", *Journal of Consumer Psychology*, v. 22, n. 3, pp. 453-60, jul. 2012. Ver também: Dan Ariely, Emir Kamenica e Dražen Prelec, "Man's Search for Meaning: The Case of Legos", *Journal of Economic Behavior and Organization*, v. 67, pp. 671-7, 2008.

4. Sobre Vygotsky e Csikszentmihalyi: L. S. Vygotsky, *Mind in Society: Development of Higher Psychological Processes*. Cambridge: Harvard University Press, 1978; Mihaly Csikszentmihalyi, *Flow: The Psychology of Optimal Experience*. Nova York: Harper & Row, 1990; Fausto Massimini, Mihaly Csikszentmihalyi e Massimo Carli, "The Monitoring of Optimal Experience: A Tool for Psychiatric Rehabilitation", *Journal of Nervous and Mental Disease*, v. 175, n. 9, pp. 545-9, set. 1987.

5. IGN Staff, "PC Retroview: Myst", *IGN*, 1 ago. 2000. Disponível em: ‹www.ign.com/articles/2000/08/01/pc-retroview-myst›. Acesso em: 30 dez. 2017.

6. A informação nessa parte saiu de uma entrevista com Bennett Foddy e das seguintes referências: J. C. Fletcher, "Terry Cavanagh Goes Inside SuperHexagon", Engadget, 9 set. 2012. Disponível em: ‹www.engadget.com/2012/09/21/terry-cavanagh-goes-inside-super-hexagon›. Acesso em: 30 dez. 2017; vídeo de Terry Cavanagh zerando o nível final impossivelmente rápido de Super Hexagon em uma conferência de gamers: Fantastic Arcade, "Terry Cavanagh Completes Hyper Hexagonest Mode in Super Hexagon on Stage (78:32)", YouTube, 21 set. 2012. Disponível em: ‹www.youtube.com/watch?v=JJ96olZr8DE›. Acesso em: 30 dez. 2017.

7. Em 2015, dois professores de marketing publicaram um artigo sobre quase vitórias: Monica Wadhwa e Jee Hye Christine Kim, "Can a Near Win Kindle Motivation? The Impact of Nearly Winning on Motivation for Unrelated Rewards", *Psychological Science*, v. 26, pp. 701-8, 2015; ver também: Gyözö Kurucz e Attila Körmendi, "Can We Perceive Near Miss? An Empirical Study", *Journal of Gambling Studies*, v. 28, n. 1, pp. 105-11, fev. 2011.

8. Observe que é legal mudar como as perdas são apresentadas, então uma quase vitória é tão legal quanto uma perda clara.

9. Ver: Paco Underhill, *Why We Buy: The Science of Shopping*. Nova York: Simon and Schuster, 1999.

10. Ver, por exemplo, J. Etkin, "The Hidden Cost of Personal Quantification", *Journal of Consumer Research* (em breve).

11. Sobre excesso de trabalho e *karoshi*, ver: Daniel S. Hamermesh e Elena Stancanelli, "Long Workweeks and Strange Hours", *Industrial and Labor Relations Review* (em breve); Christopher K. Hsee et al., "Overearning", *Psychological Science*, v. 24, pp. 852-9, 2013; Lauren F. Friedman, "Here's Why People Work Like Crazy, Even When They Have Everything They Need", Business Insider, 10 jul. 2014. Disponível em: <www.businessinsider.com/why-people-work-too-much-2014-7>. Acesso em: 30 dez. 2017; International Labour Organization, "Case Study: Karoshi: Death from Overwork", *International Labour Relations*, 23 abr. 2013. Disponível em: <www.ilo.org/safework/info/publications/WCMS_211571/lang–en/index.htm>. Acesso em: 30 dez. 2017; China Post News Staff, "Overwork Confirmed to Be Cause of Nanya Engineer's Death", *China Post*, 15 out. 2011. Disponível em: <www.chinapost.com.tw/taiwan/national/national-news/2011/03/15/294686/Overwork-confirmed.htm>. Acesso em: 30 dez. 2017.

12. Dražen Prelec e Duncan Simester, "Always Leave Home Without It: A Further Investigation of the Credit-Card Effect on Willingness to Pay", *Marketing Letters*, v. 12, n. 1, pp. 5-12, 2001; ver também Dražen Prelec and George Loewenstein, "The Red and the Black: Mental Accounting of Savings and Debt", *Marketing Science*, v. 17, n. 1, pp. 4-28, 1998.

8: *CLIFFHANGERS* [pp. 153-69]

1. As reações ao fim de *Um golpe à italiana* estão disponíveis no Internet Movie Database: <www.imdb.com/title/tt0064505/reviews>. Acesso em: 30 dez. 2017.

2. Material informativo sobre Bluma Zeigarnik e seu efeito epônimo: A. V. Zeigarnik, "Bluma Zeigarnik: A Memoir", *Gestalt Theory*, v. 29, n. 3, pp. 256-68, 8 dez. 2007; Bluma Zeigarnik, "On Finished and Unfinished Tasks", in: *A Source Book of Gestalt Psychology*, Org. de W. D. Ellis (Nova York: Harcourt, Brace, and Company, 1938), pp. 300-14; Colleen M. Seifert e Andrea L. Patalano, "Memory for Incomplete Tasks: A Re-Examination of the Zeigarnik Effect", in *Proceedings of the Thirteenth Annual Conference of the Cognitive Science Society* (Mahwah: Erlbaum, 1991), pp. 114-9.

3. Dan Charnas, "The Song That Never Ends: Why Earth, Wind & Fire's 'September' Sustains", NPR, 19 set. 2014. Disponível em: <www.npr.org/2014/09/19/349621429/the-song-that-never-ends-why-earth-wind-fires-september-sustains>. Acesso em: 30 dez. 2017. Entrevista com Verdine White sobre a melodia e a popularidade de "September" em Songfacts: <www.songfacts.com/blog/interviews/verdine_white_of_earth_wind_fire/>. Acesso em: 30 dez. 2017.

4. Sobre *Serial* e *Making a Murderer*: Louise Kiernan, "'Serial' Podcast Producers Talk Storytelling, Structure and If They Know Whodunnit", Nieman Storyboard, 30 out. 2014. Disponível em: <http://niemanstoryboard.org/stories/serial-podcast-producers-talk-storytelling-structure-and-if-they-know-whodunnit>. Acesso em: 30 dez. 2017; Jeff Labrecque, "'Serial' Podcast Makes Thursdays a Must-Listen Event", *Entertainment Weekly*, 30 out. 2014. Disponível em: <www.ew.com/article/2014/10/30/serial-podcast-thursdays>. Acesso em: 30 dez. 2017; Josephine Yurcaba, "This American Crime: Sarah Koenig on Her Hit Podcast 'Serial'", *Rolling Stone*, 24 out. 2014. Disponível em: <www.rollingstone.com/culture/features/sarah-koenig-on-serial-20141024>. Acesso em: 30 dez. 2017; Maria Elena Fernandez, "'Serial': The Highly Addictive Spinoff Podcast of 'This American Life'", NBC News, 30 out. 2014. Disponível em: <www.nbcnews.com/pop-culture/viral/serial-highly-addictive-spinoff-podcast-american-life-n235751>. Acesso em: 30 dez. 2017;

John Boone, "The 13 Stages of Being Addicted to 'Serial'", ET On-line, 12 nov. 2014. Disponível em: <www.etonline.com/news/153862_the_13_stages_of_being_addicted_to_serial/>. Acesso em: 30 dez. 2017; Yoni Heisler, "'Making a Murderer' Is the Most Addictive Show Netflix Has Ever Released", Yahoo Tech, 14 jan. 2016. Disponível em: <www.yahoo.com/tech/making-murderer--most-addictive-show-netflix-ever-released-143343536.html>. Acesso em: 30 dez. 2017.

5. James Greenberg, "This Magic Moment", Directors Guild of America, primavera de 2015. Disponível em: <www.dga.org/Craft/DGAQ/All-Articles/1502-Spring-2015/Shot-to-Remember--The-Sopranos.aspx>. Acesso em: 30 dez. 2017; Alan Sepinwall, "David Chase Speaks!", NJ.com, 11 jun. 2007. Disponível em: <blog.nj.com/alltv/2007/06/david_chase_speaks.html>. Acesso em: 30 dez. 2017; Maureen Ryan, "Are You Kidding Me? That Was the Ending of 'The Sopranos'?", *Chicago Tribune*, 10 jun. 2007. Disponível em: <featuresblogs.chicagotribune.com/entertain-ment_tv/2007/06/are_you_kidding.html>. Acesso em: 30 dez. 2017.

6. Gregory S. Berns et al., "Predictability Modulates Human Brain Response to Reward", *Journal of Neuroscience*, v. 21, n. 8, pp. 2793-8, abr. 2001. Ver também: Gregory S. Berns, *Satisfaction: The Science of Finding True Fulfillment*. Nova York: Henry Holt & Co., 2005.

7. Tara Parker-Pope, "This Is Your Brain at the Mall: Why Shopping Makes You Feel So Good", *Wall Street Journal*, 6 dez. 2005. Disponível em: <online.wsj.com/ad/article/cigna/SB113382650575214543.html>. Acesso em: 30 dez. 2017; Amanda M. Fairbanks, "Gilt Addicts Anonymous: The Daily Online Flash Sale Fixation, Huffington Post, 22 dez. 2011. Disponível em: <www.huffingtonpost.com/2011/12/22/gilt-shopping-addiction_n_1164035.html>. Acesso em: 30 dez. 2017; Elaheh Nozari, "Inside the Facebook Group for People Addicted to QVC", The Kernel, 31 jan. 2016. Disponível em: <kernelmag.dailydot.com/issue-sections/headline-story/15703/qvc-shopping-addiction-facebook-group/>. Acesso em: 30 dez. 2017; no blog de Darleen Meier: <darlingdarleen.com/2010/12/gilt-addic/,darlingdarleen.com/2010/10/gi/>. Acesso em: 30 dez. 2017; posts de Cassandra, outra viciada em Gilt: <forum.purseblog.com/general-shopping/woes-of-a-gilt-addict-should-i-ban-658398.html>. Acesso em: 30 dez. 2017.

8. Eric J. Johnson e Daniel Goldstein, "Do Defaults Save Lives?", *Science*, v. 302, n. 5649, pp. 1338-9, nov. 2003.

9. Pesquisa da Netflix sobre *binge-watching*: Kelly West, "Unsurprising: Netflix Survey Indicates People Like to Binge-Watch TV", CinemaBlend, 2014. Disponível em: <www.cinemablend.com/television/Unsurprising-Netflix-Survey-Indicates-People-Like-Binge-Watch-TV-61045.html>. Acesso em: 30 dez. 2017.

10. John Koblin. "Netflix Studied Your Binge-watching Habit. That Didn't Take Long", *The New York Times*, 8 jun. 2016. Disponível em: <www.nytimes.com/2016/06/09/business/media/netflix-studied-your-binge-watching-habit-it-didnt-take-long.html>. Acesso em: 30 dez. 2017; "Netflix & Binge: New Binge Scale Reveals TV Series We Devour and Those We Savor", Netflix, 8 jun. 2016. Disponível em: <media.netflix.com/en/press-releases/netflix-binge-new-binge-scale--reveals-tv-series-we-devour-and-those-we-savor-1>. Acesso em: 30 dez. 2017.

9. INTERAÇÃO SOCIAL [pp. 170-84]

1. Sobre as diferentes sortes que Instagram e Hipstamatic tiveram: Shane Richmond, "Insta-gram, Hipstamatic, and the Mobile Technology Movement", *Telegraph*, 19 ago. 2011. Disponível em: ‹www.telegraph.co.uk/technology/news/8710979/Instagram-Hipstamaticand-the-mobile--photography-movement.html›. Acesso em: 30 dez. 2017; Marty Yawnick, "Q&A: Hipstamatic: The Story Behind the Plastic App with the Golden Shutter", Life in Lofi, 7 jan. 2010. Disponível em: ‹lifeinlofi.com/2010/01/07/qa-hipstamatic-the-story-behind-the-plastic-app-with-the-golden--shutter›. Acesso em: 30 dez. 2017; Marty Yawnick, "News: Wausau City Pages Uncovers the Real Hipstamatic Backstory?", Life in Lofi, 23 dez. 2010. Disponível em: ‹lifeinlofi.com/2010/12/23/news-wausau-city-pages-uncovers-the-real-hipstamatic-backstory›. Acesso em: 30 dez. 2017; a "história" (possivelmente inventada) da Hipstamatic e da câmara original Hipstamatic 100: ‹history.hipstamatic.com›. Acesso em: 30 dez. 2017; Libby Plummer, "Hipstamatic: Behind the Lens", Pocket--lint, 16 nov. 2010. Disponível em: ‹www.pocket-lint.com/news/106994-hipstamatic-iphone-app--android-interview›. Acesso em: 30 dez. 2017. As fotos de Damon Winter que contribuíram para o crescimento inicial do Instagram: James Estrin, "Finding the Right Tool to Tell a War Story", *The New York Times*, 21 nov. 2010. Disponível em: ‹lens.blogs.nytimes.com/2010/11/21/finding-the--right-tool-to-tell-a-war-story›. Acesso em: 30 dez. 2017; Katherine Rushton, "Who's Getting Rich from Facebook's $1bn Instagram deal?", *Telegraph*, 10 abr. 2012. Disponível em: ‹www.telegraph.co.uk/technology/facebook/9195380/Whos-getting-rich-from-Facebooks-1bn-Instagram-deal.html›. Acesso em: 30 dez. 2017; um artigo excelente sobre como a compra do Instagram pelo Facebook afetou os fundadores desolados da Hipstamatic: Nicole Carter e Andrew MacLean, "The Photo App Facebook Didn't Buy: Hipstamatic", Inc.com, 12 abr. 2012. Disponível em: ‹www.inc.com/nicole-carter-and-andrew-maclean/photo-app-facebook-didnt-buy-hipstamatic.html›. Acesso em: 30 dez. 2017; Joanna Stern, "Facebook Buys Instagram for $1 Billion", ABCNews.com, 9 abr. 2012. Disponível em: ‹abcnews.go.com/blogs/technology/2012/04/facebook-buys-instagram--for-1-billion›. Acesso em: 30 dez. 2017.

2. David Dunning, *Self-Insight: Roadblocks and Detours on the Path to Knowing Thyself*. Nova York: Psychology Press, 2005; David Dunning, Judith A. Meyerowitz e Amy D. Holzberg, "Ambi-guity and Self-Evaluation: The Role of Idiosyncratic Trait Definitions in Self-Serving Assessments of Ability", *Journal of Personality and Social Psychology*, v. 57, n. 6, pp. 1082-90, dez. 1989.

3. Roy F. Baumeister et al., "Bad Is Stronger Than Good", *Review of General Psychology*, v. 5, n. 4, pp. 323-70, 2001; Mark D. Pagel, William W. Erdly e Joseph Becker, "Social Networks: We Get By with (and in Spite of) a Little Help from Our Friends", *Journal of Personality and Social Psychology*, v. 53, n. 4, pp. 793-804, out. 1987; John F. Finch et al., "Positive and Negative Social Ties among Older Adults: Measurement Models and the Prediction of Psychological Distress and Well-Being", *American Journal of Community Psychology*, v. 17, n. 5, pp. 585-605, out. 1989; Brenda Major et al., "Mixed Messages: Implications of Social Conflict and Social Support Within Close Relationships for Adjustment to a Stressful Life Event", *Journal of Personality and Social Psychology*, v. 72, n. 6, pp. 1349-63, jun. 1997; Amiram D. Vinokur and Michelle van Ryn, "Social Support and Undermining in Close Relationships: Their Independent Effects on the Mental Health of Unemployed Persons", *Journal of Personality and Social Psychology*, v. 65, n. 2, pp. 350-9, 1993; Hans Kreitler e Shulamith Kreitler, "Unhappy Memories of the 'Happy Past': Studies in Cognitive

Dissonance", *British Journal of Psychology*, v. 59, n. 2, pp. 157-66, maio 1968; Mark R. Leary et al., "Self-Esteem As an Interpersonal Monitor: The Sociometer Hypothesis", *Journal of Personality and Social Psychology*, v. 68, n. 3, pp. 518-30, 1995.

4. Elle Hunt, "Essena O'Neill Quits Instagram Claiming Social Media 'Is Not Real Life'", *The Guardian*, 3 nov. 2015. Disponível em: <www.theguardian.com/media/2015/nov/03/instagram--star-essena-oneill-quits-2d-life-to-reveal-true-story-behind-images>. Acesso em: 30 dez. 2017; Megan Mc-Cluskey, "Instagram Star Essena O'Neill Breaks Her Silence on Quitting Social Media", *Time*, 5 jan. 2015. Disponível em: <time.com/4167856/essena-oneill-breaks-silence-on-quitting--social-media/>. Acesso em: 30 dez. 2017; O'Neill descreve sua perspectiva neste vídeo: Essena O'Neill, "Essena O'Neill — Why I REALLY Am Quitting Social Media", YouTube, 3 nov. 2015, <www.youtube.com/watch?v=gmAbwTQvWX8>. Acesso em: 30 dez. 2017.

5. Sobre o Hot or Not e seus fundadores: Alexia Tsotsis, "Facemash.com, Home of Zuckerberg's Facebook Predecessor, for Sale", TechCrunch, 5 out. 2010. Disponível em: <techcrunch.com/2010/10/05/facemash-sale>. Acesso em: 30 dez. 2017; Alan Farnham, "Hot or Not's Co-Founders: Where Are They Now?", ABCNews.com, 2 jun. 2014. Disponível em: <abcnews.go.com/Business/founders-hot-today/story?id=23901082>. Acesso em: 30 dez. 2017; David Pescovitz, "Cool Alumni: HOTorNOT.com Founders James Hong and Jim Young", *Lab Notes*, 1 out. 2004. Disponível em: <coe.berkeley.edu/labnotes/1004/coolalum.html>. Acesso em: 30 dez. 2017; Liz Gannes, "Hot or Not Creator James Hong Doesn't Care If He Strikes It Rich or Not with New App", Recode.net, 21 nov. 2014. Disponível em: <recode.net/2014/11/21/james--hong-doesnt-want-to-be-a-billionaire-but-he-does-want-you-to-think-hes-relevant>. Acesso em: 30 dez. 2017.

6. Manitou2121 anexou a seguinte nota sob suas imagens compostas no Hot or Not: "Essas mulheres não existem. Cada uma delas é uma composição de cerca de trinta rostos que criei para descobrir o padrão corrente da boa aparência na internet. No popular site do Hot or Not, as pessoas classificam a atratividade em uma escala de 1 a 10. Uma pontuação média baseada em centenas ou mesmo milhares de classificações individuais leva só alguns dias para surgir. Juntei algumas fotos do site, separei pela classificação e usei o SquirlzMorph para criar composições multiformes delas. Ao contrário de projetos como Face of Tomorrow ou BeautyCheck, onde os indivíduos estão posando com essa finalidade, os retratos são borrados porque as imagens originais são de baixa resolução, com diferenças de postura, estilo de cabelo, óculos etc., de modo que pude usar apenas 36 pontos de controle para o *morphing*. O que concluí sobre boa aparência com base nesses rostos virtuais? Primeiro, *morphs* tendem a ser mais bonitos do que as imagens de origem porque as assimetrias do rosto e as manchas de pele desaparecem na imagem combinada. Porém, as imagens de baixa pontuação revelam que gordura não é atraente. As pontuações mais elevadas tendem a apresentar rosto fino. Deixarei para outro encontrar mais diferenças e fazer um projeto similar com homens". Disponível em: <commons.wikimedia.org/wiki/File:Hotornot_comparisons_manitou2121.jpg>. Acesso em: 30 dez. 2017.

7. Marilynn B. Brewer, "The Social Self: On Being the Same and Different at the Same Time", *Personality and Social Psychology Bulletin*, v. 17, n. 5, pp. 475-82, out. 1991; Marilynn B. Brewer e Sonia Roccas, "Individual Values, Social Identity, and Optimal Distinctiveness", in: *Individual Self, Relative Self, Collective Self*, Org. de C. Sedikides e M. Brewer, pp. 219-37 (Filadélfia: Psychology Press, 2001).

8. Muitas das ideias de Cash sobre a importância de interações frente a frente estão refletidas em: Thomas Lewis, Fari Amini e Richard Lannon, *A General Theory of Love*. Nova York: Random House, 2001.

9. Sobre as ideias e a ambliopia de Andy Doan: Andrew K. Przybylski, "Electronic Gaming and Psychosocial Adjustment", *Pediatrics*, 134, pp. e716-22, 2014; Colin Blakemore e Grahame F. Cooper, "Development of the Brain Depends on the Visual Environment", *Nature*, v. 228, pp. 477-8, out. 1970; Wilder Penfield e Lamar Roberts, *Speech and Brain-Mechanisms*. Princeton: Princeton University Press, 1959.

10. Detalhes sobre o estudo estão disponíveis no site do iKeepSafe: <ikeepsafe.org/be-a-pro/balance/too-much-time-online>. Acesso em: 30 dez. 2017.

10. CORTANDO VÍCIOS NO BERÇO [pp. 187-205]

1. Artigos sobre o verão de 2012: Yalda T. Uhls et al., "Five Days at Outdoor Education Camp Without Screens Improves Preteen Skills with Nonverbal Emotion Cues", *Computers in Human Behavior*, v. 39, pp. 387-92, out. 2014; Sandra L. Hofferth, "Home Media and Children's Achievement and Behavior", *Child Development*, v. 81, n. 5, pp. 1598-619, set.-out. 2010; InternetWorld Stats: <www.internetworldstats.com/stats.html>. Acesso em: 10 jan. 2018; Victoria J. Rideout, Ulla G. Foehr e Donald F. Roberts, *Generation M2: Media in the Lives of 8- to 18-Year-Olds*. Menlo Park: Kaiser Family Foundation, 2010; Amanda Lenhart, *Teens, Smartphones & Texting*. Washington, DC: Pew Research Center, 2010; Jay N. Giedd, "The Digital Revolution and Adolescent Brain Evolution", *Journal of Adolescent Health*, v. 51, n. 2, pp. 101-5, ago. 2012; Stephen Nowicki e John Carton, "The Measurement of Emotional Intensity from Facial Expressions", *Journal of Social Psychology*, v. 133, n. 5, pp. 749-50, nov. 1993; Stephen Nowicki, *Manual for the Receptive Tests of the DANVA2*. Para encontrar amostragens do teste DANVA, incluindo o teste com adultos, ver: <psychology.emory.edu/labs/interpersonal/Adult/danva.swf>. Acesso em: 30 dez. 2017.

2. Quando preparava este capítulo, li dezenas de artigos sobre a exposição de crianças a telas. Eles exploravam não só se as crianças devem ser expostas a telas, mas também quando a exposição deveria começar, em que quantidade era inofensiva e como as telas deveriam ser introduzidas. As referências são Claire Lerner e Rachel Barr, "Screen Sense: Setting the Record Straight", 2014. Disponível em: <https://www.zerotothree.org/resources/series/screen-sense-setting-the--record-straight>. Acesso em: 30 dez. 2017; em especial, ver este diálogo no Huffington Post, que consistia de uma coluna protestando contra telas e duas respostas que desafiavam e esclareciam a coluna original: Cris Rowan, "10 Reasons Why Handheld Devices Should Be Banned for Children under 12", Huffington Post, 6 mar. 2014. Disponível em: <m.huffpost.com/us/entry/10-reasons--whyhandheld-devices-should-be-banned_b_4899218.html>. Acesso em: 30 dez. 2017, David Kleeman, "10 Reasons Why We Need Research Literacy, Not Scare Columns", Huffington Post, 11 mar. 2014. Disponível em: <www.huffingtonpost.com/david-kleeman/10-reasons-why-we--need-re_b_4940987.html>. Acesso em: 30 dez. 2017, Lisa Nielsen, "10 Points Where the Research Behind Banning Handheld Devices in Children Is Flawed", Huffington Post, 24 mar. 2014. Disponível em: <www.huffingtonpost.com/lisa-nielsen/10-reasons-why-the-resear_b_5004413.html?1395687657>. Acesso em: 30 dez. 2017; UserExperiencesWorks, "A Magazine Is an iPad

That Does Not Work", YouTube, 6 out. 2011. Disponível em: ‹www.youtube.com/watch?v=aXV--yaFmQNk›. Acesso em: 30 dez. 2017; American Academy of Pediatrics, "Media and Children", 2015. Disponível em: ‹www.aap.org/en-us/advocacy-and-policy/aap-health-initiatives/pages/media-and-children.aspx›. Acesso em: 30 dez. 2017; Lisa Guernsey, "Common-Sense, Science-Based Advice on Toddler Screen Time", Slate, 13 nov. 2014. Disponível em: ‹www.slate.com/articles/technology/future_tense/2014/11/zero_to_three_issues_common_sense_advice_on_toddler_screen_time.html›. Acesso em: 30 dez. 2017; Farhad Manjoo, "Go Ahead, a Little TV Won't Hurt Him", Slate, 12 out. 2011. Disponível em: ‹www.slate.com/articles/technology/technology/2011/10/how_much_tv_should_kids_watch_why_doctors_prohibitions_on_screen.html›. Acesso em: 30 dez. 2017; Kaiser Foundation, "The Media Family: Electronic Media in the Lives of Infants, Toddlers, Preschoolers, and Their Parents", 2006. Disponível em: ‹kaiserfamilyfoundation.files.wordpress.com/2013/01/7500.pdf›. Acesso em: 30 dez. 2017; Erika Hoff, "How Social Contexts Support and Shape Language Development", *Developmental Review*, v. 26, n. 1, pp. 55-88, mar. 2006; Nancy Darling e Laurence Steinberg, "Parenting Style As Context: An Integrative Model", *Psychological Bulletin*, v. 113, n. 3, pp. 487-96, 1993; Annie Bernier, Stephanie M. Carlson e Natasha Whipple, "From External Regulation to Self-Regulation: Early Parenting Precursors of Young Children's Executive Functioning", *Child Development*, v. 81, n. 1, pp. 326-39, jan. 2010; Susan H. Landry, Karen E. Smith e Paul R. Swank, "The Importance of Parenting During Early Childhood for School-Age Development", *Developmental Neuropsychology*, v. 24, n. 2-3, pp. 559-91, 2003; Sarah Roseberry, Kathy Hirsh-Pasek e Roberta M. Golinkoff, "Skype Me! Socially Contingent Interactions Help Toddlers Learn Language", *Child Development*, v. 85, n. 3, pp. 956-70, maio-jun. 2014; Angeline S. Lillard e Jennifer Peterson, "The Immediate Impact of Different Types of Television on Young Children's Executive Function", *Pediatrics*, v. 128, n. 4, pp. 644-9, out. 2011; N. Brito et al., "Long-Term Transfer of Learning from Books and Video During Toddlerhood", *Journal of Experimental Child Psychology*, v. 111, n. 1, pp. 108-19, jan. 2012; Rachel Barr e Harlene Hayne, "Developmental Changes in Imitation from Television During Infancy", *Child Development*, v. 70, n. 5, pp. 1067-81, set.-out. 1999; Jane E. Brody, "Screen Addiction Is Taking a Tollon Children", *The New York Times*, 6 jul. 2015. Disponível em: ‹well.blogs.nytimes.com/2015/07/06/screen-addiction-is-taking-a-toll-on-children›. Acesso em: 30 dez. 2017; Conor Dougherty, "Addicted to Your Phone? There's Help for That", *The New York Times*, 11 jul. 2015. Disponível em: ‹www.nytimes.com/2015/07/12/sunday-review/addicted-to-your-phone-theres-help-for-that.html›. Acesso em: 30 dez. 2017; Alejandrina Cristia e Amanda Seidl, "Parental Reports on Touch Screen Use in Early Childhood", Plos One 10(6), 2015. Disponível em: ‹http://journals.plos.org/plosone/article?id=10.1371/journal.pone.0128338›. Acesso em: 30 dez. 2017; C. S. Green e D. Bavelier, "Exercising Your Brain: A Review of Human Brain Plasticity and Training-Induced Learning", *Psychology and Aging*, v. 23, n. 4, pp. 692-701, dez. 2008; Kathy Hirsh-Pasek et al., "Putting Education in 'Educational' Apps: Lessons from the Science of Learning, *Psychological Science in the Public Interest*, v. 16, n. 1, pp. 3-34, 2015; Deborah L. Linebarger et al., "Associations Between Parenting, Media Use, Cumulative Risk, and Children's Executive Functioning", *Journal of Developmental & Behavioral Pediatrics*, v. 35, n. 6, pp. 367-77, jul.-ago. 2014; Jessi Hempel, "How about a Social Media Sabbatical? *Wired* Readers Weigh In", *Wired*, 5 ago. 2015. Disponível em: ‹www.wired.com/2015/08/social-media-sabbatical-wired-readers-weigh›. Acesso em: 30 dez. 2017; "'Digital Amnesia' Leaves Us Vulnerable, Survey Suggests", CBC News, 8 out. 2015. Disponível em: <www.cbc.ca/news/technology/digital-amnesia-kaspersky-13262600>. Acesso em: 30 dez. 2017 (link para o relatório disponível no corpo do artigo).

3. David Denby, "Do Teens Read Seriously Anymore?", *New Yorker*, 23 fev. 2016. Disponível em: <www.newyorker.com/culture/cultural-comment/books-smell-like-old-people-the-decline--of-teen-reading>. Acesso em: 30 dez. 2017.

4. Ver: Sherry Turkle, *Reclaiming Conversation: The Power of Talkin a Digital Age*. Nova York: Penguin Press, 2015; Sherry Turkle, *Alone Together: Why We Expect More from Technology and Less from Each Other*. Nova York: Basic Books, 2011.

5. Catherine Steiner-Adair, *The Big Disconnect: Protecting Childhood and Family Relationships in the Digital Age*. Nova York: Harper, 2013.

6. Sobre as abordagens chinesa e coreana ao tratamento de vício em internet: Shosh Shlam e Hilla Medalia, *Web Junkie*, 2013; ver também: Whitney Mallett, "Behind 'Web Junkie', a Documentary about China's Internet-Addicted Teens", *Motherboard*, 27 jan. 2014. Disponível em: <https://motherboard.vice.com/en_us/article/8qxa7v/behind-web-junkie-a-documentary-about-chinas--internet-addicted-teens>. Acesso em: 30 dez. 2017.

7. Sobre Kimberly Young e seu teste de vício em internet (em inglês), disponível em: <netaddiction.com/Internet-addiction-test>. Acesso em: 30 dez. 2017; Kimberly S. Young, *Caught in the Net: How to Recognize Signs of Internet Addiction — and a Winning Strategy for Recovery*. Nova York: John Wiley & Sons, 1998; Kimberly S. Young, "Internet Addiction: The Emergence of a New Clinical Disorder", *CyberPsychology & Behavior*, v. 1, n. 3, pp. 237-44, 1998; Laura Widyanto e Mary McMurran, "The Psychometric Properties of the Internet Addiction Test", *CyberPsychology & Behavior*, v. 7, n. 4, pp. 443-50, 2004; Man Kit Chang e Sally Pui Man Law, "Factor Structure for Young's Internet Addiction Test: A Confirmatory Study", *Computers in Human Behavior*, v. 24, n. 6, pp. 2597-619, set. 2008; Yasser Khazaal et al., "French Validation of the Internet Addiction Test", *CyberPsychology & Behavior*, v. 11, n. 6, pp. 703-6, nov. 2008; Steven Sek-yum Ngai, "Exploring the Validity of the Internet Addiction Test for Students in Grades 5-9 in Hong Kong", *International Journal of Adolescence and Youth*, v. 13, n. 3, pp. 221-37, jan. 2007; Kimberly S. Young, "Treatment Outcomes Using CBT-IA with Internet-Addicted Patients", *Journal of Behavioral Addictions*, v. 2, n. 4, pp. 209-15, dez. 2013.

8. Sobre entrevista motivacional e Carrie Wilkens: Gabrielle Glaser, "A Different Path to Fighting Addiction", *The New York Times*, 3 jul. 2014. Disponível em: <www.nytimes.com/2014/07/06/nyregion/a-different-path-to-fighting-addiction.html>. Acesso em: 30 dez. 2017; William R. Miller e Stephen Rollnick, *Motivational Interviewing: Helping People Change*, 3. ed. Nova York: Guilford Press, 2012; William R. Miller e Paula L. Wilbourne, "Mesa Grande: A Methodological Analysis of Clinical Trials of Treatments for Alcohol Use Disorders", *Addiction*, v. 97, n. 3, pp. 265-77, mar. 2002; Tracy O'Leary Tevyaw e Peter M. Monti, "Motivational Enhancement and Other Brief Interventions for Adolescent Substance Abuse: Foundations, Applications and Evaluations", *Addiction*, v. 99, pp. 63-75, dez. 2004; C. Dunn, L. Deroo e F. P. Rivara, "The Use of Brief Interventions Adapted from Motivational Interviewing Across Behavioral Domains: A Systematic Review", *Addiction*, v. 96, n. 12, pp. 1725-42, dez. 2001; Craig S. Schwalbe, Hans Y. Oh e Allen Zweben, "Sustaining Motivational Interviewing: A Meta-Analysis of Training Studies", *Addiction*, v. 109, pp. 1287-94; Kate Hall et al., "After 30 Years of Dissemination, Have We Achieved Sustained Practice Change in Motivational Interviewing?", *Addiction* (impresso; há uma amostra

disponível em: <careacttarget.org/sites/default/files/file-upload/resources/module5-handout1. pdf>. Acesso em: 10 jan. 2018).

9. Edward L. Deci e Richard M. Ryan (Orgs.), *Handbook of Self-Determination Research*. Rochester: University of Rochester Press, 2002; Mark R. Lepper, David Greene e Richard E. Nisbett, "Undermining Children's Intrinsic Interest with Extrinsic Reward: A Test of the 'Over-justification' Hypothesis'", *Journal of Personality and Social Psychology*, v. 28, pp. 129-37, 1973; Edward L. Deci, "Effects of Externally Mediated Rewards on Intrinsic Motivation", *Journal of Personality and Social Psychology*, v. 18, n. 1, pp. 105-15, abr. 1871; Richard M. Ryan, "Psychological Needs and the Facilitation of Integrative Processes, *Journal of Personality*, v. 63, n. 3, pp. 397-427, set. 1995; Edward L. Deci e Richard M. Ryan, "A Motivational Approach to Self: Integration in Personality", in: *Nebraska Symposium on Motivation: Vol. 38. Perspectives on Motivation*, Org. de Richard A. Dienstbier (Lincoln: University of Nebraska Press, 1991), pp. 237-88; Edward L. Deci e Richard M. Ryan, "Human Autonomy: The Basis for True Self-Esteem", in: *Efficacy, Agency, and Self-Esteem*, Org. de Michael H. Kernis (Nova York: Springer, 1995); Roy F. Baumeister e Mark R. Leary, "The Need to Belong: Desire for Interpersonal Attachments as a Fundamental Human Motivation", *Psychological Bulletin*, v. 117, n. 3, pp. 497-529, maio 1995.

11. HÁBITOS E ARQUITETURA [pp. 206-28]

1. Joseph M. Strayhorn e Jillian C. Strayhorn, "Religiosity and Teen Birth Rate in the United States", *Reproductive Health*, v. 6, n. 14, pp. 1-7, set. 2009; Benjamin Edelman, "Red Light States: Who Buys Online Adult Entertainment?", *Journal of Economic Perspectives*, v. 23, n. 1, pp. 209-20, inverno 2009; Anna Freud, *The Ego and the Mechanisms of Defense*. Nova York: Hogarth, 1936; Cara C. MacInnis e Gordon Hodson, "Do American States with More Religious or Conservative Populations Search More for Sexual Content on Google?", *Archives of Sexual Behavior*, v. 44, pp. 137-47, 2015.

2. Grande parte da pesquisa relevante dos autores está contida neste livro: Seymour Feshbach e Robert D. Singer, *Television and Aggression: An Experimental Field Study*. San Francisco: Jossey--Bass, 1971.

3. Alina Tugend, "Turning a New Year's Resolution into Action with the Facts", *The New York Times*, 9 jan. 2015. Disponível em: <www.nytimes.com/2015/01/10/your-money/some-facts-to--turn-your-new-years-resolutions-into-action.html>. Acesso em: 30 dez. 2017.

4. Xianchi Dai e Ayelet Fishbach, "How Nonconsumption Shapes Desire", *Journal of Consumer Research*, v. 41, pp. 936-52, dez. 2014.

5. Daniel M. Wegner, "Ironic Processes of Mental Control", *Psychological Review*, v. 101, n. 1, pp. 34-52, 1994; Daniel M. Wegner e David J. Schneider, "The White Bear Story", *Psychological Inquiry*, v. 14, n. 3-4, pp. 326-9, 2003; Daniel M. Wegner, *White Bears and Other Unwanted Thoughts: Suppression, Obsession, and the Psychology of Mental Control*. Nova York: Viking, 1989; Daniel M. Wegner, David J. Schneider, Samuel R. Carter III e Teri L. White, "Paradoxical Effects of Thought Suppression", *Journal of Personality and Social Psychology*, v. 53, n. 1, pp. 5-13, 1987.

6. Sobre mudança de hábitos por substituição e distração: Christos Kouimtsidis et al., *Cognitive-Behavioural Therapy in the Treatment of Addiction*. Chichester: John Wiley & Sons, 2007;

Charles Duhigg, "The Golden Rule of Habit Change", PsychCentral, [s.d.], <psychcentral.com/blog/archives/2012/07/17/the-golden-rule-of-habit-change>. Acesso em: 30 dez. 2017; Charles Duhigg, *O poder do hábito*. Rio de Janeiro: Objetiva, 2012; Melissa Dahl, "What If You Could Just 'Forget' to Bite Your Nails?", *New York*, 16 jul. 2014, <nymag.com/scienceofus/2014/07/what-if--you-could-forget-to-bite-your-nails.html>. Acesso em: 30 dez. 2017.

7. Sobre a criação do Realism: <www.realismsmartdevice.com/meet-realism>. Acesso em: 30 dez. 2017; "Realism: An Alternative to Our Addiction to Smartphones", Untitled Magazine, 18 dez. 2014. Disponível em: <untitled-magazine.com/realism-an-alternative-to-our-addiction-to--smartphones/#.VorirVLqWPv>. Acesso em: 30 dez. 2017.

8. Sobre a importância de compreender a motivação genuína: Paul Simpson, *Assessing and Treating Compulsive Internet Use*. Brentwood: Cross Country Education, 2013; Kimberly Young e Cristiano Nabuco de Abreu (Orgs.), *Internet Addiction: A Handbook and Guide to Evaluation and Treatment*. Hoboken: John Wiley & Sons, 2011.

9. Sobre estatísticas de resoluções de Ano-Novo e formação e duração de hábito: <www.statisticbrain.com/new-years-resolution-statistics>. Acesso em: 30 dez. 2017; John C. Norcross, Marci S. Mrykalo e Matthew D. Blagys, "*Auld Lang Syne*: Success Predictors, Change Processes, and Self-Reported Outcomes of New Year's Resolvers and Nonresolvers", *Journal of Clinical Psychology*, v. 58, n. 4, pp. 397-405, abr. 2002; Jeremy Dean, *Making Habits, Breaking Habits: Why We Do Things, Why We Don't, and How to Make Any Change Stick*. Cambridge: Da Capo Press, 2013; Phillippa Lally et al., "How Are Habits Formed: Modelling Habit Formation in the Real World", *European Journal of Social Psychology*, v. 40, n. 6, pp. 998-1009, out. 2010.

10. Vanessa M. Patrick e Henrik Hagtvedt, "'I Don't' versus 'I Can't': When Empowered Refusal Motivates Goal-Directed Behavior", *Journal of Consumer Research*, v. 39, pp. 371-81, 2011.

11. O termo "arquitetura comportamental" é de: Richard H. Thalerand Cass R. Sunstein, *Nudge: Improving Decisions about Health, Wealth, and Happiness*. New Haven: Yale University Press, 2008.

12. Essa parte contém excertos de um artigo que escrevi para a 99u: Adam L. Alter, "How to Build a Collaborative Office Space Like Pixar and Google", [s.d.], <99u.com/articles/16408/how-to-build-a-collaborative-office-space-like-pixar-and-google>. Acesso em: 30 dez. 2017; Leon Festinger, Kurt W. Back e Stanley Schacter, *Social Pressures in Informal Groups: A Study of Human Factors in Housing*. Stanford: Stanford University Press, 1950.

13. Sobre o poder da aversão à perda e a motivação: Thomas C. Schelling, "Self-Command in Practice, in Policy, and in a Theory of Rational Choice", *American Economic Review*, v. 74, n. 2, pp. 1-11, 1984; Jan Kubanek, Lawrence H. Snyder e Richard A. Abrams, "Reward and Punishment Act as Distinct Factors in Guiding Behavior", *Cognition*, v. 139, pp. 154-67, jun. 2015; Ronald G. Fryer, Steven D. Levitt, John List e Sally Sadoff, "Enhancing the Efficacy of Teacher Incentives Through Loss Aversion: A Field Experiment", Working Paper 18 237, National Bureau of Economic Research, Cambridge, 2012; Daniel Kahneman e Amos Tversky, "Prospect Theory: An Analysis of Decision under Risk", *Econometrica*, v. 47, n. 2, pp. 263- -92, mar. 1979. Jogo do Não Desperdice seu Dinheiro: Paul Simpson, *Assessing and Treating Compulsive Internet Use*. Brentwood: Cross Country Education, 2013. Gasto com pessoas queridas: Elizabeth Dunn e Michael Norton, *Happy Money: The Science of Happier Spending*. Nova York: Simon & Schuster, 2013.

14. Site do Facebook Demetricator: <bengrosser.com/projects/facebook-demetricator/>. Acesso em: 30 dez. 2017.

15. Sobre *binge-watching* e superação do vício do *cliffhanger*: Patrick Allan, "Overcome TV Show Binge-Watching with a Lesson in Plot", Lifehacker, 29 set. 2014. Disponível em: <lifehacker.com/overcome-tv-show-binge-watching-with-a-lesson-in-plot-1640472646>. Acesso em: 30 dez. 2017; ver também: Michael Hsu, "How to Overcome a Binge-Watching Addiction", *Wall Street Journal*, 26 set. 2014. Disponível em: <www.wsj.com/articles/how-to-overcome-a-binge-watching--addiction-1411748602>. Acesso em: 30 dez. 2017; essa ideia de sabotar o *cliffhanger* foi uma inspiração original de Tom Meyvis, colega meu na NYU, e Uri Simonsohn, professor na Wharton School of Business da Universidade da Pensilvânia.

16. Jacob Kastrenakes, "Netflix Knows the Exact Episode of a TV Show That Gets You Hooked", The Verge, 23 set. 2015. Disponível em: <www.theverge.com/2015/9/23/9381509/netflix-hooked-tv-episode-analysis>. Acesso em: 30 dez. 2017.

12. GAMIFICAÇÃO [pp. 229-47]

1. Site da campanha Teoria da Diversão da DDB: <www.thefuntheory.com>. Acesso em: 30 dez. 2017; anúncio da premiação de Cannes: <www.prnewswire.com/news-releases/ddbs-fun-theory--for-volkswagen-takes-home-cannes-cyber-grand-prix-97156119.html>. Acesso em: 30 dez. 2017; vídeo do experimento da "Escada de Piano": Rolighetsteorin, "Piano Stairs: TheFunTheory.com", YouTube, 7 out. 2009, <www.youtube.com/watch?v=2lxh2n0aPyw>. Acesso em: 30 dez. 2017.

2. Dados sobre obesidade da World Obesity Federation: <www.worldobesity.org/resources/obesity-data-repository>. Acesso em: 30 dez. 2017; Kaare Christensen et al., "Ageing Populations: The Challenges Ahead", *Lancet*, v. 374, n. 9696, pp. 1196-208, out. 2009; John Bound, Michael Lovenheim e Sarah Turner, "Why Have College Completion Rates Declined? An Analysis of Changing Student Preparation and Collegiate Resources", *American Economic Journal: Applied Economics*, v. 2, n. 3, pp. 129-57, jul. 2010; Jeffrey Brainard e Andrea Fuller, "Graduation Rates Fall at One-Third of 4-Year Colleges", *Chronicle of Higher Education*, 5 dez. 2010. Disponível em: <chronicle.com/article/Graduation-Rates-Fall-at/125614>. Acesso em: 30 dez. 2017; dados de poupança do World Bank: <data.worldbank.org/indicator/NY.GNS.ICTR.ZS>. Acesso em: 30 dez. 2017; dados de poupança da OECD: <data.oecd.org/hha/household-savings-forecast.htm>. Acesso em: 30 dez. 2017; World Giving Index da Charities Aid Foundation: <www.cafonline.org/about-us/publications>. Acesso em: 30 dez. 2017; relatório do National Center for Public Policy and Higher Education sugerindo que a renda do trabalhador deve cair: <www.highereducation.org/reports/pa_decline>. Acesso em: 30 dez. 2017.

3. Sobre Breen e FreeRice: Michele Kelemen, "Net Game Boosts Vocabulary, Fights Hunger", NPR, 17 dez. 2007. Disponível em: <www.npr.org/templates/story/story.php?storyId=17307572>. Acesso em: 30 dez. 2017.

4. Sobre a gamificação e exemplos: Kevin Werbach e Dan Hunter, *For the Win: How Game Thinking Can Revolutionize Your Business*. Filadélfia: Wharton Digital Press, 2012, pp. 168-72; Nick Pelling explica a história do termo: Nick Pelling, "The (Short) Prehistory of 'Gamification'...", Funding Startups (& other impossibilities), Nanodome, 9 abr. 2011. Disponível em: <nanodome.wordpress.com/2011/08/09/the-short-prehistory-of-gamification/>. Acesso em: 30 dez. 2017; Dave McGinn, "Can a Couple of Reformed Gamers Make You Addicted to Exercise?", *Globe and Mail*, publicado em 13 nov. 2011, última atualização em 6 set. 2012. Disponível em: <www.

theglobeandmail.com/life/health-and-fitness/fitness/can-a-couple-of-reformed-gamers-make-
-you-addicted-to-exercise/article4250755>. Acesso em: 30 dez. 2017; Fox Van Allen, "Sonicare
Toothbrush App Proves Too Addicting for Kids", Techlicious, 16 set. 2015. Disponível em: <www.
techlicious.com/blog/philips-sonicare-for-kids-electric-toothbrush-app-sparkly>. Acesso em: 30
dez. 2017; Kate Kaye, "Internet of Toothbrushes: Sonicare Pipes Data Back to Philips", Advertising
Age, 14 set. 2015. Disponível em: <http://adage.com/article/datadriven-marketing/philips-connects-
-sonicare-kids-game-data-insights/300316>. Acesso em: 30 dez. 2017.

5. Sobre Q2L, sovinice cognitiva e educação gamificada: Institute of Play, "Mission Pack: Dr.
Smallz: Can You Save a Dying Patient's Life?", 2014. Disponível em: <www.instituteofplay.org/
wp-content/uploads/2014/08/IOP_DR_SMALLZ_MISSION_PACK_v2.pdf>. Acesso em: 30 dez.
2017; estatísticas sobre a Q2L: Quest to Learn, "Research: Quest Learning Model Linked to Sig-
nificant Learning Gains". Disponível em: <www.q2l.org/about/research>. Acesso em: 30 dez. 2017;
Rochester Institute of Technology, Just Press Play, RIT Interactive Games & Media. Disponível em:
<play.rit.edu/About>. Acesso em: 11 jan. 2018; Traci Sitzmann, "A Meta Analytic Examination of
the Instructional Effectiveness of Computer-Based Simulation Games", Personnel Psychology, v. 64,
pp. 489-528, maio 2011; Susan T. Fiske e Shelley E. Taylor, Social Cognition Second Edition. Nova
York: McGraw-Hill, 1991; Dean Takahashi, "Study Says Playing Videos Games Can Help You Do
Your Job Better", The New York Times, 1ª dez. 2010 Disponível em: <www.nytimes.com/external/
venturebeat/2010/12/01/01ventur beat-study-says-playing-videos-games-can-help-you-76563.
html>. Acesso em: 30 dez. 2017.

6. Yagana Shah, "Story of a 93-Year-Old and 2 Lawn Mowers Will Melt Your Heart", Huffington Post, 28 abr. 2016. Disponível em: <www.huffingtonpost.com/entry/story-of-a-93-year-
-old-and-2-lawn-mowers-will-melt-your-heart_us_572261aae4b0b49df6aab03d>. Acesso em: 30
dez. 2017. Mais sobre o sistema de camiseta como distintivo em: Facebook, "Raising Men Lawn
Care Services Michigan", post, 21 maio 2016, <www.facebook.com/282676205411413/photos
/a.282689732076727.1073741828.282676205411413/282689718743395>. Acesso em: 30
dez. 2017.

7. Emily A. Holmes et al., "Can Playing the Computer Game 'Tetris' Reduce the Build-Up
of Flashbacks for Trauma? A Proposal from Cognitive Science", Plos One, v. 4, 7 jan. 2009, DOI:
<10.1371/journal.pone.0004153>. Acesso em: 11 jan. 2018; "Post-Traumatic Stress Disorder
(PTSD): The Management of PTSD in Adults and Children in Primary and Secondary Care", Lon-
don National Institute for Health and Clinical Excellence, 2005, CG026; J. A. Anguera et al.,
"Video Game Training Enhances Cognitive Control in Older Adults", Nature, v. 501, pp. 97-101,
set. 2013; "Game Over? Federal Trade Commission Calls Brain-Training Claims Inflated", 8 jan.
2016, ALZ forum. Disponível em: <www.alzforum.org/news/communitynews/game-over-federal-
-trade-commission-calls-brain-training-claims-inflated>. Acesso em: 30 dez. 2017; mas note esta
afirmação de seus detratores: Stanford Center on Longevity and the Max Planck Institute for Human
Development, "A Consensus on the Brain Training Industry from the Scientific Community", 20
out. 2014. Disponível em: <longevity3.stanford.edu/blog/2014/10/15/theconsensus-on-the-
-brain-training-industry-from-the-scientific-community>. Acesso em: 30 dez. 2017; artigo clássico
explicando por que a gamificação pode privar o impulso intrínseco das pessoas de se comportarem
de maneira que as beneficiem: Uri Gneezy e Aldo Rustichini, "A Fine Is a Price", Journal of Legal
Studies, v. 29, pp. 1-18, 2000.

8. Sobre Ian Bogost e Cow Clicker: site do jogo: <cowclicker.com>; descrição do jogo por Bogost: <bogost.com/writing/blog/cow_clicker_1>; ver também: Jason Tanz, "The Curse of Cow Clicker: How a Cheeky Satire Became a Hit Game", *Wired*, 20 dez. 2011. Disponível em: <www.wired.com/2011/12/ff_cowclicker/all/1>. Acesso em: 30 dez. 2017; entrevista com Bogost: NPR, "Cow Clicker Founder: If You Can't Ruin It, Destroy It", 18 nov. 2011. Disponível em: <www.npr.org/2011/11/18/142518949/cow-clicker-founder-if-you-cant-ruin-it-destroy-it>. Acesso em: 30 dez. 2017.

EPÍLOGO [pp. 249-51]

1. Oliver Burkeman, "This Column Will Change Your Life: The End-of-History Illusion", *The Guardian*, 19 jan. 2013. Disponível em: <www.theguardian.com/lifeandstyle/2013/jan/19/change--your-life-end-history>. Acesso em: 30 dez. 2017; Jordi Quoidbach, Daniel T. Gilbert e Timothy D. Wilson, "The End of History Illusion", *Science*, v. 339, n. 6115, pp. 96-8, jan. 2013.

Índice remissivo

"13, Right Now" (Contrera), 40
2048 (jogo), 151

abordagem por sistemas, 96-7
Academia Americana de Pediatras (AAP), 193
Acres, John, 111
Adams, Scott, 97
Addiction by Design [Vício de propósito] (Schüll), 126
Alter, Sam, 192
Amazon, 173
ambiente e circunstância, papel no vício do, 11, 43-59; experiências com ratos, de Olds e Milner e, 48-51; experimentos com o macaco de Routtenberg e, 52-3; memória e, 52-3; vício em heroína dos veteranos da Guerra do Vietnã e, 43-7, 52-3; vício em World of Warcraft de Vaisberg e, 53-7
ambliopia emocional, 183
ambliopia visual, 183
American Express, 150-1
amnésia digital, 190
amor, 65-7
"O amor é como cocaína" (Fisher), 65-6
Análise Diagnóstica de Comportamento Não Verbal (DANVA2), 188-9

Anderson, Chris, 9
aplicativos de saúde, gamificação de, 235-6
Apple, 170-1
Apple Watch, 148, 224
arecolina, 32
Ariely, Dan, 139
arquitetura comportamental, 214-28; encontrando maneiras de contornar as experiências viciantes, 224-8; falácia do planejamento e, 226; ferramentas para enfraquecer o imediatismo das experiências viciantes e, 222-4; gastos com entes queridos e, 222; proximidade da tentação e, 214-6; punições versus recompensas e, 217-20; reforçando bons comportamentos e, 221-2; técnica de sabotar *cliffhangers* e, 224-8
Associação para Pesquisa em Doença Nervosa e Mental, reunião de 1968, 23-4
Associação Psiquiátrica Americana (APA), 68-9
Aston-Jones, Gary, 48-9
aversão à perda, 124-5
Avery, Steven, 159

Back, Kurt, 215-6
Bailenson, Jeremy, 116
Balcetis, Emily, 118-9

Barrus, Michael, 113

Beamon, Robert, 83-4, 89

Beezid.com, 124-5

benefícios médicos da gamificação, 241-3

Bernays, Martha, 34

Berns, Greg, 162, 165

Berri, Dave, 130

Berridge, Kent, 73-6, 124, 150

bétel (noz-de-areca), 32

Bilton, Nick, 9, 11

binge-watching, 166-8, 224-7

biologia do vício comportamental, 60-76; comportamentos de *punding* e, 70; comportamentos de sobrevivência instintiva e, 64; destrutividade e, 66-8; gostar versus querer e, 73-5; inclusão pela APA de vício comportamental no DSM, 69; início da idade adulta como período de maior risco para vício, 65; linha tênue entre vício em substância e vício comportamental, 70-3; pacientes com mal de Parkinson, vícios comportamentais resultantes de tratamentos para, 70-3; padrões cerebrais e, 62; privação de sono e, 60-1; produção de dopamina e, 62-3; reação psicológica à experiência de vício e, 64-8

Blakemore, Colin, 182-3

Bob Esponja (programa de TV), 194

Bogost, Ian, 244-6

boliche, 129-30

Boston, Ralph, 83

Bosworth, Adam, 235

botões, 100-4

Bradford Regional Medical Center, programa de tratamento, 200-1

Bradley, W. C., 37

Branson, Richard, 218

Breaking Bad (seriado de TV), 33, 166-7

Breen, John, 231-2

British Journal of Addiction, 66

Brodsky, Archie, 68

Buick, Lucas, 170-1

Burkeman, Oliver, 96

Business Insider, 129

Butterworth, Adrian, 93

C. K., Louis, 191

caixas de verificação, 166-7

cálculos custo-benefício, 12

campanhas *bait-and-switch*, 123

O campeão (filme), 136

Canabalt (jogo), 126, 132

Candler, Asa, 37

Candy Crush Saga (jogo), 113, 133

Cash, Hilarie, 181-4, 193-6

Cavanagh, Terry, 144-5

celulares *ver* smartphones

Center for Motivation and Change (Nova York), 203

"centro de prazer" do cérebro, 50

Centro para Vício em Internet (Pensilvânia), 134

Chalke, Steve, 93

Chase, David, 160-2

Chawla, Rameet, 106

chiclete de nicotina, 209

China, 198-9

Christison, Robert, 33-5

circunstância e vício, 11

Cliffhangers, 153-69; *binge-watching* e, 166-9, 224-7; documentários de crimes não resolvidos e, 156-60; efeito Zeigarnik e, 154-5; em *Família Soprano*, 160-2; em músicas, 155-6; micro, 164-5; técnica de sabotagem para, 224-8

Coca-Cola, 37

cocaína, 31-8, 62; descoberta de Christison sobre os efeitos da, 33; Pemberton's French Wine Coca (Coca-Cola) e, 36-7; pesquisa de Freud e seu vício, 34-5

codificação de cores, 127

Cohen, Gaby, 95

comentários, em redes sociais, 172

Como fracassar em quase tudo e ainda ser bem--sucedido (Adams), 97

comparação social, 97-8

comportamentos de sobrevivência instintiva, 64

compras on-line, 11

compulsão, 24-5

comunicação por texto, 191

Connolly, Billy, 71

consumo compulsivo, 164-6

contagem de calorias, 148-9

Contrera, Jessica, 40

Cooper, Grahame, 182-3

corredores (*streakers*), 95-6

corredores infinitos, jogos, 132

Cow Clicker, jogo, 245

criação exigindo trabalho e esforço, e atos viciantes, 139-40

crianças, 38-42; amnésia digital e, 190; aprendizado por, 140; habilidades de comunicação, efeito de interações on-line/celular no desenvolvimento de, 39, 191; interação das adolescentes com mídia social, 39-40; limiar de atenção de, 38; meninos e tempo de jogo, 40-1; primeiras experiências do mundo digital, 38-9; princípios parentais, formulação de Steiner-Adair, 197; programa reSTART para, 195-6; recomendações para o consumo de mídia pelo jovem, 193-4; resultados do teste DANVA2 antes e depois da semana de interação social, 188-9; tempo de lazer na tela versus frente a frente, 187; vacina contra dificuldades e, 190

crianças pequenas: atenção de, 38; atenção visual, 24; envolvimento ativo versus visualização passiva, 194; qualidades de tempo de tela saudável, 194; reação ao tempo de tela, 192-3; reação visual ao contorno e movimento de, 24; recomendações para o consumo de mídia, 193-4; transferência de aprendizado e, 194

Crossy Road (jogo), 131

Csikszentmihalyi, Mihaly, 141

curtidas, botão de curtir, 105-6, 172

Cushman, John, 46

Dai, Xianchi, 208

Daimler, automóveis, 217

DANVA2 (Análise Diagnóstica de Comportamento Não Verbal), 188-9

Darling Darleen (blog), 164

Davies, Lynn, 84

DDB Stockholm, agência, 229-30

declínio cognitivo, efeito de jogos multitarefa no, 244

definição de metas, 12, 79-99; abordagem de sistemas como alternativa, 96-7; aumento desde 1950, 90-1; como imperativo biológico, 89; comparação social e, 97-8; corredores e, 95-6; e-mail e, 91-2; internet e, 93; maratonistas e, 80-2; pacientes de Parkinson e, 79-80; recorde de salto em distância de Beamon e, 83-4; sucesso de Larson no game show e vício em, 84-9; vício em exercício e, 93-6

deixa, de hábitos, 210

Dement, William, 24

Demetricator, 223

Demos, Moira, 159

Denby, David, 190

destrutividade e vício, 66-8

Diagnostic and Statistical Manual of Mental Disorders (DSM), 68, 200

dificuldades, 136

distinção ótima, 179

distintivos, 233

distração, 209-14

Dixon, Mike, 110-1

Doan, Andy, 182-3, 192

documentários de crimes não resolvidos, 156-60

"Don't Stop Believin'" (canção do Journey), 161

Donkey Kong (jogo), 121

dopamina, 62-3; experimento de ratos de Berridge bloqueando produção de, 73-5; tratamento da doença de Parkinson, efeitos colaterais, 70-1

dor e gamificação, 241-2

Dorbowski, Richard, 171

Dorshorst, Ryan, 170-1

Dredge, Stuart, 116

Duhigg, Charles, 210

Dunning, Dave, 118-9

Durst, Robert, 159

Duval Guillaume Modem, agência belga, 100

Earth, Wind & Fire, 155

educação, gamificação da, 236-8

Edwards, Griffin, 130

efeito de roçar o traseiro, 147

efeito Zeigarnik, 155

e-mail, 11, 26, 91-2; estudo impedindo o acesso dos trabalhadores, descobertas de, 92; frequência de verificação no escritório, e efeito perturbador, 91

emoções, interpretação, 188-9

empatia, 39

ensino, gamificação do, 236-8

Entertainment Tonight (programa de TV), 157

Entertainment Weekly, revista, 157

entrevista motivacional, 203-5

escalada, 135-52; criando algo, sentido de, 139-40; dificuldades e, 135-6; facilidade, efeito de substituir desafios por, 135-6; fluxo e, 141-4; loops lúdicos e, 142-4; no Super Hexagon, 144-5; no Tetris, 137-41; quase vitórias e, 145-7; regras de interrupção, perturbação em, 148-52; zona de desenvolvimento proximal e, 140-1

estereotipias, 72

euforia, 50

"Evil" (canção de Stevie Wonder), 156

experiências com ratos de Olds e Milner, 48-51

Facebook, 10-2, 105, 171-2, 250

FaceMash, site, 177

Facetune, aplicativo, 174

facilidade, efeito de substituir desafios por, 135-6

falácia do planejamento, 226

Família Soprano (série de TV), 160-2

FarmVille (jogo), 128, 133, 246

Federal Trade Commission (FTC), 244

feedback, 100-19; apertar botão e, 100-4; apostas em máquinas de caça-níqueis e, 107-12; curtidas e, 105-6; imprevisibilidade e, 104-5; *juice* e, 113-4; mapeamento e, 114; microfeedback, 112; percepção motivada e, 119; perdas disfarçadas de vitórias e, 110-1; quase vitória e, 119; realidade virtual e, 114-7; reforço variável e, 117; video games e, 112-7, 128-9

Ferriss, Tim, 218-9

Feshbach, Seymour, 207

Festinger, Leon, 215-6

Fishbach, Ayelet, 208

Fisher, Helen, 65-6

Fiske, Susan, 238

fissuras: Jogo do Leilão de Dólar e, 122-4; sites de leilão de centavo e, 124-5

Fitbit, 94, 148, 224, 230

Fitocracy, site, 233

Flappy Bird, jogo, 40-1

Fliess, Wilhelm, 35

Flow (Csikszentmihalyi), 141

fluxo, 141-4

Foddy, Bennett, 21, 112-4, 151, 226-7

folha de coca, 32-3

folha de *khat*, 32

força de vontade, 208

formação de amizade, 215-6

Frances, Allen, 26

FreeRice.com, 231-2

French Wine Coca, 36

Freud, Sigmund, 33-5, 206-7, 215

Fritz, Michelle, 96

Fundação Kaiser, 193

Game Boy, 138

Game Show Network, 132

game shows, TV: falta de barreiras à entrada, 132; sucesso de Larson no game show e vício em definir metas, 84-9

gamificação, 229-47; aplicativos de saúde e, 235-6; benefícios médicos de, 241-3; campanha Teoria da Diversão da DDB Stockholm e, 229-30; críticas a, 243-6; de educação, 236-8; de fitness, 233; de higiene dental para crianças, 234; de local de trabalho, 238-41; declínio cognitivo, efeito de jogos multitarefa em, 244; do aprendizado do vocabulário SAT, 231-2; pontos, distintivos e rankings de, 233; propriedades terapêuticas da, 241-3; variedade e, 234

Garfors, Gunnar, 93

gastos com entes queridos, 222

Gillan, Claire, 62

Gilt, site, 164-5

glândula pineal, 61

Glu Games, 129

Gneezy, Uri, 246

Gold, Lesley, 10

Goldhill, David, 108, 117, 119, 131-2, 136

Goldstein, Dan, 166

Um golpe à italiana (filme), 153-4, 162

Google, 233

Google Books, 135

Google Cardboard, 116

Google Glass, vício em, 42

Google Trends, 167-8

Google+, 106

Graham, Ruth, 159

Griffiths, Mark, 27-8

Groceryships, 98

Grosser, Benjamin, 222-3

guerra contra as drogas, 44

Guinness Book of World Records, 92, 138

Guinness World Records, site, 93

habilidades de comunicação, 39, 191

hábitos, 209-13; dificuldade de formar novos, 212-3; elementos dos, 210; linguagem empoderadora versus linguagem desempoderadora e formação de, 213; motivos subjacentes, fazendo rotina sob medida para suplantar, 211-2; substituindo rotinas ruins por boas, 210-2

Hagtvedt, Henrik, 213

Haier, Richard, 138

HappyBidDay.com, 124

Harris, Tristan, 11

Harvest Moon (jogo), 133

HBO, 159

Health Lab, aplicativo, 236

Heath, Robert, 50

Heldergroen, estúdio de design, 216

heroína: estudo de Robins sobre taxas de recaída de veteranos que retornam, 47; número 3/número 4, 43; padrões cerebrais e, 62; pontuação prejudicial, 45; repressão militar ao uso de, 46; veteranos de guerra do Vietnã e vício em, 43-7, 52-3

higiene dental para crianças, gamificação de, 234

Hilton Garden Inn, 240

Hipstamatic, aplicativo, 170-2

Hochmuth, Greg, 10

Hodson, Gordon, 207

Holesh, Kevin, 19, 21

Hollywood (jogo), 128, 133, 246

Holmes, Emily, 243

Hong, James, 175-9

Hot or Not (site), 175-9

Hsee, Chris, 149

Huffington, Arianna, 60-1

Hunter, Dan, 233

IGN, revista, 143

ilusão do fim da história, 249

início da idade adulta, como o período de maior risco para vício, 65

Instagram, 10-2, 15, 101, 106-7, 171-3, 250

interação social, 170-84; distinção ótima e, 179; em jogos multiusuários, 180; feedback negativo em, 174-5; feedback positivo em, 173; Hot or Not e, 175-9; Instagram e, 171-3; interações on-line extensas desde cedo, efeito de longo prazo, 181-4; validação social e, 178

Internet Addiction Test, 201

iPad, 9, 11, 134, 190, 192, 201

iPhone, 134, 190, 201; aplicativos, 170-2

"Is the world's best-selling PC game ever still worth playing today?" (coluna na *IGN*), 143

Isaacson, Walter, 10

Isso me traz alegria (Kondo), 165

Jarecki, Andrew, 159

Jeong, Ken, 219

Jinx, The (documentário sobre crimes), 159-60

Jobs, Steve, 9, 11

Jogo do Leilão de Dólar, 122-4

jogos de azar, 107-12, 118-9

jogos de *twitch* (espasmo), 144

John, Daymond, 219

Johnson, Eric, 166

Journey, banda, 161

juice, 113, 115

Just Press Play (programa), 238

Kagan, Jerome, 24

Kahneman, Daniel, 220

Kappes, Heather, 130

Kardashian, Kim, 128

"Karma Police" (canção do Radiohead), 156

karoshi (morte por excesso de trabalho), 149

Keas, aplicativo, 235

Kennedy, Joe, 219

King, desenvolvedora, 113

Klosterman, Chuck, 91

Koenig, Sarah, 157-8, 162

Kondo, Marie, 165

KonMari, 165

Kotler, Steven, 117

Kraft, Robert, 96

Krieger, Mike, 171-2

Kulagin, Mikhail, 139

Lancet, 231

Lantz, Frank, 133, 151, 234

Larson, Michael, 84-9

Larson, Teresa, 88

Lawrence, Andrew, 70-3

League of Legends (jogo), 180

Lee, Hae Min, 157-8, 160, 162

Lego, 140

Lewis, Michael, 98

Liar's Poker (Lewis), 98

limiar de atenção, 30, 38

Lindner, Emilee, 129

linguagem empoderadora e formação de hábitos, 213

LinkedIn, 106

Litras, Janie, 87

Little Master Cricket (jogo), 114

LiveOps, 239-40

local de trabalho, gamificação do, 238-41

Long, Ed, 87

loop infinito, em músicas, 156

loops lúdicos, 142-4

Love (seriado), 168

Love and Addiction (Peele), 66

Lovematically, 106

Luckey, Palmer, 116

Lucky Larry's Lobstermania (caça-níqueis), 110-1

Lumos Labs, 244

luz azul, 61

luz vermelha, 61

MacInnis, Cara, 207

Mad Men (seriado), 227

Mágica da arrumação: A arte japonesa de colocar ordem na sua casa e na sua vida (Kondo), 165

Making a Murderer (documentário sobre crimes), 159

mapeamento, 114

máquinas caça-níqueis, 107-12, 147

maratonistas e metas, 80-2

Marks, Isaac, 66

Massachusetts Institute of Technology, 215

Matheus, Kayla, 220-1

Medalia, Hilla, 198

Meier, Darleen, 164-5

melatonina, 61

memória e vício, 52-3

microcliffhangers, 164-5

microfeedback, 112

Microsoft, 30
Milner, Peter, 48-51, 58
Miyamoto, Shigeru, 120, 122, 126, 134
Mochon, Daniel, 139
Moment (aplicativo), 19-20
Morrissey, Tracie, 129
MOTI, 220-1
MUDs (masmorras de multiusuários), 180-1
Murphy, Morgan, 44
Muscat, Luke, 132
Myst (jogo), 10, 143

Nanya, 149
National Public Radio, 156
Nature, 243
NBC News Online, 157
neandertais, 31
Netflix, 10, 159, 166-7, 168, 224-7
NeuroRacer (jogo), 244
New York Times, 44, 116, 171, 253
Nguyen, Dong, 40, 41
nicotina, 32
Nintendo, 120, 138
Nixon, Richard, 44
nomophobia, 21
Norton, Michael, 139

O'Brien, Conan, 72, 191
O'Neill, Essena, 174-5
obsessão, 24-5
Oculus VR, 115-6
Olds, James, 48-9, 51-2, 58
ópio, 32
origami, 139

pacientes de mal de Parkinson vícios comportamentais como efeito colateral de tratamentos medicamentosos para, 70-3; superando pequenos obstáculos e, 79-80
padrões cerebrais, 62
paixão, 25
paixão obsessiva, 25
paixões harmoniosas, 25

Pajitnov, Alexey, 137-9
Paskin, Willa, 168
Patrick, Vanessa, 213
Pavlok, pulseira, 218-9
Peele, Stanton, 66-8, 75
Pelling, Nick, 232, 239
"Pelo amor do dinheiro" (Polk), 97
Pemberton, John, 36-7, 213-4
Penfield, Wilder, 23
Penn, Hugh, 43
percepção motivada, 119
perdas disfarçadas de ganhos, 110-1
Peretz, Jeff, 155-6
perfeccionismo, 90-1
Perry, Steve, 161-2
personalidade viciante, 58
Petrie, Ryan, 179-80
Pettijohn, Adrienne, 86
Pfizer, 235-6
Phelps, Andy, 238
Philips Sonicare, 234
Pinterest, 101
pituri, 32
O poder do hábito (Duhigg), 210
O poderoso chefão (filme), 161
Pokémon (jogo), 126
Pokhilko, Vladimir, 137
Polk, Sam, 97, 98
Polkus, Laura, 172
Pommerening, Katherine, 40
pontos, 233
Popular Science, 22
pornografia, 11, 207
post-play, 166-9
Powell, Mike, 84
precipitação de éter, 43
preguiça, 238-9
Prelec, Dražen, 150
Press Your Luck (programa de TV), 85-8
princípio "ruim é mais forte do que bom", 173
privação de sono, 60-1
progresso, 120-34; armadilha no Jogo do Leilão de Dólar, 122-4; falta de barreiras à entrada,

131-3; feedback positivo e, 128-9; ganchos em jogos e, 121-6; jogos com smartphone e, 133-4; sites de leilão de centavo e, 124-5; sorte de principiante e, 129-31; uso de sistemas de energia, 126-7
propriedades terapêuticas da gamificação, 241-3
proximidade da tentação, 214-6
Pullen, John Patrick, 14
punding, 70
punição, em ruptura de hábitos, 217-20
PurseForum, rede social, 165

quase vitórias, 119, 145-7
Quest to Learn (Q2L), 236-7
Questionário Diagnóstico de Vício em Internet (IADQ), 201
Quibids.com, 124

Radiohead, 156
Rae, Cosette, 143, 196, 214
Raising Men Lawn Care, 240
rankings, 233
rastreadores de exercícios, 94
reação psicológica à experiência de vício, 64-8
realidade virtual, 15, 114-7, 250; lidando com a dor e, 241-2
Realism, 210-1
recompensa, de hábitos, 210
recompensas extrínsecas, 205
recompensas intrínsecas, 205
Reddit, site, 101-3
reforçando bons comportamentos, 221-2
reforço negativo, 25
reforço variável, 117
regra da prontidão, 203
Regra de Ouro, 210-1
regrams, 172
regras de desistência, interrupção de, 148-52; cartões de crédito e, 150-1; efeito de roçar no traseiro e, 147; exercício e, 148-9; trabalho excessivo e, 149-50; video games e, 151
relógios de fitness, 10
repressão, 206-9

reSTART, 22, 55, 143, 181, 195-6, 200
Ricciardi, Laura, 159
Rift (jogo), 115-6
Robins, Lee, 46-7, 52, 58
Rochester School of Technology, programa Just Press Play da, 238
roer unhas, 209-10
Rolling Stone, 157
rotina, de hábitos, 210
Routtenberg, Aryeh, 48-53
Rustichini, Aldo, 246
Ryan, Maureen, 162
Rylander, Gösta, 69, 70, 72

Sacca, Chris, 115
Sales, Nancy Jo, 40
Saltsman, Adam, 126, 132
Schachter, Stanley, 215-6
Schreiber, Katherine, 93-5, 148
Schüll, Natasha Dow, 107, 110-1, 126, 147
Science, 135
Sedaris, David, 94
"Sempre saia de casa sem ele" (Prelec & Simester), 151
O senhor dos anéis (Tolkien), 238
"September" (canção do Earth, Wind & Fire), 155-6
Serial (podcast), 156-62
Sethi, Maneesh, 218-9
sexualidade, 207
Shlam, Shosh, 198
Shubik, Martin, 122-3
Sign of the Zodiac (jogo), 107-8
Sim, Leslie, 93-4, 148-9
Simester, Duncan, 150
Simmons, Bill, 115
Os Simpsons (programa de TV), 119
Singer, Robert, 207
sistemas de energia, 126-7
SiteJabber.com, 125
sites de leilão de centavo, 124-5
sites de vendas-relâmpago, 164-5
Sitzmann, Traci, 241

The Sleep Revolution (Huffington), 60-1

smartphones, vício em, 26; escopo, 29-30; natureza perturbadora do, 21; Realism como tratamento para o, 210-1; uso excessivo do, 19-21; video games e, 133-4

smartwatches, 94

Smith, Rodney, Jr., 240

Smith, Sandra, 93

SnowWorld (jogo), 241-2

SnūzNLūz, despertador, 217

sorte de principiante, 129-31

Space Invaders (jogo), 120

Sperry, Roger, 23

Steele, Robert, 44

Steiner-Adair, Catherine, 38-9, 197

Stephen, Christian, 116

Stern, Rick, 86

Strumsky, Dawn, 95

Strumsky, John, 95-6

Sullivan, Roy, 93

Super Hexagon (jogo), 144-5

Super Mario Bros. (jogo), 121, 126, 134, 141

superação de comportamentos viciantes, 206-28; arquitetura comportamental e, 214-28; atração subconsciente a ideias e oposição a, 207; distração e, 209-13; força de vontade, papel da, 208; hábitos e, 210-13; substituindo rotinas ruins por boas, 210-2

Sutherland, Jon, 96

Syed, Adnan, 157

Systrom, Kevin, 171-2

Szalavitz, Maia, 64-5

tabaco, 32

Talens, Richard, 233

Tao Ran, 198-9

tarefas incompletas, tensão decorrente de, 154-5

Taylor, Shelley, 238

técnica de sabotar *cliffhangers*, 224-8

tecnologia de vestir (*wearables*), 93-4, 148-9

tédio, 43

tempo no dispositivo e máquinas caça-níqueis, 112

Teoria da Autodeterminação (SDT), 204, 205

Teoria da Diversão (campanha publicitária), 229-30

Terapia Comportamental Cognitiva para Vício em Internet (CBT-IA), 201

terapia de aversão, 218-20

Ter-Ovanesyan, Igor, 84

Tetris (jogo), 137-41, 151, 242-3

Tetris, efeito, 138

The Company of Others, 210

Time, 133

Tolkien, J.R.R., 238

Tomarken, Peter, 86-7

trabalho excessivo, 149-50

transferência de aprendizado, 194

transtorno de estresse pós-traumático (TEPT), gamificação como intervenção para, 242-3

treinamento no trabalho, gamificação do, 241

TripAdvisor, 173

Trivia Crack (jogo), 127

The Truth About Addiction and Recovery (Peele e Brodsky), 68

Turkle, Sherry, 191

Tversky, Amos, 220

Twitter, 12, 106

"Über Coca" (Freud), 34

Underhill, Paco, 147

United States Running Streak Association (USRSA), 95

vacina contra dificuldades, 190

Vaisberg, Isaac, 53-9, 127, 131, 181-2, 196, 211

validação social, 178

variedade, 234

vício: ambiente e circunstância, papel de, 11, 43-59; comportamental *ver* vício comportamental; definição de Peele de, 67; em substâncias *ver* vício em substâncias; evolução do termo, 30; memória e, 52-3

vício comportamental, 9-16; abordagens de tratamento, 195-205; ambiente e circunstância, papel de, 11, 43-59; arquitetura comportamental e, 214-28; ascensão do, 19-42; biologia do, 60-76; cálculos custo-benefício e, 12; *cliffhangers* e, 153-69; compreensão dos sintomas do, 26-8; compulsão, relacionamento com, 24; cortando os vícios no berço, 187-205; crianças, atenção visual, 24; definição, 24; definição de metas e, 12, 79-99; elementos do, 15; entrevista motivacional e, 203-5; escalada e, 135-52; escopo do problema, 27-31; exercício e, 23; feedback e, 100-19; futuro do, 249-51; gamificação e, 229-47; hábitos e, 210-3; interação social e, 170-84; introdução infantil ao mundo digital e, 38-42; limiar de atenção e, 30, 38; magnitude do problema do, 13-4; na China, 198-200; na década de 1960 versus na de 2010, 11; natureza perturbadora e distrativa do, 19-23, 38-9; obsessão, relacionamento com, 24-5; paixão obsessiva, relacionamento com, 25; programa de tratamento do Bradford Regional Medical Center, 200-1; programa reSTART para, 195-6, 200; progresso e, 120-34; reconhecimento dos especialistas em tecnologia da natureza viciante de seus produtos, 9-12; reconhecimento DSM, 200; smartphones e, 19-2; soluções para o, 15-6; superando o, 206-28; versus vício em substâncias, 15

vício em exercícios, 23, 93-6, 148-9, 239

vício em internet: abordagens de tratamento, 195-205; definição de metas e, 92-3; entrevista motivacional e, 203-5; escopo de, 29; na China, 198-200; reconhecimento do DSM, 200; teste para, 29-30

vício em riqueza, 97-8

vício em substâncias, 15, 31-8; descoberta de efeitos de drogas por tentativa e erro, 33; dos veteranos da Guerra do Vietnã, 43-7; linha tênue entre vício comportamental e, 70-3; nas civilizações antigas, 31-2; padrões cerebrais e, 62; Permberton's French Wine Coca (Coca-Cola) e, 36-7; pesquisa de Freud e experiências com cocaína e, 33-6; processo de fabricação e, 33; *punding* e, 70

"Vícios (não químicos) comportamentais" (Marks), 66-7

"Vida real: fiquei viciada no jogo da Kim Kardashian" (Lindner), 129

video games, 112-17, 126-9; codificação de cores e, 127; de Miyamoto, 120-1, 126, 134; escalada, 136-8; feedback positivo e, 112-7, 128-9; interação social em multiusuário, 180; interrupção de regras de desistência em, 151; mulheres e, 128-9, 133; predatórios, 126-9; realidade virtual e, 15, 115-7; simplicidade e falta de barreiras à entrada em design de, 131-3; smartphones e, 133-4; sorte de principiante e, 130-1; uso de sistemas de energia, 126-7; *ver também* jogos específicos

Vietnã, Guerra do, veteranos e o vício em heroína, 43-7, 52-3

Vila Sésamo (programa de TV), 194

Virtual Heroes, 240

vocabulário SAT, gamificação do aprendizado, 231-2

Volkswagen, 229

Vygotsky, Lev, 140

Wadlow, Robert Pershing, 92

Walberg, David, 96

Wang, Brian, 233

WasteNoTime, programa, 224

Web Junkie (documentário), 198

Wegner, Dan, 208-9

Werbach, Kevin, 233

White, Verdine, 155

Wilkens, Carrie, 203-4

Williams, Evan, 9-10

Winstanley, Catharine, 113

Winter, Damon, 170

Wonder, Stevie, 156

Wood, Wendy, 208

Woodruff, Ernest, 37

World of Warcraft (jogo), 10, 12, 21-2, 54, 128, 180, 196, 226

Worley, Becky, 220
Wurtz, Bob, 48, 51

Yee, Nick, 131
Yelp, 173
Yevtushenko, Yuri, 137
Yoshida, Hiroyuki, 93
Young, Jim, 175-9
Young, Kimberly, 134, 200-2
YouTube, 106

Zeigarnik, Albert, 169
Zeigarnik, Bluma, 154-5, 169
Zeiler, Michael, 104-5
Zero to Three, 193-4
Zhou Zhengwang, 32
zona de desenvolvimento proximal, 140-1
zona, entrando na *ver* fluxo
Zuckerberg, Mark, 115, 117, 172, 177

1ª EDIÇÃO [2018] 1 reimpressão

ESTA OBRA FOI COMPOSTA PELA ABREU'S SYSTEM EM INES LIGHT
E IMPRESSA EM OFSETE PELA LIS GRÁFICA SOBRE PAPEL PÓLEN DA
SUZANO S.A. PARA A EDITORA SCHWARCZ EM AGOSTO DE 2024

A marca FSC® é a garantia de que a madeira utilizada na fabricação do papel deste livro provém de florestas que foram gerenciadas de maneira ambientalmente correta, socialmente justa e economicamente viável, além de outras fontes de origem controlada.